河南省软科学研究计划项目"河南自贸试验区制度创新路径及产业转型升级策略研究"（192400410042）

河南自贸试验区制度创新路径及产业转型升级策略研究

韩二东 著

吉林大学出版社

·长春·

图书在版编目(CIP)数据

河南自贸试验区制度创新路径及产业转型升级策略研究 / 韩二东著. — 长春：吉林大学出版社，2021.10
 ISBN 978-7-5692-9030-1

Ⅰ. ①河… Ⅱ. ①韩… Ⅲ. ①自由贸易区－制度建设－研究－河南②自由贸易区－经济发展－研究－河南 Ⅳ. ①F752.861

中国版本图书馆CIP数据核字(2021)第204750号

书　　　名：	河南自贸试验区制度创新路径及产业转型升级策略研究
	HENAN ZIMAO SHIYAN QU ZHIDU CHUANGXIN LUJING JI CHANYE ZHUANXING SHENGJI CELÜE YANJIU
作　　　者：	韩二东　著
策 划 编 辑：	邵宇彤
责 任 编 辑：	高珊珊
责 任 校 对：	刘守秀
装 帧 设 计：	优盛文化
出 版 发 行：	吉林大学出版社
社　　　址：	长春市人民大街4059号
邮 政 编 码：	130021
发 行 电 话：	0431-89580028/29/21
网　　　址：	http://www.jlup.com.cn
电 子 邮 箱：	jdcbs@jlu.edu.cn
印　　　刷：	定州启航印刷有限公司
成 品 尺 寸：	170mm×240mm　16开
印　　　张：	11
字　　　数：	200千字
版　　　次：	2021年10月第1版
印　　　次：	2021年10月第1次
书　　　号：	ISBN 978-7-5692-9030-1
定　　　价：	58.00元

版权所有　　翻印必究

内容简介

为持续发挥河南自贸试验区对河南经济高质量发展的带动作用,助推河南创新发展与高质量发展,打造新的增长极并持续发挥河南自贸试验区对区域经济的辐射带动作用,争取在"十四五"时期的新发展阶段取得更大建设成效而撰写本书。本书系统地探究了河南自贸试验区制度创新的成效、突破口及路径;提出了河南自贸试验区洛阳片区后续建设发展的相关建议;剖析了依托河南自贸试验区培育洛阳推进国际消费中心试点城市建设的总体思路和重点任务;分析了中国产业升级的独特性及产业数字化转型的机遇与挑战,辨析了当前河南产业转型升级面临的困境,通过河南自贸试验区与黄河流域高质量发展等国家战略的联动叠加,提出了助推河南产业转型升级的具体策略;最后,针对"十四五"时期的新发展阶段,提出了河南自贸试验区高质量发展建议。

本书适合高等院校管理科学、应用经济学、运筹学等相关专业高年级本科生、研究生阅读,也可为相关专业的高校教师、科研工作者或自贸试验区管理人员提供一定的参考。

前　言

河南自贸试验区挂牌成立四年多以来，形成了400余项创新成果，已向国家和周边省市贡献了一批可复制可推广的发展经验；特别是在面临复杂严峻的国际形势和新冠疫情的持续冲击时，河南自贸试验区外资、外贸逆势增长；发展势头强劲。河南自贸试验区的建设可概括为如下四点经验：一是构建工作体系、激发创新动力，通过制定促进制度创新的试行办法，有效激发各部门、各片区投身改革、推进创新的主动性与积极性；二是坚持目标导向，突出创新特色，从河南本土所具备的传统优势产业出发，在跨境电商、多式联运及商品期货等方面开展特色化探索；三是注重协同联动，形成创新合力，通过各片区管委会、省直部门和咨询机构对创新案例进行分析研判，对创新成效开展评估工作，以保证质量，同时对河南自贸试验区的创新思路和创新源进行阶段性评估；四是强化复制推广工作，共享创新红利，开展多种形式的培训推广活动，解读国家层面推广的创新成果，在全省范围内推广制度创新成果。

为持续发挥河南自贸试验区对河南社会、经济高质量发展的带动作用，有必要有必要系统探究河南自贸试验区制度创新路径及产业转型升级策略，通过河南自贸试验区与黄河流域高质量发展等国家战略的联动叠加，助推河南创新发展与高质量发展，打造新的增长极并持续发挥河南自贸试验区对区域经济的辐射带动，为"十四五"时期的新发展阶段河南自贸试验区乃至全省社会经济取得更大建设成效奠定基础。

本书首先系统总结了，河南自贸试验区挂牌成立三年以来的制度创新成效及改革突破成果，探索河南自贸试验区在新阶段进一步推动各领域制度创新的突破口；为发挥河南自贸试验区的示范带动作用，从探索集成化现代服务业融合发展体系及推行全产业链模式和供应链金融模式、构建政策激励和法律保障体系及创建服务型管理新体制等方面提出制度创新路径。其次，辨析当前河南产业转型升级面临的困境，依托河南自贸试验区提出助推河南产业转型升级的具体策略。再次，提出依托河南自贸试验区推进洛阳培育国际消费中心城市建设的总体思路、重点任务以及保障措施，并基于一系列混合多准则决策方法，对河南自贸试验区创新型项目进行优选决策。最后，在迈向"十四五"时期的新发展阶段，从河南省"十四五"规划和2035年远景建设目标出发，以对河南自贸试验区提出的新要求和发展导向为基准，立足新发展阶段，贯彻新发展理念、融入新发展格局，从多个角度或层面提出"十四五"时期新发展阶段河南自贸试验区高质量发展的建议。结尾对本课题的整体研究成果进行总结，对后续以河南自贸试验区发展、建设为主题的研究给出展望。

本书的研究工作受到河南省软科学研究计划项目"河南自贸试验区制度创新路径及产业转型升级策略研究"(192400410042)的资助，在此深表感谢。本书的研究内容存在一些不足之处，也有很多值得进一步研究的内容，敬请读者不吝赐教。

韩二东

2021 年 5 月 27 日

目 录

第1章 绪论···001
 1.1 研究背景与研究意义································001
 1.2 国内有关自贸试验区研究的文献综述··················003
 1.3 研究内容、研究方法及研究目标······················013

第2章 河南自贸试验区制度创新成效、突破口及路径研究····018
 2.1 河南自贸试验区概况·······························018
 2.2 河南自贸试验区制度创新成效·······················028
 2.3 河南自贸试验区制度创新突破口·····················032
 2.4 河南自贸试验区制度创新路径·······················033
 2.5 河南自贸试验区洛阳片区建设成效及发展策略建议······037
 2.6 本章小结··046

第3章 依托河南自贸试验区推进洛阳培育国际消费中心城市建设研究··047
 3.1 洛阳培育国际消费中心城市的发展基础················047
 3.2 洛阳培育国际消费中心城市的发展优势················062
 3.3 依托河南自贸试验区推进洛阳培育国际消费中心城市的总体思路··065
 3.4 依托河南自贸试验区推进洛阳培育国际消费中心城市的重点任务··068
 3.5 依托河南自贸试验区推进洛阳培育国际消费中心城市的保障措施··078
 3.6 本章小结··080

I

第 4 章 基于混合多准则决策方法的河南自贸试验区创新型项目优选 …… 081

4.1 多维异质信息混合的河南自贸试验区创新型项目优选决策 … 081

4.2 基于最小叉熵及垂面距离的混合决策及河南自贸试验区创新项目优选 …………………………………………………………… 097

4.3 Picture 模糊多属性决策方法及河南自贸试验区创新项目优选 …………………………………………………………… 110

4.4 本章小结 ………………………………………………… 122

第 5 章 依托自贸试验区助推河南产业转型升级策略分析 ……… 123

5.1 引言 ……………………………………………………… 123

5.2 全球产业链冲击背景下的中国产业数字化转型升级 …… 123

5.3 河南产业转型升级面临的困境 ………………………… 127

5.4 依托自贸试验区及其联动叠加效应助推河南产业转型升级的策略 ………………………………………………………… 131

5.5 本章小结 ………………………………………………… 136

第 6 章 "十四五"时期面向新发展阶段的河南自贸试验区高质量发展建议 ……………………………………………………… 137

6.1 引言 ……………………………………………………… 137

6.2 河南"十四五"规划对河南自贸试验区发展的新要求 ……… 139

6.3 "十四五"时期河南自贸试验区高质量发展对策建议 …… 141

6.4 本章小结 ………………………………………………… 151

第 7 章 结论与展望 …………………………………………… 152

7.1 研究结论 ………………………………………………… 152

7.2 研究展望 ………………………………………………… 153

参考文献 ……………………………………………………… 155

第 1 章　绪论

1.1　研究背景与研究意义

自 2017 年 3 月国务院印发《中国（河南）自由贸易试验区总体方案》以来（截至 2020 年 12 月），河南自贸试验区已经形成制度创新成果 392 项，累计新设立企业 8 万多家。在"十四五"时期的新发展阶段，河南自贸试验区迎来了发展的新机遇与新挑战，尤其是在中原城市群、黄河流域生态保护和高质量发展，以及都市圈建设等发展战略的综合叠加效应下，为河南自贸试验区的管理体制、投资与贸易及交通物流等创造出了新的创新空间和增长机遇。

1.1.1　研究背景

自河南自贸试验区正式挂牌运行四年多以来，紧紧围绕建设现代立体交通体系、现代物流服务体系和现代综合交通枢纽的战略定位与发展目标，稳步推进河南自贸试验区建设，目前发展稳固、态势良好。郑、汴、洛三个片区围绕各自功能定位，充分发挥政策优势，在五大服务体系建设、"两体系、一枢纽"建设、投资贸易便利化、以"三十五证合一"为标志的"放管服"营商环境建设、行政审批及综合监管等领域取得了积极建设成效。

经过四年多的发展，郑州片区内有企业主体约 7.2 万家，其中河南自贸试验区成立后新设立企业约 5.6 万家，占比 77%；郑州片区累计实际利用外资 18.04 亿美元，进出口额 635.8 亿元，税收 1 064.7 亿元，分别是河南自贸试验区成立前的 1.9 倍、1.3 倍、2.1 倍。开封片区创新模式形成了一批可复制、可推广、可辐射的制度成果，尤其是"二十二证合一"登记制度改革、政务服务标准化的推行，"六个一"审批服务新模式、ISO9001 质量管理体系认证等制度的创新，初步形成了"234"产业框架，发挥了河南自贸试验区的磁吸效应和辐射效应；在推动产业发展方面，围绕产业发展延链强链，构建了上下游协同发展产业体系，截至2020年上半年，开封片区现有企业5 667户，较挂牌前增长31倍，注册资本944.85亿元，比挂牌前增长18.75倍；面向新发展阶段，开封片区将进一步创新招商方式，加大龙头企业招商力度，培育集聚新产业、新业态，推动开封片区产业发展实现量质并举、速效同增。洛阳片区实现了"三个一"放管服改革"洛阳"模式，设立企业登记"单一窗口"，全面落实了"证照分离"改革，率先推出了"多证集成、一照通行"改革，简化了企业开办手续；通过企业投资项目承诺制，精简办事手续，在"监管""退出"等方面，推行简化的操作流程；针对洛阳片区开放不足的问题，采用了"建平台、引企业、走出去"三项措施，积极融入"一带一路"，以高水平开放推动洛阳高质量发展。

随着河南自贸试验区等第3批自贸试验区建设的持续推进，本书系统总结了河南自贸试验区各片区4年多以来已经取得的发展成效，在"十四五"时期的新发展阶段，河南自贸试验区将面临重大机遇，既有前两批自贸试验区可复制、可推广的经验和案例作为发展借鉴，又有第三批自贸试验区及后续获批设立自贸试验区政策导向的指引，各地方自贸试验区均在稳步推进中协同互动发展，取得了一系列可喜的建设成效，这些都为河南自贸试验区实现特色化、差异化发展奠定了基础。下一步，河南自贸试验区将以打造多式联运国际物流中心为目标，以现代立体交通体系和现代物流体系建设为重点，带动优势产业集聚；促进政府管理体制改革，深入推进五大服务体系建设；营造符合国际标准、法制化、便利化的营商环境。河南将以自贸试验区建设为契机，加快发展高层次开放性经济，加快培育内陆开放新高地，推动形成全面开放新格局。

根据国家发布的《关于大力实施促进中部地区崛起战略的若干意见》《促进中部地区崛起"十三五"规划》以及《河南省国民经济和社会发展第十四个五年规划和二〇三五年远景目标的建议》等一系列中长期规划、建议，为提升河南省的对外开放水平，河南省应当坚持本土化产业特色发展并逐步推进优势产业的转型升级，坚持服务于中部崛起战略、"一带一路"倡议、沿边沿江开放等战略，补齐中西部开放政策的短板，以此带动河南自贸试验区及河南全省的开放型经济发展水平。

1.1.2 研究意义与应用前景

通过本研究，河南省可以依托前两批自贸试验区建设的复制推广经验及典型案例，以及第三批其他自贸试验区的建设成效，以制度创新为核心，探索河南自贸试验区实现区域特色发展的制度创新路径；以中部地区崛起战略、"一带一路"倡议、沿边沿江开放，以及黄河流域生态保护和高质量发展为指导，促进河南自贸试验区的高水平双向开放；通过实地调研，探索特色优势产业转型发展的制约因素，依托郑、汴、洛三个片区的优势产业，为提升产业经济发展水平提出提升产业转型升级的建议，为深化落实各项改革试点任务做出贡献，并发挥河南自贸试验区对河南全省经济发展的综合示范和辐射带动效应。通过制度创新路径探索和产业转型升级策略分析，可以为下一步河南自贸试验区全方位的发展指明方向，同时契合河南省"十四五"发展规划建议，充分发挥河南自贸试验区、黄河流域高质量发展、中原城市群建设与都市圈规划建设等国家级战略在河南的联动叠加，实时探索，将河南自贸试验区内的制度创新成果、产业转型发展模式有条件地复制推广到河南其他地市区域，全面发挥河南自贸试验区对促进全省社会经济发展的多方位、多领域、多层级的持续带动。

预期研究成果将对下一步河南自贸试验区完善片区功能、全面推进五大服务体系建设、加强支撑服务能力建设具有较大的促进作用，将为河南打造高端开放平台、推进贸易强省建设提供参考咨询意见。

1.2 国内有关自贸试验区研究的文献综述

1.2.1 围绕上海自贸试验区的相关领域研究

上海自贸试验区作为国内首个真正意义上的自贸试验区，是我国中央政府和上海市政府着力打造的自由贸易试验区，是我国第一批批准设立的自贸试验区，对后续第二批、第三批等其他国内各地域自贸试验区具有标杆作用、示范作用及引领作用。因此，近年来以上海自贸试验区作为研究对象的文献较为充分，涉及领域较为广泛，也取得了较为显著的研究成果。

1. 上海自贸试验区法律相关问题研究

陈琪[1]认为，上海自贸试验区的建成必将进一步推动上海服务业产业集聚，推动上海金融中心、航运中心及贸易中心更上一级，辐射长江流域甚至更广阔的地域；盛雷鸣[2]等认为，上海自贸试验区的建设对现有法律服务业带来了冲击，应通过健全法律服务的对外开放机制，加强中外律师界的交流与合作，加强政府部门诚信体系建设等，健全法律服务业的竞争机制，吸引优势人才加入律师队伍，实行律师专业化管理并加强对青年律师的培养，以此完善法律服务业的人才策略。刘水林[3]认为，上海自贸试验区的监管法律制度设计要有独立、权威性的监管机构，遵循"一线放开，二线管住，区内自由"的原则与惯例，监管的关键在于依法设立权威性的监管机关，加快专项立法研究，特别是制定"规制程序法",为自贸试验区的规范运作提供监管法制保障。关于自贸试验区的司法试验,郑少华[4]认为,法院的设立、有机整合 ADR 机制法、法官负责制、尊重商业判断、遵循先例原则、商事惯例成为法律的一体适用等构成了自贸试验区的司法试验系统,要想高质量发挥该系统的优势和价值,则无法舍弃其中的任何一部分内容。2014 年,张伟君[5]通过对香港和国外自贸区知识产权执法的 4 种不同政策取向的梳理和评判,认为知识产权执法应该适应知识产业执法的国际规则和趋势,建议借鉴欧盟的规则,对在上海自贸试验区过境或涉嫌侵犯中国知识产权人的权利并有可能进入中国市场的货物,采取知识产权执法措施。针对"负面清单",商舒[6]认为,2013 版负面清单存在限制范围过大、服务业开放不足、与国际社会标准接轨不够等问题,为充分发挥"准入前国民待遇"和"负面清单"等自贸试验区改革亮点,负面清单应继续在后续持续改进;孙元欣等[7]针对 2014 版外资准入负面清单,探究了该清单的主要改进之处,还讨论了负面清单的作用定位、外资配套政策,以及编制负面清单的路径选择等,并提出了相关对策建议;随后,黄鹏等[8]分析了上海自贸试验区负面清单的制定和中美 BIT 谈判中涉及的负面清单之间联动的必要性、负面清单模式的形成过程、核心内涵以及具体如何实现联动等问题开展分析;王新奎[9]认为,在上海自贸试验区与投资有关的先行先试改革措施中,最核心的是对外商投资准入实行"负面清单"管理模式,当前管理方面仍存在对产业编码长度的选择和对现有的不符措施梳理的问题,如何确定需要保留将来采取不符措施权力的行业和领域等,都需要通过锐意改革和不断创新加以逐步改进和完善。针对上海自贸试验区国际贸易"单一窗口",匡增杰等[10]认为,国际贸易"单一窗口"作为推动贸易便利化的重要平台和基础设施,应该借鉴国外"单一窗口"的先进经验和管理模式,按照循序渐进的原则分阶段、分步骤实施,并形成可在全国范围内其他自贸试验区复制推广的典型案例,为进一步提升我国贸易便利化水平提供支持。到 2017 年,上海自贸试验区已经经过三年的建设发展期,贺小勇[11]认为,需高度重视法治瓶颈问题,法治深化需要由行政推动转向立法推动,增设自贸试验区法律委员会,依法提高开放程度及其可预期性,尝试抽象性行政行为的司法审查,加大对国际条约和惯例的司法适用,增加对失信企业惩处的法律供给,完善金融风险的防范机制等,从而发挥法治引领上海自贸试验区改革的作用;沈玉良[12]对上海自贸试验区运行 3 周年的整体状况开展了评估工作,认为其构建了比较完整的投资、金融、贸易监管制度和便利化体系,充分体现了国家治理技术的现代化、国家治理制度的法制化,为全国开放型经济新体制建设和进一步对外开放提供了有效的制度供给。之后,到上海自贸试验区 5 年建设期满时,贺小勇等[13]认为,《中国(上海)自由贸易试验区条例》作为上海自贸试验区的"基本法",堪称经过5年建设期的上海自贸试验区的"第一法",但随着国内外形势的不断变化,条例中的部分条款已经不适应包括上海自贸试验区的发展态势,对其他自贸试验区也难以发挥借鉴和参考价值,因此有必要对条例进行适当修改。

2. 上海自贸试验区临港新片区相关问题研究

夏骥[14]认为,临港新片区要主动引领和参与长三角相关资源的集成,通过高效利用海内外两个市场、两种资源,推动以上海为龙头的长三角地区不断强化资金、信息、技术、人才、货物等全球资源的优化配置;曹啸[15]认为,有必要在上海自贸试验区临港新片区发展资金进出更加便利、成本更加低廉、产品更加丰富的跨境金融服务,实现跨境金融服务便利化发展。与临港新片区相关联,纪慰华[16]认为,浦东新区应充分发挥紧邻自贸区的地缘优势,以自贸试验区功能建设和制度创新为契机,提升浦东政府公共服务效率和服务质量,推动金融、贸易等管理体制创新,加快推进自身的行政体制改革,打造浦东经济"升级版"。

3. 上海自贸试验区海关监管制度、商事登记制度等相关制度研究

吴文芳[17]认为,人员流动的自由度是自贸试验区整体开放程度的重要表征,对金融、投资及贸易等各领域措施能够发挥应有的作用,上海自贸试验区应当在遵循市场准入、国民待遇原则及精简不必烦琐程序的基础上,制定配套的人员流动管理制度。孙浩[18]系统总结了上海自贸试验区海关监管服务改革创新制度的成绩与不足,从保障国际贸易供应链安全、落实与完善已推出的改革制度,以及加快试点新制度几个方面,对海关监管服务改革提出了突破与创新发展的路径。张占江[19]针对上海自贸试验区的竞争中立制度承诺,认为在内容上,判断其是否符合竞争中立的标准体现为政府商业模式合理化等8项要求;在路径上,体现为通过竞争评估、竞争倡导促进所有法律、法规按照竞争中立的要求来制定与修改,通过适用除外制度,弥补竞争中立制度的不足。陈奇星[20]认为,上海自贸试验区在加强政府事中事后监管等方面进行了有益探索,取得了初步成效,后续应从构建整体意识强、协调性好、监管严密的综合监管机制等方面,提出进一步深化事中事后监管改革的对策建议,也为其他自贸试验区推进事中事后监管改革提供了借鉴和参考。关于商事登记制度,杨峰[21]认为,该制度改革在法律适用、债权人保护和信用体系的完善等方面产生了重大影响,应完善相关立法以减少法律冲突,加强对债权人的保护,并完善企业信用制度。关于事中事后监管制度,蒋硕亮等[22]认为,该制度创新应力主构建政府主导、行业自律、企业自控、社会监督"四位一体"的大监管格局,

还从理论基础与实践要求、目的与手段、结构与功能等层面探讨了"四位一体"大监管格局的内在逻辑。宋晓燕[23]认为，自贸试验区的外资安全审查机制应从细节上进行缜密设定和完善，这对上海自贸试验区和我国长期坚持的外资开放政策均具有重大的战略意义。朱应平[24]认为，应当以功能最适当原则为基准，设置国家机关，配备专业人员，保持适当稳定，并根据这一原则处理好国家机关之间的相互关系，解决法律使用中的冲突等。

4. 上海自贸试验区金融、税收相关领域问题研究

贺小勇[25]认为，金融开放创新政策要付诸实践，并能对全国的金融发展形成可推广、可复制的新经验，需要与金融监管部门协调，在放松金融管制、加强金融有效监管、构建防范金融风险机制等方面进行制度研究与重构，形成支持金融开放创新的法律保障。李睿[26]反思了上海自贸试验区范围内现行刑法介入互联网金融的边界，提出了坚持事前防控和行政监管、适度收缩刑法介入的范围和边界等刑法合理规制互联网金融的基本原则与制度构想，为上海自贸试验区金融制度创新提供了法治保障。李潇等[27]认为上海自贸试验区的成立带来了正向税收收入效应，"办税-网通"10项税收创新也起到了同样的效果，利用合成控制进行作用机制分析，发现"办税-网通"能够通过硬性税收征管水平有效提升税收收入。关于离岸业务税收政策，何骏等[28]认为，应在符合我国税收改革方向和国际惯例，以及不导致利润转移和税基侵蚀的前提下，从离岸业务税收制度、税收监管制度和税收政策的可复制和可推广等方面对上海自贸试验区离岸业务税收政策进行设计，为上海自贸试验区的发展创造了良好的政策环境。

5. 上海自贸试验区治理创新、制度推广相关问题研究

陈奇星[29]总结了上海自贸试验区治理创新的主要做法以及政府治理创新的经验，并提出了自贸试验区范围内政府治理创新的趋势与展望。李鲁[30]等提出以经济园区为载体的"梯度对接战略"是结合历史经验和现实基础的必要且可行的选择，既有利于加快自贸区改革及制度推广进程，又有助于经济园区自身的转型升级。腾勇乐等[31]认为，江苏省应加快与上海自贸试验区对接，主动学习了解自贸区内各项政策的进展情况和实施经验，围绕三大国家战略赋予竞速"先行先试"的政策优势，创新政府管理模式，引导企业转型升级，以迎接未来更大范围、更高层级的开放。宋鹏霖等[32]在对标新加坡贸易便利化的做法以及WTO《贸易便利化协议》和相关FTA协议贸易便利化条款分析差距的基础上，提出了提升自贸试验区贸易便利化水平的对策建议。

1.2.2 其他自贸试验区相关典型问题研究

关于福建自贸试验区，王建文等[33]通过实地调研福建自贸试验区中福州、厦门、平潭三个片区跨境电子商务发展现状，深入其跨境电商发展存在的问题，并借鉴上海、广东、天津等国内先进地区的经验，提出了完善福建自贸区跨境电商的政策建议。林涛等[34]系统总结了福建自贸试验区贸易便利化的新举措，参照贸易便利化主要内涵界定和评价标准，对主要举措进行评估，最后提出了促进贸易便利化措施创新提效的对策建议。张惠等[35]认为，福建自贸试验区与21世纪海上丝绸之路核心区建设具有战略融合性，将释放战略叠加效应的"新活力"，推动福建自贸试验区特色优势的充分发挥，有望成为全国自贸试验区建设的"新高地"。林珊等[36]指出，福建自贸试验区实施贸易便利化能够对接全球价值需求，但在先行先试贸易投资便利化新举措、进一步深入对接全球价值链时，必须将风险防范考虑在内，应进一步提升贸易投资便利化水平和政府部门的监管能力；优化区内企业生产经营环境；为区内企业赴台投资创造便利条件；为发展跨境电子商务产业链总结经验。

关于其他地方性自贸试验区，李思敏[37]认为，推进广东自贸试验区金融改革创新的着力点在于建立自贸试验区金融和经济信息交流与共享机制、推进信用体系建设、推动跨境双向投融资取得实效、实施支付服务和社会公共服务"一卡通"工程。陈波等[38]认为，湖北自贸试验区应在学习和复制包括上海自贸试验区在内的多片区的相关改革开放举措的基础上，通过有的放矢的经济制度创新，结合自身特点和优势，走出一条经济发展提升的新路，为带动整个中部地区更好地参与国内外经济活动，提高经济发展水平，推动我国的改革开放深入发展做出了贡献。王晓玲[39]认为，辽宁自贸试验区的营商环境与法制化、国际化、市场化的营商环境要求相比仍有较大差距，应打好优化营商环境建设的"持久战"，深化简政放权改革，优化政府服务方式，提升市场主体的活跃度。陈浩[40]认为，陕西自贸试验区应更加积极融入"一带一路"倡议，进一步放开市场准入，着力降低企业制度性交易成本，重点推动杨凌农业国际合作创新，走出一条具有陕西特色的发展之路；强力[41]认为，陕西自贸试验区需进一步增强自主创新能力，从政府职能转变、投资领域改革、产业转型升级、金融领域开放，以及人文交流和法治保障等方面，加快自贸试验区战略与"一带一路"倡议的深度融合，促进内陆地区经济创新发展；王铁山等[42]认为，陕西自贸试验区在推动"三个经济"发展中存在口岸和物流枢纽建设不完善、促进开放型经济发展不足，以及体制机制创新力度不够等问题，需从打造国际综合枢纽、提升对外开放水平、坚持体制机制创新等路径出发，推动经济高质量发展。周楠等[43]针对天津自贸试验区管理体制，认为该试验区是典型的政府主导类型，存在顶层设计缺失、府际关系难以协同、政府权责不清晰或不对等问题，应构建自贸试验区府际协同联动体系，以立法形式赋予自贸试验区管委会必要的法律地位和自主权利，并对其内部管理体制进行优化。王淑敏[44]认为，应在海南自贸试验区内设立独立的国际商事调节中心，制定地方立法并彰显服务贸易为特色的区内国际商事调节规则，增强国际商事合同中的调解条款及其调解协议的强制力。

1.2.3 国内自贸试验区整体建设状况及相关问题研究

1. 国内自贸试验区体制机制创新问题研究

沈玉良等[45]认为，我国自贸试验区制度创新不仅要试点国际贸易新规则，还要结合中国的实践，为参与甚至引领21世纪的国际贸易新规则提供可复制和推广的经验，这需要进一步深化在投资、金融和贸易领域的制度创新，根据各自贸试验区的区位以及本区域在开放型经济体制中承担的任务，在功能拓展中调整和完善制度创新，成为区域对外开放的增长极。针对新一轮自贸试验区，丁宏[46]认为，其制度创新应该更加注重便利化与自由化并重、贸易促进与产业发展并重、创新驱动和开放合作并重、区内发展与区外联动并重，以及顶层设计和基层创新并重。唐擎等[47]针对自贸试验区人力资源制度，指出应该重点围绕自贸试验区紧缺的行政管理、国际贸易和金融、第三方服务专门人才及高技能专业人才等重点方向积极探索，并提出了坚持以市场为主导的人力资源配置方式、建立面向国际的开放型人力资源制度、保障人力资源制度改革创新于法有据等建议。王旭阳等[48]指出了我国的多批次自贸试验区在制度创新和试点经验的推广方面取得了良好效果，各项经济指标表现优异，但存在发展引领效果不明显、服务业对外开放程度不高、自主改革创新权限不够高等问题，后续应构建全面有效的风险管理体系，发挥平台支撑和关键节点作用，将自贸试验区战略与国家区域战略和"一带一路"倡议相结合。

针对金融服务创新方面，裴长洪[49]认为，中国自贸试验区金融改革应制定深化资本项目开放的具体举措，优化自由贸易账户管控机制，推进利率市场化改革。吕文洁[50]通过比较国内自贸试验区金融服务业负面清单与国际协定的主要差距，分析了国内负面清单保守编制做法的主要原因，为有效对接高标准国际投资贸易规则，自贸区需要编制一份更全面反映金融开放现状、更符合国际规则的金融业负面清单。李思敏[51]认为，自贸试验区谋划金融开放创新，要围绕制度型开放的要求，在更高起点上支持和促进贸易投资自由化，实施更加便利的跨境资金流动管理，探索金融创新领域的中国方案、中国标准，构建对标国际高水平的金融营商环境。郭晓合等[52]认为,应当在自贸试验区范围内探索金融服务贸易便利化改革,放松金融服务贸易限制,释放潜力,彻底改变中国对日本和欧盟多数国家的金融服务贸易"贸易不足"的状况。针对那些经过5年建设期的自贸试验区,任春杨等[53]认为,应该加快推进自贸试验区金融立法,完善金融改革创新法律保障体系;扩大金融改革创新辐射效应;加快完善金融综合监管体系,加大系统性金融风险防范力度已成为我国自贸试验区进一步推动金融改革、探索开放创新的必行之举。李思敏[54]认为,广东自贸试验区应借鉴海南自贸港的经验,立足毗邻港澳的优势,推动更高水平的金融开放创新。

关于国际贸易"单一窗口"制度创新问题,尹红等[55]针对国际贸易"单一窗口"地方版在推进过程中遭遇的依法行政与法治保障难以协同的制度问题,建议我国采用最有利于"单一窗口"的制度功能,实现原则厘清权能与权限、联动立法以完善法治保障、完善数据共享机制以规范数据间共享的效果,对"单一窗口"制度进行深层次改革,为我国贸易便利化进程扫清制度障碍。

2. 自由贸易港创建及发展问题研究

王淑敏[56]针对中国自贸港选择何种立法模式,建议借鉴国外的成熟经验,并力求彰显中国特色,恪守"根本例外"和"一般例外"的法律底线,应先修订各地自贸试验区的现有规则,增加自贸港的定义、功能和原则等主要内容,待时机成熟后再制定《自由贸易区法》或《自由贸易港法》。赵晓雷[57]认为,建设自由贸易港是上海自贸试验区全面深化改革开放的重要突破口,应坚持将扩大开放与体制改革相结合,培育功能与政策创新相结合,把握住制度创新这条主线,努力构建与国际投资、贸易通行规则相衔接的开放型经济新体制,把自贸试验区建设成为投资贸易自由、规则开放透明、监管公平高效、营商环境便利的国际高标准自由贸易园区。任春杨等[58]认为,国内自贸试验区建设仍存在法治建设相对滞后、改革创新与协调效率不高、风险管控能力有待提升和要素流动尚不流畅等问题,如何有效解决以上问题、突破相关障碍,是自贸试验区升级为自由贸易港的核心和关键。何悦涵[59]认为,临时仲裁制度引入自贸试验区面临诸多挑战,建议参考自贸试验区立法形式在自贸港内以特殊立法授权实现临时制度的"有法可依",将仲裁与司法机构定位为服务者,并通过免签、追责等机制保证临时仲裁员的数量与质量,借此填补自贸港多元化终端解决机制。龚柏华[60]认为,构建的自贸港应定位为特殊经济功能区,需通过立法先行或总体立法授权的法治模式,加快自贸港成为引领改革开放创新的示范区的速度。

3. 自贸试验区促进产业结构升级、地方经济平稳增长等相关问题研究

陈宗胜等[61]指出，自贸试验区对于推动中国经济转型升级、促进新一轮的改革开放、打造经济增长新引擎、实现小康社会等具有重要意义，对照各自贸试验区的主要建设任务，我国各地域自贸试验区与中国经济特区的改革方向是一致的，但在各地自贸试验区建设过程中，应该有效管控风险，防止对国内经济造成巨大冲击。李世杰等[62]针对自贸试验区的制度创新能否促进产业结构的升级，经实证研究，认为自贸试验区先行先试的政策能够显著促进产业机构的高级化，对产业结构合理化的促进作用表现为前期作用显著，后期作用不明显，应进一步深化行政审批制度改革，优化贸易环境，发挥贸易流通与产业结构变迁的带动作用，协调各产业之间的比例关系，促进产业结构的合理化。由于自贸试验区是否促进地区经济平稳增长尚缺考证，郎丽华等[63]采用2010—2017年31个省份的面板数据，基于实证研究表明设立自贸试验区能够减小全要素生产率的波动率，促进经济的平稳增长；沿海自贸试验区域与内陆自贸试验区相比，对地区经济平稳增长的贡献度更高。孔庆峰[64]认为，中国自贸区的内涵与国外自由贸易区有所区别，肩负着探索可复制可推广制度创新成果的重任，要建成高度开放和有国际竞争力的自贸区，就要对照国际先进经验，瞄准带有重大战略意义和有重大引领作用的方面，在法制建设、机构设置和行政管理等方面做出重大改进，以使我国在新一轮国际经济竞争中立于不败之地。

关于自贸试验区建设是否带来区域辐射效应，彭羽等[65]基于长三角、珠三角和京津冀地区的实证研究，指出自贸试验区建设对周边辐射区域的发展不存在投资挤出效应，其制度创新避免开发区模式下"政策洼地"引致的引资竞争效应，更多体现为投资增量，而非存量转移。关于自贸试验区设立是否促进了外商直接投资，黄启才[66]基于合成控制法经实证研究，表明相比于传统的土地税收等优惠举措，东道国的外资服务水平和企业营商环境对外资更具有吸引力。此外，王珍珍[67]探讨了自贸试验区积极融入"一带一路"的深刻内涵，从经贸合作、金融开放、人文交流和交通基础设施建设这4个方面分析了前两批自贸试验区融入"一带一路"建设的基础和实践探索。

关于贸易投资便利化，王江等[68]对自贸试验区贸易投资便利化发展进行了量化分析，构建了相应的指标体系，并提出了进一步推动自贸试验区贸易投资便利化进程的建议。张磊[69]指出了要推动WTO作为多边投资框架的改革和投资便利化谈判，应为自贸试验区探索适用的国际投资标准，避免陷入一味追求最高标准的窠臼。刘强等[70]运用大量数据从经营环境、基础设施、边境管理及市场准入等方面对中国与新加坡的贸易便利化水平进行优劣势对比分析，

并提出了改进建议。刘一鸣等[71]认为，自贸试验区在对外贸易方面的优势对东部沿海省市的对外贸易和经济增长产生显著的挤出或替代效应，对中西部其他省市也产生了正向或负向的外溢效应。

4. 自贸试验区负面清单制度、推动协同发展与今后建设方向研究

刘晓红等[72]认为，负面清单制度仍处于初创阶段，其在实践中运行的合理性和操作性有待检验，未来完善负面清单透明度的原则与方针，主要是完善现有负面清单对外资准入前的透明度，以及优化外资准入后审批管理措施的公开性；推行负面清单变动的程序公开化。戴林莉等[73]通过比较法视角，结合国情提出了我国负面清单的优化建议，针对产业特征调整负面清单范围，梳理了对应国内法的同时与国际标准对接，加强了负面清单在国内市场和行政管理领域的推广。高凛[74]认为，自贸试验区的事中事后监管在理念转变、立法完善、监管主体等方面存在问题，应从转变监管理念、完善立法、构建信息平台、监管主体多元化和完善社会征信体系等方面对事中、事后监管制度进行完善。

关于自贸试验区推动地区经济协同发展问题，刘海云[75]认为，要在新时期促进京津冀协同发展，应大胆进行制度创新，充分利用北京自贸试验区优势和借鉴天津自贸试验区发展经验，大力发展数字经济和生活性服务业等特色产业，探索与北京、天津自贸试验区错位发展的新路径。黄启才[76]以福建自贸试验区为例，利用合成控制法对其政策效应进行了评估，认为该自贸试验区对试点地区经济发展带来了显著成效，并呈现出动态变化特征，主要分为持续增长、爆发式增长和稳定增长式3个阶段，政策影响在试点建立两年以后趋于平稳，且影响主要依赖投资渠道实现。

吴昊等[77]指出，中国自贸试验区的政策试验方式将形成制度创新推进动力机制，为其他领域的全面深化改革提供了可复制、可推广的制度型经验，为完善和转变改革方式提供了新思路。杜国臣等[78]指出，面对5批次18个自贸试验区，应赋予自贸试验区片区管理机构相应的省级及市级经济管理权限，使其具备更大改革自主权；重点研究服务贸易、数字贸易、投资安全及金融开放等领域的开放措施及事中、事后监管措施；进一步凸显制度红利对产业升级的促进作用，增强企业获得感；形成常态化的制度创新路径和机制。张兴祥等[79]认为，自贸试验区作为新时代改革开放的新高地，是链接"双循环"的重要平台和关键节点，也是促进"双循环"新格局形成的重要抓手和有力支撑。张鑫等[80]对于自贸试验区协同发展问题，认为应侧重于对省内其他地区辐射带动和制度创新成果的复制推广，不同自贸试验区之间协同发展应侧重制度创新成

果的交流与合作以及协同开放合作。

5. 自贸试验区税收政策、临时仲裁及对国家治理现代化促进作用研究

关于自贸试验区税收政策调整，何骏等[81]对TPP背景下我国自贸试验区的税收制度、税收征管和税收监管等离岸贸易税收政策进行了研究，认为我国现阶段应在自贸试验区内对离岸贸易业务降低企业所得税，免征所有间接税，缩小与新加坡等国际离岸贸易中心在税收方面的差距；通过征管对象和征管机构加强税收征管，通过预约定价协定机制加强税收监管。

关于自贸试验区临时仲裁制度等相关法律问题，李建忠[82]认为，要排除自贸试验区引入临时仲裁的制度障碍，立法机关和相关部门应借鉴域外的立法经验，从制定临时仲裁规则和系统植入临时仲裁制度等层面有序推进，尝试构建一个理念先进、体系完整、规则精细的自贸试验区临时总裁制度体系。关于自贸试验区对国家治理现代化的促进作用，郑少华[83]认为，上海自贸试验区在建设国家治理体系与治理能力现代化中具有特殊意义，可通过自贸区治理体系与治理能力的试验，提供可复制、可推广的治理经验与成功做法，是一条推进国家治理现代化的现实路径。此外，何骏等[84]讨论了自贸试验区发展过程中的管理体制、创新、考核机制和发展目标等问题，指出了制约自贸试验区顺利发展的内在因素，提出了促进自贸试验区发展的策略和出路。

6. 自贸试验区司法保障、促进就业与差异化发展路径研究

刘敬东等[85]认为，应及时总结自贸试验区司法经验和司法规律，推动既顺应国际上先进自贸试验区法律制度发展趋势，又适应中国自贸试验区发展特色的司法制度建构，对人民法院来说是一项长期而艰巨的任务。魏瑾瑞等[86]定位和识别辽宁自贸试验区的差异化发展路径，根据核心-中间-边缘层模型，认为辽宁自贸试验区处于边缘层，与上海自贸试验区等沿海自贸试验区存在较强的直接经济联系，并且在制度的复制和推广方面存在诸多借鉴。王晓玲[87]认为，我国应加强自贸试验区国家战略和城市群战略的协同发展，形成互促共进的局面。曹翔等[88]针对自贸试验区的设立对就业表现出吸纳就业的虹吸效应还是带动就业的辐射效应展开研究，结果表明其设立显著提升了当地的就业水平，对就业的影响表现出虹吸效应，对城镇私营和个体从业人员、服务业及非高新技术产业的就业促进作用较大，对城镇单位从业人员和第二产业的就业影响不明显。为适应全面深化改革开放的要求，邓富华等[89]认为，自贸试验区要注重培育创新文化，把脉企业需求，按需下放管理权限，合理对照国际规则，解决法律痛点问题，强化部门协调，创新人才管理机制。

王孝松[90]通过对上海、广东自贸试验区的对比分析，研究了全国自贸试

验区的竞争策略，考察了新常态下加快行政管理体制改革推动竞争策略的方法与对策，对自贸试验区的运行管理方式和竞争策略的推广具有较为显著的理论和现实意义。自贸试验区是新时期全面深化改革和扩大开放的"试验田"，关于自贸试验区引领高水平开放，毛艳华[91]认为，深化改革应主动顺应全球经济治理新趋势新格局，其中海南自贸港要突出对"自由化"的探索，把自贸试验区建设成为新时代改革开放的新高地。陈萍[92]审视自贸试验区与高水平开放发展的辩证关系，发现自贸试验区引领高水平开放的实现路径有以下几条：以自贸试验区建设优化产业结构，打造高水平开放竞争新优势；以自贸试验区建设促进科技创新，筑牢高水平要素驱动力。何树全等[93]利用上海实际利用外资数据，对自贸试验区内资本要素流动的政策效应进行了评估，发现该区政策可显著提高外资利用水平，对外资的波动性也起到了显著的平抑作用。

1.3　研究内容、研究方法及研究目标

从近5年来以上海自贸试验区为代表的国内自贸试验区研究的总体状况来看，沿海自贸试验区与内陆自贸试验区面临着不同领域的问题，且各有侧重，涉及领域较为广泛，而河南自贸试验区作为2017年第3批设立的自贸试验区之一，对河南省的经济高质量发展产生了较为显著的影响。接下来，笔者将具体论述本书的研究内容、研究方法及研究目标。

1.3.1　研究内容

本书的研究对象是河南自贸试验区，主要关注河南自贸试验区的制度创新路径与产业转型升级策略。从河南自贸试验区挂牌成立至今的制度创新成效出发，探究了制度创新的突破口，论证了新发展阶段河南自贸试验区制度创新的具体路径；为充分发挥多重国家战略在河南的交汇叠加，迎接基于产业数字化转型对河南自贸试验区带来的机遇和挑战，提出了依托河南自贸试验区助推河南产业转型升级的策略；根据《洛阳都市圈发展规划（2020—2035）》的系统设计，从河南自贸试验区洛阳片区在整个河南自贸试验区的地位出发，探索了洛阳片区后续发展策略；面向"十四五"时期的新发展阶段，提出了河南自贸试验区在新发展阶段高质量发展的可行性建议。

1. 河南自贸试验区制度创新成效、突破口及路径研究

本书系统总结了河南自贸试验区挂牌成立三年以来的制度创新成效及改革突破成果，所形成的一批在国家、省、市复制推广的经验或案例为带动区域经济发展提供了内生性动力。为进一步破除制约河南自贸试验区各片区创新发展

的体制机制障碍，推进河南全省高水平开放和高质量发展，从推动建立五区协调联动发展的区域叠加优势、突出交通物流核心主体特色、借助持续涌现的新技术新产品新业态，以及对标高标准国际经贸规则挖掘区域化特色优势等方面，探索了河南自贸试验区在新阶段进一步推动各领域制度创新的突破口。为发挥河南自贸试验区的示范带动作用，从探索集成化现代服务业融合发展体系、推行全产业链模式和供应链金融模式、构建政策激励和法律保障体系、凸显投资自由化、创建服务型管理新体制及打造适合商业保理发展的外汇管理模式等方面，提出了制度创新路径，为实现河南自贸试验区的投资贸易便利、高端产业集聚、交通物流通达、监管高效便捷、辐射带动作用突出的高标准建设目标提供了制度化保障。

2. 河南自贸试验区洛阳片区建设成效及发展策略建议

本书以河南自贸试验区洛阳片区挂牌成立三周年为契机，总结了洛阳片区在政务、法律、多式联运、监管及金融这五大服务体系，以及在转变政府职能、商事制度改革、贸易便利化水平、金融开放创新、营商环境建设及服务"一带一路"建设等领域的建设成效。洛阳片区以"试制度、补短板、创特色"为任务导向，建设成效显著，为洛阳今后深化改革、扩大开放、制度创新、优化营商环境提供了新动能。针对洛阳片区改革成果，参照片区改革发展目标，对标国际、国内一流投资贸易规则体系，提出了后续洛阳片区发展建设的政策建议，助力洛阳片区积极培育特色化建设路径，争取把洛阳片区建设成为洛阳深化改革开放的助推器及政策高地。扩大开放是区域经济发展的重要途径，习近平总书记在第二届"一带一路"高峰论坛上强调，今后将在更广领域扩大外资市场准入，更大规模增加商品和服务进口，注重宏观经济政策、对外开放政策的协调及贯彻落实，从而促进更高水平的对外开放，这些都为洛阳片区今后的发展指明了前进方向。展望未来两到三年洛阳片区的建设期，先进制造、服务贸易、现代物流与数字经济将成为发展的关键词，洛阳片区需坚持围绕双向开放先行区、改革创新活力源、高质量发展增长极的发展目标，突出洛阳区域特色优势，继续走差异化发展道路，追求更多、更充分地发展动能，以高端智能制造业和现代服务业为引领，带动全产业链模式发展，努力建成投资贸易便利，高端制造业、服务业产业集聚，交通物流便捷，区域引领带动作用明显的地方高水平自由贸易园区，努力成为新时代洛阳改革开放的新高地。

3. 依托河南自贸试验区推进洛阳培育建设国际消费中心城市措施研究

本书依托河南自贸试验区洛阳片区，从国际消费中心试点城市培育建设的总体要求出发，分别论述了洛阳市创建国际消费中心城市所具备的发展基础和发展优势；进而从指导思想、基本原则及工作目标3个方面，提出了洛阳国际消费中心试点城市建设实施的总体思路；并从创建一批特色街区与商业名街、做大做强国际文旅消费产业、提升节庆会展经济消费带动功能等方面，筹划培育国际消费中心试点城市的重点任务；明确了洛阳培育建设国际消费中心试点城市应当提供的保障措施。

4. 基于混合多准则决策方法的河南自贸试验区创新型项目优选决策

针对河南自贸试验区创新型项目优选决策问题，提出一种基于前景理论及改进TODIM法的多维异质偏好信息混合的多准则决策方法，该决策方法通过5种不同类型的异质偏好信息反映了创新型项目优选指标的多样性及所能采集到的原始决策信息来源的广泛性；考虑到决策主体的有限理性心理行为特征与对待收益、损失的风险态度，基于垂面距离计算各备选创新型项目在单个准则下的前景价值，以综合前景值的总和最大化确定了各准则权重；改进了TODIM法中收益和损失的优势度计算，以总优势度和相对总优势度两种方式对创新型项目排序择优，并探讨了多个参数变化对方案排序结果的影响。此外，为解决属性权重未知的Picture模糊评价问题，构造了新的Picture模糊熵确定各属性权重，通过计算各方案与正、负理想方案的Picture模糊加权对称交叉熵，并以纳入决策者主观态度倾向的模糊折衷值获取了各备选方案优劣次序，经算例分析及对比分析，验证了该决策方法的有效性与合理性。

5. 依托自贸试验区助推河南产业转型升级策略分析

面对加速演变特征更趋明显、新工业革命和产业变革持续发力的世界大变局，在全球产业链冲击背景下，本书分析了中国产业升级的独特性及产业数字化转型的机遇与挑战，辨析了当前河南产业转型升级面临的困境，依托河南自贸试验区提出了助推河南产业转型升级的具体策略。河南省应当建设创新型产业集聚区，打造主导产业优势明显的产业集群；依托河南自贸试验区产业数字化转型，培育壮大数字经济产业新能级；坚持传统密集型产业的转型升级和新兴产业的培育壮大协调并举，稳步推动河南制造业转型及高质量发展；以河南自贸试验区等国家级战略平台的联动叠加，充分发挥其辐射带动作用，强化对新技术的适用，以加速科技成果转移并提升成果转化率；全面发挥制造业高质量发展基金的功能，助推产业链和创新链的融合，大力推进制造业、文化旅游产业的结构升级，使产业转型升级成为河南加快社会经济高质量发展、谱写中原更加出彩绚丽篇章的重要驱动力。

6. "十四五"时期面向新发展阶段的河南自贸试验区高质量发展建议

河南自贸试验区以高质量发展为引领，近四年来在制度创新成果推广、新发展格局打造、全力落实战略定位、完善政策制度体系和管理体制机制等方面均取得一系列重要成果。面向"十四五"时期的新发展阶段，从河南省"十四五"规划和2035年远景建设目标出发，以对河南自贸试验区提出的新要求和发展导向为基准，立足新发展阶段、贯彻新发展理念、融入新发展格局，从多重国家级战略的联动叠加推进制度创新、持续高效推进"跨省通办"与"省内通办"、推行"证照分离"改革全覆盖并以立法支持各领域建设、探索招商引资新方式、推动形成一定规模错位发展的区域金融开放格局、完善科技成果转化机制，以及充分发挥新兴信息技术的支撑作用等角度，提出了"十四五"时期新发展阶段河南自贸试验区高质量发展的建议。

1.3.2 研究方法

1. 文献分析法

文献分析法应用于研究全过程，笔者主要通过"中国知网"数据库或其他文献检索数据库搜寻与中国自贸试验区发展、规划相关的研究成果。此外，还包括外文文献中关于欧美国家已取得重大发展成效的自由贸易园区的研究文献，为本研究的顺利开展提供了宝贵的文献资料与智力支持。

2. 规范分析法

规范分析法应用于研究全过程，主要用于搭建研究基础理论分析框架，涉及河南自贸试验区制度创新成效、突破口及路径，依托自贸试验区助推河南产业转型升级策略，还有针对河南自贸试验区在"十四五"时期发展新阶段，探索高质量发展的可行性建议。

3. 个案分析法

个案分析法针对河南自贸试验区制度创新和产业转型升级领域的典型实践案例，从前期制度设计、发展成效、经验教训等方面明辨了发展困境，为河南自贸试验区的后续发展提供了个案支撑。

4. 实证调查法

实证调查法主要采用田野调查和河南自贸试验区各片区内的企业调研、访谈等方式，为探索河南自贸试验区制度创新路径和产业转型升级策略提供了数据资料。

1.3.3 研究目标

要想高水平建设河南自贸试验区，实现转型发展并培育经济增长新动能，提升河南省的对外开放水平，就应当以制度创新为核心，紧抓自身的优势产业，发挥并鼓励大胆试、大胆创、自主改，重点解决优势产业转型升级各环节出现的问题，以实地调研为依据，找到发展短板和限制瓶颈，因地制宜他提出促进产业转型升级的策略。

因此，本课题"河南自贸试验区制度创新路径及产业转型升级策略研究"，通过探讨河南自贸试验区的制度创新路径及产业转型升级策略，进一步加快河南自贸试验区建设，并促进河南对外开放水平。研究目的主要包含两点：一是通过制定符合河南本土产业发展定位且具备战略新兴特征的产业发展策略，有序承接河南产业转型升级，促进产业结构调整优化；二是通过探索制度创新路径，加快河南新型工业化基地建设，发展具备特色的现代产业发展体系，形成河南本土的特色优势产业。

第 2 章 河南自贸试验区制度创新成效、突破口及路径研究

2.1 河南自贸试验区概况

2.1.1 河南自贸试验区简介

中国（河南）自由贸易试验区简称河南自贸试验区，是我国中央政府设立在河南的自由贸易试验区，分别位于河南省郑州市、开封市、洛阳市境内。2016年8月31日，国务院决定设立河南自贸试验区；2017年3月31日，国务院发布《国务院关于印发中国（河南）自由贸易试验区总体方案的通知》和《中国（河南）自由贸易试验区总体方案》；2017年4月1日，河南自贸试验区正式挂牌成立。河南自贸试验区实施范围 119.77 km²，涵盖三个片区：郑州片区 73.17 km²，开封片区 19.94 km²，洛阳片区 26.66 km²。

河南自贸试验区的战略定位是加快建设贯通南北、连接东西的现代立体交通体系和现代物流体系，将河南自贸试验区建设成为服务于"一带一路"建设的现代综合交通枢纽、全面改革开放试验田和内陆开放型经济示范区。具体到各片区的战略定位，郑州片区以制度创新为核心，以可复制、可推广为基本要求，加快建设贯通南北、连接东西的现代立体交通体系和现代物流体系，将郑州片区建设成为服务于"一带一路"建设的现代综合交通枢纽、全面改革开放试验田和内陆开放型经济示范区。充分发挥郑州多重国家战略叠加优势，全面增强国内辐射力、国内外资源整合力，承载引领中原城市群发展和支撑中部地区崛起的使命，加快建设国家中心城市。开封片区的战略定位是以自贸联动协同发展为重点，深入推进郑州片区、开封片区的联动发展，作为郑开同城化先行区的重要支撑，推动形成郑开同城化示范区和黄河流域自贸试验区联动发展的新格局。洛阳片区的战略定位是丝绸之路经济带"双向开放"先行区，汇聚

国际要素的创新示范区。

河南自贸试验区的发展目标是经过3～5年的改革探索，形成与国际投资贸易通行规则相衔接的制度创新体系，营造法治化、国际化、便利化的营商环境，努力将河南自贸区建设成为投资贸易便利、高端产业集聚、交通物流通达、监管高效便捷、辐射带动作用突出的高水平、高标准自由贸易园区，引领内陆经济转型发展，推动构建全方位对外开放新格局。具体到各片区的发展目标，郑州片区要力争经过3～5年的改革探索，形成与国际投资贸易通行规则相衔接的制度创新体系，营造国际化、市场化、法治化的营商环境，构建开放型枢纽经济新体制，加快培育国际合作和竞争新优势，努力将郑州片区建设成为投资贸易便利、枢纽功能完善、高端产业集聚、服务体系健全、监管高效便捷、法制环境规范、辐射带动效应明显的内陆自由贸易试验区新标杆。开封片区力争经过3～5的年改革探索，努力将开封片区建设成为功能特色鲜明、投资贸易便利、高端产业集聚、要素自由流动、监管安全高效的自由贸易园区。开封片区以自贸建设为载体，发挥自贸区的磁吸效应和辐射效应，撬动开封经济转型升级，推动开封走在对外开放的最前沿；通过郑汴一体化深度融合，积极融入河南省国际交通物流"双枢纽一体系"，大力承接郑州物流、人流、信息流聚集，大力发展全域旅游；同时，借助文化与其他产业融合发展，建立对"一带一路"沿线国家和地区的文化贸易与合作机制，形成以"文化+"促进相关产业转型升级的强大动力等。洛阳片区将依托洛阳"一中心六组团"的发展格局，拓展中心城区空间结构，构建大尺度空间集聚核心，形成洛阳大都市区的发展局面；打造洛阳都市区开放高地、创新高地和产业高地，完善中心城区服务功能，进一步增强都市区辐射与带动作用。

关于河南自贸试验区各片区的功能定位，郑州片区重点发展智能终端、高端装备及汽车制造及生物医药等先进制造业，以及现代物流、国际商贸、跨境电商、现代金融服务、服务外包、创意设计、商务会展及动漫游戏等现代服务业，在促进交通物流融合发展和投资贸易便利化方面推进体制机制创新，打造多式联运国际性物流中心，发挥服务"一带一路"建设的现代综合交通枢纽作用。开封片区重点发展服务外包、医疗旅游、创意设计、文化传媒、文化金融、艺术品交易及现代物流等服务业，提升装备制造、农副产品加工国际合作及贸易能力，构建国际文化贸易和人文旅游合作平台，打造服务贸易创新发展区和文创产业对外开放先行区，促进国际文化旅游融合发展。洛阳片区重点发展装备制造、机器人及新材料等高端制造业，以及研发设计、电子商务、服务外包、国际文化旅游、文化创意、文化贸易及文化展示等现代服务业，提升装备制造业转型升级能力和国际产能合作能力，打造国际智能制造合作示范区，推进华夏历史文明传承创新区建设。按海关监管方式划分，河南自贸试验区内的海关特殊监管区域重点探索以贸易便利化为主要内容的制度创新，开展保税加工、保税物流及保税服务等业务；非海关特殊监管区域重点探索投资体制改革，创新内陆地区开放发展机制，完善事中、事后监管，积极发展高端制造业和现代服务业。

关于河南自贸试验区各片区的主要任务，郑州片区先行试验以下6个方面的重大改革措施：一是切实转变政府职能，构建法治化、国际化、便利化的营商环境；二是结合区域市场主体实际需求，加快形成高效便捷的监管新模式，全力保障投资贸易便利化；三是充分发挥郑州区位优势，建设一流的国际综合枢纽，打造"一带一路"大通道重要节点；四是强化交通枢纽功能集成，培育高能级产业集群和贸易新业态；五是大力吸引国际创新要素集聚，实现自贸区和自创区联动发展；六是增强区域辐射带动功能，形成引领中原经济区协同发展新格局。开封片区以"文化+"引领带动产业升级，拟率先在以下7大领域实现突破：全域旅游、文创产业、医疗旅游、现代物流、现代服务、装备制造和农业安全全产业链。尤其在全域旅游方面，开封片区 20 km² 和 50 km² 的拓展区内，打造出多层次、差异化的精品旅游产品，特别是在旅游和医疗领域融合发展上打造亮点，构建一体化的旅游产品体系；根据开封片区产业发展定位和功能布局，将开封片区核心区域 19.94 km²，规划为中央商务中心、文创艺谷、健康乐谷、高新智造谷、创智孵化谷、国际物流港及国际商务信息港的"一心四谷两港"的产业布局。洛阳片区的主要任务是重点发展装备制造、机器人及新材料等高端制造业，以及研发设计、电子商务、服务外包、国际文化旅游、文化创意、文化贸易及文化展示等现代服务业，提升装备制造业转型升级能力和国际产能合作能力，打造国际智能制造合作示范区，推进华夏历史文明重要传承区建设。

2.1.2 河南自贸试验区建设成效概况

河南自贸试验区自挂牌成立至今，经过4年多的建设发展期，"成绩单"亮眼，打破了部门条块分割，打造了以"一网通办"前提下"最多跑一次"为核心的政务服务体系品牌，创造了多个"全国第一"，即首个推出原产地证书"信用签证"、首个企业登记身份管理实名验证系统、首个推行企业"开户一站通"，以及首个推出跨境电商"网购保税+实体新零售"模式等。接下来，本书将具体论述河南自贸试验区郑州片区、开封片区和洛阳片区这三个片区的建设成效。

1. 河南自贸试验区郑州片区建设成效

郑州片区紧紧围绕国家赋予的"两体系一枢纽"战略定位，认真贯彻落实省委、省政府决策部署和省自贸办的工作要求，不断强化制度创新引领作用，着力优化便企利企的营商环境，持续放大开放平台带动效应，努力促进产业高质量发展，制度创新和产业发展等工作取得了显著成效。

坚持高位谋划为郑州片区创新发展提供了制度支撑。郑州片区体制机制不断完善，通过制度创新，引领全市对外开放体系构建、开放体系创新和开放型经济高质量发展。"四梁八柱"逐步构建完善，郑州市政府建立片区工作联席会议制度，市长多次召开会议，及时研究解决片区建设重大问题，相继印发实施了郑州片区建设三年行动计划、五大服务体系建设实施方案及深化提升方案、改革试点任务分解方案、营商环境优化提升实施方案、"一次办妥"改革实施方案，以及"证照分离"改革实施方案等多个方案、文件。以片区管委会、市场监管、海关等为主要部门，经开区、郑东新区、金水区、航空港实验区等为重点区域，郑商所、保税物流中心、国际陆港、机场、综保区等为重要载体，跨境电商、多式联运、国际物流、国际贸易、现代金融等为主导产业的相互结合、互相促进的片区创新发展机制得到进一步健全。

紧扣重点领域、关键环节，着力打造制度创新高地。郑州片区主要突出综保区、口岸、通关、多式联运四大核心要素和物流、金融两大支撑要素，持续推进制度创新。河南自贸试验区总体方案规定的160项改革创新任务及郑州市自行确定的96项改革事项已完成98%，260项自贸试验区全国复制推广任务实现"应推广尽推广"，目前已累计形成200余项制度创新成果，其中五大专项服务体系方面形成案例189项，占比95%；空、陆、网、海"四路协同"方面形成案例52项，占比近30%。"跨境电商零售进口退货中心仓模式""跨境电商零售进口正面监管模式""一码集成服务""企业登记身份管理实名验证系统"及"服务八同步、拿地即开工"项目建设模式等6项（次）创新案例入选国务院改革试点经验、全国自贸试验区最佳实践案例或国务院自贸试验区联席办简报，在全国复制推广。"企业住所（经营场所）申报承诺制"等10多项创新经验在全省复制推广，有多项（次）创新成果被评为全省最佳实践案例。2017—2019年，郑州片区每年均有成果被《每日经济新闻》评为"全国十大创新成果"，是全国67个自贸片区中仅有的4个连续入选片区之一。

服务做"加"、审批更"减"，努力营造营商环境高地。建设郑州片区综合服务中心，积极承接455项省级下放权限，为企业提供"一网通办""一站通办"全生命周期政务服务。建设并优化河南自贸试验区展示中心，全方位展示河南自贸试验区和对外开放建设的成就。成立便利营商委员会，实施营商环境优化提升工程，推动企业准入、准建、准营、准退、政府公共服务及涉外政府服务6个方面22项任务78项措施落实。在准入环节，大力推进商事登记系统集成创新，开展集群注册服务；在准建环节，"全要素"编制事项清单，"全市域"实施施工图审查政府购买服务；在准营环节，全面推进"证照分离"改革全覆盖，累计办理业务14 313件次。通过服务不断做"加法"，实现审批日益变"减法"，企业开办实现"一网通办"，开办时间压缩至1个工作日；工程建设项目实现"服务八同步、拿地即开工"，审批时间压缩至61个工作日；涉企经营实现清单之外无审批，大大减轻了企业的办事成本。郑州片区3周年营商环境评估结果显示，郑州片区营商环境模拟国际排名第29位，执行合同指标模拟国际排名进入前10名，达到了国际领先水平。被评为"中国自贸试验区优化营商环境典型园区"，是第三批自贸试验区中唯一入选的片区。

多措并举、精准招商，加快建设产业高质量发展高地。郑州片区编制汽车、生物医药、现代物流、科技金融及信息技术（5G）等产业的招商图谱，制作宣传片和投资指南，开展定向招商。针对郑州片区特点，组织召开全球跨境电商大会、国际期货论坛及国际物流金融洽谈会等国际性会议。面对疫情防控的新常态，筹备举行河南自贸试验区线上招商周推介会，赴长三角、京津冀、珠三角区域开展大招商活动，充分发挥中原科技城招商平台作用，累计新签约重大项目近100个，其中世界500强项目10余个，总投资2 300多亿元，世界500强日本住友、美国利宝保险、世邦魏理仕、独角兽APUS等落户运营，芯成科技全球研发中心、树兰生命硅谷等项目加快建设。截至2021年3月，片区累计新注册企业突破7.2万家，是郑州片区成立前的3倍多，平均每天新注册企业约80家，郑州片区以全市1%的土地面积贡献了20%的新注册企业，累计实现实际利用外资约24亿美元。高端装备、汽车制造、现代物流、金融及数字经济等主导产业对全市产业发展的支撑作用愈加明显。

总体来看，郑州片区发展成效得到了商务部和省市的充分肯定，接下来，郑州片区将深入践行新发展理念，紧紧围绕国家战略需要、市场导向和企业需求，积极对接高水平国际经贸新规则，以推进规则、规制、管理、标准等制度型开放为重点，以加快构建现代化经济体系为导向，进一步扩大试验范围、提升开放能级，增强创新动能，着力推进高质量发展，着力打造投资贸易便利、枢纽功能完善、高端产业集聚、营商环境优越、辐射效应明显的自由贸易试验区新标杆。

2. 河南自贸试验区开封片区建设成效

自2017年4月1日挂牌成立以来，开封片区从"学着走"到"领着跑"，逐步发展成为开放创新"试验田"、内陆开放"新高地"、经济发展"增长极"。

谋新求变、勇立潮头，开封片区扬帆乘风正当时，开封片区坚持以习近平新时代中国特色社会主义思想为指导，秉持"为国家试制度、为地方谋发展"的使命担当，贯彻新发展理念，紧紧围绕市委、市政府和河南省自贸办各项工作部署，迎难而上、变中求进、自我加压、多措并举，制度创新与开放平台建设接连在全国取得里程碑式的重大突破。辖区产业发展逆势飘红，文化产业国际化稳步推进，一批新产业、新项目、新业态逐步落地，市场活力切实增强，发展态势持续向好，开封片区真可谓一年一个新台阶，不断引领全市、全省高水平开放和高质量发展。

"试验田"种成"高产田"。2020年，开封片区新增企业730家，新增注册资本141.09亿元。2017年4月至2020年年底，开封片区企业达5 937家，是挂牌前的33倍，增长率为河南自贸试验区各片区平均值的近14倍，注册资本1 017.27亿元，是挂牌前的21倍，增长率为河南自贸试验区各片区平均值的6倍多。开封片区注册资本1亿元以上、10亿元以下市场主体156家，超10亿元企业14家；外资企业29家，是挂牌前的14倍，增长率为河南自贸试验区平均值的16倍多；外资注册资本9.54亿元，是挂牌前的239倍，增长率为河南自贸试验区各片区平均值的77倍。辖区新增珠海新华通、自贸金智图科技两家上市公司，现已累计入驻益海嘉里、丰树集团、易华录、宁波GQY视讯、九次方大数据及珠海新华通等71家500强企业、上市公司及行业领军企业，并引进了奇瑞河南研发基地项目。

4年多以来，开封片区坚持下好开放平台建设"先手棋"，系统谋划，压茬推进，打好培优补短"组合拳"，不断取得开封对外开放里程碑式的重大突破，实现了国内外开放平台连点成线组网，多维搭建了立足开封、辐射周边、连通世界的双向开放"桥头堡"体系，为高水平开放提供了强力支撑。开封综合保税区顺利获批，不仅填补了开封片区没有海关特殊监管区域的空白，还有利于优化河南省对外开放格局，实现更高水平开放；开封国际陆港规划落地，开封依托铁路专用线打造国际陆港的目标由战略布局正式迈入建设实施阶段；开封海关正式开关运行，彻底结束了开封开放发展"借道出关"和本地外贸企业"异地报关"的历史；河南自贸区国际艺术品保税仓正式开仓，成为开封历史上首个海关特殊监管场所，并一举实现"仓内保税展示"和"仓内保税拍卖"两项全国首创模式。

4年多以来，开封片区坚持以制度创新为核心，以营商环境建设为抓手，以"极简审批、极速效率、极严约束、极优服务"为目标，截至2020年12月，探索形成123项制度创新案例。其中，国家级复制推广、表彰6项创新经验；省级复制推广、表彰24项创新经验；全市分两批，共复制推广24项创新经验。

开封片区的"二十二证合一"改革领跑全国,成为全国"放管服"改革领域的亮点和品牌;"建设项目联合精准监管"作为住建部第一批工程建设项目审批制度改革经验向全国复制推广;"一码集成服务"成功入选全国自贸试验区第三批"最佳实践案例"并在全国推广;"建设项目水电气暖'现场一次联办'模式"入选国务院自贸试验区第六批改革试点经验,向全国自贸试验区复制推广;涉企土地测绘"多测合一"、构建自贸试验区进出口企业二元多维评价体系等8项案例入选河南自贸试验区2020年23项最佳实践案例。开封片区产生的"开封经验"持续在全国领跑,制度改革红利持续释放。

4年多以来,开封片区着力延链补链强优势,特色产业发展实现量质齐升。该区以特色产业为重点,着力吸引集聚头雁企业、关联企业,集中发展楼宇经济,着力打造产业园区。截至目前,开封片区楼宇经济优势凸显,自贸大厦2020年新增企业760家,已累计注册企业2 321家,成为开封新产业、新业态、新技术的聚集地;绿地中部创客中心创领众创空间板块2020年新增20家企业,已累计注册46家文化科技企业;中关村智酷人才与产业创新基地2020年新增26家科技型企业,已累计入驻企业40家。截至2020年年底,开封片区累计引入类金融企业111家、金融企业10家,已入驻贸易、物流类企业近2 000家。奇瑞汽车开封有限公司在2020年5月份实现贸易复苏,2020年年底实现出口额约3亿元人民币;河南汴欧进出口贸易有限公司积极拓展欧盟、非洲市场,年进出口总值超亿元,进博会期间签约外贸合同4 500万美元;中国500强企业瑞茂通投资的金瑞供应链项目在2020年底前完成进口额约4亿元,同比增长324%。开封片区健康产业加速集聚,已注册康必恩、微脉、英库等医疗健康类企业100余家。

开封片区坚持以推进文化产业国际化发展为主线,充分发挥开封片区改革创新功能优势,围绕"构建国际文化贸易和人文旅游合作平台"定位,聚焦"艺术品交易"和"文化金融"先行先试、大胆探索,不断优化高端要素供给,推动"文化+"向"高端要素+文化"拓展,加快推进文化和旅游融合发展,着力提升文化产业国际化水平,形成了独具特色的"自贸+文化"发展模式。开封片区依托河南自贸区国际艺术品保税仓,打造了"一处一行三中心"五个功能平台,即设立国家文物出境鉴定河南站河南自贸区受理处,便利文化企业就近办理文物出口服务事项;与中原银行合作设立河南省首个文化艺术特色支行中原银行开封自贸区文化艺术支行,开展艺术银行业务,覆盖租赁、投资、版权、抵押、贷款等多个领域;与深圳文交所合作设立河南自贸区运营中心,开展文化产权交易、艺术品托管等业务;与河南大学、福建历思司法鉴定所等多个知名考古研究所(院校)、鉴定机构合作建立开封片区社会文物登记服务中心、开封片区艺术品鉴证服务中心，建立文物全相鉴定与认证技术体系，全方位为文物艺术品提供鉴证服务。

新时代迈上新征程。目前，开封片区正处于自贸试验区建设、黄河流域生态保护和高质量发展、郑开同城化等国家战略叠加的机遇期，面对重大契机，主动服务融入国家重大战略，力争"十四五"开好局、起好步。2021年以来，开封片区加快探索制度型开放，着力实现营商环境建设新跨越。2021年3月18日，经国务院批准，商务部、国家发展改革委、财政部、海关总署、税务总局及市场监管总局六部门联合印发《关于扩大跨境电商零售进口试点、严格落实监管要求的通知》（商财发〔2021〕39号，以下简称《通知》）。按照《通知》，开封凭借河南自贸试验区开封片区，综合保税区已被纳入全国跨境电商零售进口试点范围，成为全国跨境电商零售进口试点城市（发展方向侧重于进口），这将为开封企业在各种贸易属性货物的混装、拼柜，"买全球""卖全球"等方面带来实质性便利。同时，与郑州跨境电子商务综合试验区（发展方向侧重于出口）形成功能互补、政策配套，加快发展跨境电商，共同构建网上丝绸之路，合力打造内陆开放新高地。开封片区加快实施"试点+示范"创建，着力实现产业优化升级新跨越，围绕开封"十群十区五枢纽"产业布局和打造百千亿产业集群目标要求，立足开封片区实际，以迎接国家供应链创新与应用试点城市终期验收，深化先进制造业和现代服务业"两业融合"试点，争创国家供应链创新与应用示范城市为抓手，深入实施创建活动，加快培育发展新动能。结合发展规划、产业现状及其发展趋势，找准目标企业与本地的契合点，着力引进一批契合开封产业特色、外向度高、产业链条长、带动能力强的好项目、大项目。按照综合保税区适合入区项目指引，加快项目入区进度，争取2021年底前实现首批入区项目落地，重点发展保税经济。大力培育绿色发展方式，全面提升资源利用效率。

开封片区加快融入郑开同城化战略，着力实现区域协调发展新跨越，抢抓郑开同城化发展战略机遇，健全合作机制，推动战略协同、设施联通、平台联动，推进高水平开放合作和同城化发展，推进开封深度融入郑州大都市区建设，深度融入共建"一带一路"。以联合申建郑开自由贸易港为抓手，加强联动发展研究，高质量编制开封片区"十四五"时期规划纲要，谋划推动高能级开放平台联动、高水平开放合作、产业发展延链补链和"双循环"基础设施联通的方案措施，推动形成资源优势互补、要素分类集聚、功能特色鲜明、错位联动发展的区域联动发展格局。利用好国家、省级层面支持政策，加快多式联运创新发展，加快形成"区位呼应、货源集配、政策协同、优势互补"的联动发展格局，共同打造以多式联运为特色的国际性物流中心。

开封片区加快推进文旅融合发展，着力实现文化产业国际化新跨越，加强顶层设计，优化生产、生活、生态空间布局，加快构建对标国际的文化产业创新发展制度，落实文化产业支持政策，着力招引文化产业市场主体，打造国际化文化产业发展园区平台，营造文化产业国际化发展环境，不断提升开封文化产业国际化水平。加快推进国家文化出口基地成功落地开封片区，推动离境退税商店多点布局，引进培育免税店，争取开封市全力申建国家服务贸易创新发展试点城市。依托国际艺术品保税仓、艺术银行及深圳文交所河南自贸区运营中心等，加快打造文化交流展示中心、艺术品托管中心，着力打造国际艺术品交易中心。构建完备的文化金融服务体系，推出更多艺术金融产品，落地一批文化金融重大项目，积极探索建设文化金融合作试验区。以"文化元素+建筑艺术"为突破，将宋文化符号、文物艺术品经典造型及建筑设计有机结合，创新打造黄河历史文化主地标，规划建设宋文化传承创新展示带，建设文化旅游产业园，发展特色旅游产业集群。推动商业、旅游与文化体育、健康医疗及养老养生等深度融合，持续提高城市承载力和宜居度，引入高品质商业主体，打造良好旅游商业生态圈。

百舸争流先奋楫，开局起步定胜势。当前，开封片区正持续推出制度创新的"开封经验"，全面补齐高能级开放平台体系的短板，加快完善创新型产业体系，高水平建设开放型经济新体制，系统构建国际文化贸易和人文旅游合作平台，加快建设服务贸易创新发展区和文创产业对外开放先行区，深入推进国际文化旅游融合发展，构建畅通国际循环、带动国内循环、国内国际双循环相互促进的新发展格局，奋力开启以"新"出彩的新征程，谱写新时代中原更加出彩的"自贸开封"绚丽篇章。

3. 河南自贸试验区洛阳片区建设成效

洛阳片区在全省率先探索形成"一枚印章管审批、一支队伍管执法、一个专网搞服务"的"三个一"改革新模式，实现"双随机、一公开"监管全覆盖，建成企业专属综合服务平台；成功落户全省首家交通银行离岸金融业务中心，落地河南自贸试验区首单跨境金融区块链服务平台融资业务；入选国家首批"科技抗疫先进技术推广应用'百城百园'行动"实施主体，服务实体惠企惠民。在推动多个"全国首创""全省首例"花落洛阳片区的同时，入驻市场主体突破3万家，是挂牌前存量企业的3.5倍；圆满完成国家要求复制推广的6批217项试点经验、河南省总体方案160项试点任务；场域载体磁场突显，累计引进亿元以上大项目149个，2020年完成10亿元以上签约项目6个，总投资120亿元，成功引进米贸通等3个外贸综合服务平台，推动新增40余家外贸企业开展进出口实绩业务。迄今，洛阳片区已累计形成创新案例 165 项，2020 年新增创新案例 35 项，其中 7 项入选"河南自贸试验区 2020 年最佳实践案例"，5 项在全国自贸片区创新联盟复制推广，首批 22 项改革创新成果在洛阳都市圈内进行复制推广。除此之外，洛阳片区成功推动综合保税区获批；洛阳-布哈拉农业综合示范区获评首批省级境外农业合作示范区，投资 9 亿元的洛阳-布哈拉大鑫矿业石墨矿项目正式获得采矿证书和 100% 的石墨矿采矿权，中蒙产业园、瓜达尔港洛阳自贸产业园加快推进；2020 年实际利用外资完成年度目标 102%，直接利用外资完成年度目标 243.2%。进出口额完成年度目标 270.4%，外资外贸实现跨越式增长。洛阳片区已累计形成创新案例 167 项，完成国家要求复制推广的 6 批 217 项试点经验、省总体方案 160 项试点任务；2020 年新增创新案例 35 项，其中"多证集成、一照通行"创新案例入选《中国营商环境报告 2020》，7 项进入全省"2020 年最佳实践案例"，22 项改革创新举措在洛阳全市和三门峡、济源复制推广，充分放大了制度创新溢出效应。

"双自联动"支撑有力。洛阳片区迄今建成国家专业化众创空间两个、国家级孵化载体 12 家，两家入选全省首批重大新型研发机构，正式启动全省首家共性关键技术创新与转化平台、全省首家干细胞与再生医学产业化基地；在全省率先承接工程系列机械、化工专业高级职称评审权限下放。目前，洛阳片区内主板企业、重点后备上市企业等的数量位居全市第一，上市挂牌企业通过资本市场已融资 63 亿元。

站在"十四五"开局之年，洛阳片区将继续对照国际高标准，努力打造双向开放先行区、改革创新活力源、高质量发展增长极、洛阳都市圈建设新引擎，以优异成绩向建党 100 周年献礼。通过加快自贸区、高新区、自创区"三区"融合步伐，洛阳片区进一步助力经济社会发展迈上新台阶，实现了新跨越、新发展。围绕"十四五"建设，洛阳片区将力争到 2025 年实现"三个翻番、三个突破和两个提升"。其中，"三个翻番、三个突破"是指在经济体量方面，建设用地亩均地区生产总值产出、税收收入等主要指标在 2020 年的基础上翻番，地区生产总值在全市占比突破 5%；在开放动能方面，进出口额、实际利用外资额、对外投资额在 2020 年的基础上翻番，在全市占比突破 20%；在科技支撑方面，高新技术企业、国家科技型中小企业、创新平台（载体）在 2020 年的基础上翻番，在全市占比突破 40%。在"十四五"时期，洛阳片区拟建设项目 189 个，总投资 1 662 亿元。"两个提升"是指区域环境质量显著提升和居民生活质量显著提升。

2.2 河南自贸试验区制度创新成效

河南自贸试验区挂牌成立4年多以来，与"航空港""自创区""跨境电商综试区""大数据综试区"等新平台、新载体、新动能相结合，以打造内陆开放新高地来促改革、促创新、促发展。全省在"五区联动"的国家战略叠加效应下持续发力，四条"丝绸之路"协同发展联通世界，朝着构建现代立体交通体系、现代物流体系，以及服务"一带一路"的现代综合立体交通枢纽的目标迈进[94]。在高水平开放发展战略的指引下，通过大项目打造高端制造业基地，到海外市场收购尖端优质资产和项目，积极融入"一带一路"中部地区崛起等国家战略[95-96]，通过多领域、多层面制度创新，持续提升营商环境质量，以制度创新和科技创新培育发展新动能，让河南这个不靠海、不延边的农业大省、人口大省迎来飞速发展的战略机遇期，以社会经济高水平开放推动高质量发展，以制度创新推动河南大踏步迈进全球经济体系，让河南在全国对外开放战略全局中发挥更大作用。河南自贸试验区在新的发展建设阶段，如何对标国际高标准自贸试验区？如何纵深推进改革开放、推进传统优势制造业高质量发展？这都需要在制度创新方面寻求新的突破口。

河南自贸试验区作为我国首个以交通、物流为建设定位及特色的自贸试验区，对于已经下放的455项省级经济社会管理权限[97]，以关联配套的支持文件支撑所有省级管理权限在自贸试验区范围内高效实施。目前已形成"一网通办"的政务服务体系等"五大服务体系"、以"五大专项建设"为主线的制度创新格局，在河南自贸试验区后续运行中，需继续稳步推进制度创新并制定相关匹配方案，从而保障制度创新效果。接下来，本书将总结河南自贸试验区挂牌运行以来的制度创新成效，希望为今后其他领域的制度创新寻求突破口及创新发展路径。

2.2.1 "一带一路"国际多式联运一单制

为解决不同运输方式之间物流单据形式不统一、信息不共享、缺乏融资功能、不能跨境互认等难题，郑州片区会同郑州国际陆港公司、中国银行和郑州市中级人民法院等，依托原陆港"一带一路"国际多式联运物流服务模式，探索陆上运输贸易融资新规则，有效衔接中欧班列（郑州）前后端多种运输方式，形成了国际多式联运一单制，以"提单质押+货物监管+担保"的方式提供门到门的物流服务和金融服务，主要涉及国际多式联运"一单制"提单、多种运输方式衔接的全程物流服务及提单质押金融服务；为中欧班列（郑州）客户开立国际信用证及相关国际贸易结算和融资服务，实现了"国际物流+金融创新"

合作。从该项创新政策实施开始，企业在国际多式联运全链条的整体风险大大降低，提升了企业处理涉外订单的话语权，也为中小企业破解融资难困境提供了便利化服务。郑州片区将在后续一单制运作中，提升一单制作为特殊物权凭证的国际认可度，进一步理顺与中欧班列沿线国家的物质运输，持续降低外贸运输成本，为企业提质增效提供技术空间。

2.2.2 "政银合作直通车"模式

该模式将"政银合作"代办工商登记注册服务延伸到银行，郑州片区通过省工商网上登记系统，一次办妥企业登记注册的全部手续，为企业提供一站式、全流程服务。该模式是"证照分离"改革的重要内容，能够深入促进商事制度与金融服务的融合，由该模式衍生出的电子口岸对接线上平台既能加快实现跨境企业与综保区、保税区通关平台和多部门的数据联通，又能通过衔接其他多种类型企业提供物流、金融等供应链服务。郑州片区已经对该模式进行拓展，辐射到其他各大商业银行并增加更多代办银行网点，所提供的便民工行登记服务涵盖的范围与功能也逐步拓展，不断朝着便捷、高效的合理化方向发展。

2.2.3 "证照分离"改革全覆盖

从 2019 年 12 月起，在河南自贸试验区范围内施行"证照分离"改革全覆盖试点，对中央设定的 523 项涉企经营许可事项推行"照后减证"和简化审批[98]，以压缩政府行政审批项目、释放市场活力。此次全覆盖试点改革取消了对外贸易经营者备案登记等 13 项审批，由审批改备案的事项有 8 项，对人力资源服务许可等 60 项采取告知承诺制，其余 442 项审批采取延长或取消有效期、取消现场核验等优化调整政策，并承诺在规定的时间节点定期调整管理清单。"证照分离"改革全覆盖从整体上解决了"准入不准营"问题，在规范企业登记经营范围与申办经营许可衔接的同时，强化所有经营信息归集共享，提升了审批服务质量和效率，也为创业型企业经营创造了良好的基础条件，提升了河南自贸试验区对外资的吸引力，使其不断朝着打造市场化、法治化、国际化营商环境的目标迈进。

2.2.4 开创兽用医药生产许可行政审批新模式

兽用医药生产许可证原为省级经济社会管理权限范围内的事项，生产企业需向河南省畜牧局申请许可证，原有审批环节耗时约 30 个工作日；自洛阳片区承接省级经济社会管理权限后，在绝不降低审批标准的前提下最大限度地优化办理流程,施行"先发证,后验收"的操作模式,将审批环节削减为3个工作日,并统一于洛阳片区行政审批局一次受理、一次做出审查受理决定并强化事中、事后监管。新的审批流程明显提高了兽药生产许可证核发效率,企业对新产品的生产成本及效率也显著提升。此外,所施行的告知承诺制审批分为静态验收阶段和动态验收阶段两个部分,大幅度缩短了许可证书的发放时间,缩短了产品上市周期并降低该类企业的生产成本。与此同时,包括兽药生产许可在内的其他下放省级经济社会管理权限的审批监管服务水平也在逐步提高,以信息化数据高效流转为抓手,逐步形成了审批、监管和执法全程线上沟通与信息互联互通,持续提升审批质量并优化审批效率。

2.2.5 一码集成服务和企业登记身份管理实名验证系统

一码集成服务主要是让自贸片区内的企业主体生成专属二维码,将其所有行政审批服务信息进行集成化管理[99],将智慧服务平台和网上办事大厅联网,使企业实时获取平台推送的服务信息,业务办理进度或提醒事项均可通过专属二维码详细查询,既降低了企业时间成本,又解决了跨部门办理业务问题。此外,郑州片区综合服务中心启动了企业登记实名验证系统,该系统通过与国家政务服务平台统一身份认证系统对接联动,能与公安部人口数据库实时比对核实,通过高度完善的人口信息和人脸识别技术,对所有申请企业登记的自然人进行实名验证,实现了企业登记实名信息"一经注册验证、全国联网应用",规避了虚假信息或冒用他人信息注册登记等违法犯罪行为,为自贸片区内企业经营创造了更加公平、健康和有序的营商环境。

2.2.6 跨境电商零售进口正面监管模式

郑州片区探索构建的跨境电商事前、事中、事后正面监管模式能够全流程对企业进行全面监管,充分发挥了信用体系的优势并依托大数据平台对企业开展信用评估,对于信用长期保持良好的企业减少干扰,而对于存在问题的企业则持续加强动态监管。该模式以便企利民为原则,将海关监管合理高效地嵌入企业经营各环节,在实现以企业为单元守法监管的同时,为消费者提供了快捷的消费体验,也有助于启动便捷的消费维权。

2.2.7 企业投资项目承诺制

为支持各自贸片区自主选择企业投资项目,破解投资项目"签约易、落地难"问题,最大限度地保障项目开工"零等待",施行企业投资项目承诺制。在"先建后验,边建边审"管理模式下[100],目前该制度的实施范围已逐步扩大,无论是申请资料还是审批服务事项,都大幅度精简。先建后验主要是针对符合各片区总体规划功能定位且取得用地的备案类企业项目实施的，根据相关部门公布的标准和要求做出公开承诺，开始前期工作活动，片区所在地级市规委会需审议并通过施工图审查合格书等文件，提交给自贸片区行政审批局审查后即可开工建设，项目建设中需严格遵守承诺，并接受不同时间节点的检查指导，项目竣工经联合审查验收通过后，方可投入使用。"边建边审"制能够给予企业自主选择办理相关许可证书的自由度，对于企业在项目建设期需要办理的土地使用权证等许可证书，均可按规定、依程序分别予以办理。此外，为保障监管效果，实施失信惩戒措施，对违反承诺的企业公开披露，按失信程度、性质等做出限期整改、全面整顿、停产停业等惩罚决定，以维护自贸片区投资项目的建设秩序。

2.2.8 创新土地管理新模式

为提高土地资源综合利用率，洛阳片区创新产业用地政策，激发土地市场活力，建立土地出让新机制。推行了弹性出让、租赁、使用标准厂房等多种产业用地政策供应土地，依照不同类型企业生命周期规律，在产业用地的使用上坚持"租让结合、先租后让、长期租赁"的原则。新模式的逐步实施推动了区域内创新性产业发展，也为洛阳片区内固有的传统型产业的转型升级和行业有机整合提供了用地保障。下一步，需要继续发挥好产业用地的机动灵活性，探索创新型产业用地管理机制，加强监管、履约监督与定期评估，对于土地利用功效达不到监管协议要求的项目，按协议规定追究用地企业责任，并由市场化路径将产业用地出让给其他企业项目。

2.2.9 环境影响评价整体评勘

凡是符合开封片区七大功能定位且在鼓励类与允许类范围内的投资建设项目，不需要单独编制环境影响评价，只需按照项目的功能分区由自贸片区管委会统一购买组织实施区域整体评勘[101]；此外，开封片区依托负面清单和实施方案对所有投资建设项目进行分类管理，对于符合统一环评规定的投资项目实施承诺制管理。投资项目环评整体评勘能够帮助企业减轻负担，实施的统一分配管理提升了投资项目的建设效率，逐步优化了片区营商环境，实施难度较小且具有普适性。

2.2.10 依托"互联网+大数据"打造企业集群注册登记模式

针对众多小微企业或初创企业由于办公房租成本过高而无力承担的问题（或者这类企业根本无需特定经营场所），郑州片区为减轻企业负担，助力创业创新，合理解决小微企业或初创企业注册登记时面临的问题，推出了集群注册企业登记模式[102]。该模式能够高效地协助这类企业代办工商注册，从而帮助创业者或经营户实现无经营场所也可投资设立企业。此外，所依托的托管企业除提供工商注册外，还可提供代理申报工商年报、投融资等多种增值服务，采用"互联网＋大数据"的方式为此种类型企业提供方便快捷的"一站式"经营服务，满足了小微、初创企业对各项经营业务资源的需求。

2.3 河南自贸试验区制度创新突破口

自2019年下半年，我国经济发展面临新的风险挑战，国内经济下行压力加大。具体来讲，就是经济已由高速增长阶段转化为高质量发展阶段[103]，国内经济绝对增速势必会下降，需要转变发展理念、优化经济结构、探索新的增长动力。在全国经济发展形势下，为在新时代持续促进河南省高水平对外开放以带动高质量发展，以持续扩大的高水平开放倒逼河南自贸试验区制度创新，深入融入"一带一路"倡议的建设布局，朝着内陆开放高地的目标扎实迈进，作为河南扩大高水平对外开放的重要载体，河南自贸试验区应当在新时代进一步推动制度创新。接下来，本书将具体论述河南自贸试验区在后续发展建设阶段推进制度创新的突破口。

2.3.1 以推动建立河南自贸试验区等五区协调联动发展机制为契机，探索区域叠加优势助推制度创新

在河南省委、省政府印发的《建立更加有效的区域协调发展新机制实施方案》中，明确指出要在2035年建成与基本实现现代化相适应的区域协调发展新机制[104]，方案中部署建立的区域战略统筹机制等一系列工作任务，突显出了郑州大都市区建设和其他区域中心城市建设对推动河南区域协调发展的核心贡献作用。区域协调发展的高效性依赖于河南自贸试验区、郑州跨境电子商务综合试验区等"五区联动"协调发展机制的建立。河南自贸试验区需以此为契机，更进一步探索制度创新路径，从而为"五区联动"下的一体化发展提供政策空间。

2.3.2 以进一步突出以交通、物流为核心主体的河南特色发展优势，加快推进制度创新

河南自贸试验区要想在河南高水平对外开放促进高质量发展中贡献更大力量，就必须审视自贸试验区本身的核心定位并厚植发展优势。目前，已具备的几个优势主要有以下几方面：现代立体交通枢纽和现代物流枢纽的区位交通优势，已获批的自贸试验区、航空港区、大数据综合试验区等五大国家级战略平

台为核心的战略叠加优势,四条"丝绸之路"开放通道优势,以中信重工、宇通客车为代表的一批先进制造业发展优势[105]。因此,后续河南自贸试验区的制度创新应当围绕以交通、物流为核心定位的建设目标开展,以具备的几大开放竞争优势寻求制度创新的突破口。

2.3.3 借助不断涌现的新技术、新产品、新业态,在自贸试验区差异化发展中探索制度创新

河南自贸试验区经过三年的持续探索,在转变政府职能,贸易便利化,金融开放创新,推进多式联运改革,服务"一带一路"及打造国际化、法治化、便利化营商环境等方面取得了显著成效,在寻求与其他中部地区自贸试验区差异化发展的道路上越走越宽;与东部沿海地区的自贸试验区相比较,在平台载体、创新政策支持、营商环境优化及创新案例探索等方面的差距逐渐缩小,为后续发展水平持平甚至反超东部沿海自贸试验区创造了基础条件。此外,在国内经济高质量发展诉求及对外贸易向多层次、宽领域、多极化发展的背景下,新技术、新产品、新模式、新业态等持续不断涌现,为河南自贸试验区探索制度创新带来了新的机遇和空间。下一步,应将河南自贸试验区发展建设纳入中部崛起战略,借助投资服务贸易,为进一步实现河南自贸试验区各片区的差异化发展,抢占智能制造、电子商务及现代农业发展的制高点,探索新领域的制度创新。

2.3.4 对标高标准国际经贸规则,探索河南自贸试验区自身发展面临问题和难点,挖掘区域化特色优势,推进制度创新

随着"负面清单"的逐步精简以及相关配套法律法规的持续跟进[106],投资贸易开始由注重便利化转向注重自由化,无论是几年前设立的自贸试验区还是新设立的自贸试验区,都积累了大量可复制、可推广的改革经验,河南自贸试验区也探索出了一系列可复制、可推广的经验,并适时合理地推广到自贸片区以外。但在新的发展阶段,为解决建设方案中那些难啃的"硬骨头",需立足河南对外开放大局和高质量发展要求,对标高标准国际经贸规则,针对过去三年建设期各自贸片区出现或搁置的问题和难点,依托河南自贸试验区发展优势特色,探索出独具特色且不可复制的制度创新举措,在优势领域创造出新的国际最高标准经贸规则。只有这样,才能持续推动河南全省经济社会发展。

2.4 河南自贸试验区制度创新路径

毫无疑问,河南自贸试验区在拓展新型贸易方式、创新通关监管机制、开

展多式联运先行示范等方面的发展成效显著,这些都与前期制度创新的探索密不可分。在下一阶段,更加需要统筹谋划多维度、多层次的制度创新,以此加快培育对外开放新优势,搭建开放新通道,更加持久地建设开放新平台、探索开放新政策。接下来,笔者紧扣制度创新的核心,从推进四条"丝绸之路"建设、加快构建"五大专项"服务体系、高质量完成建设总体方案中的160项改革试点任务等战略规划出发,以解决河南自贸试验区内企业和群众的诉求和痛点为抓手,在提升制度创新的系统集成性,坚持问题导向、需求导向的同时,提出了河南自贸试验区在新发展阶段的制度创新路径。

2.4.1 探索集成化现代服务业融合发展体系,推动自贸试验区服务贸易、文化贸易发展

由于现代服务业在国民经济中的比重持续走高,其发展质量也体现着国家对外竞争的硬实力,预示着中国逐渐向中等发达国家迈进。具体到河南自贸试验区乃至河南省,推进现代服务业开放创新,促进文化贸易先行先试和服务贸易、文化贸易繁荣发展,是河南自贸试验区除交通物流等核心发展定位以外的重要战略使命。应当依托已取得的建设成效,将三个自贸片区针对服务业的不同重点发展领域进行有效整合,采取集成化的发展理念,构建集成化现代服务业产业发展体系,同时借助河南省所具备的区位交通优势和制造业发展优势,打造高端制造业服务化发展新动能,以此助推河南自贸试验区服务贸易和文化贸易的发展繁荣。

2.4.2 推行全产业链模式和供应链金融模式,实现制造业等实体产业转型升级

当前,河南自贸试验区三个片区正力争加快推动产业集聚区高质量发展,发挥产业集聚区转型发展攻坚主阵地作用,这就需要推动不同层级产业集聚区转型升级,有步骤、有规划地退出那些高能耗的一般制造业,提升产业技术创新能力,并加强优势品牌培育。为建设好河南自贸试验区产业体系,提高集群企业的协同发展水平,实现上下游高效运转,应当探索在制造业等实体经济领域逐步推行全产业链模式,全力打造产业互联网平台,对产业链上下游企业在技术、金融等方面赋能,这样既能解决传统上下游链条过长、利益传递不畅及供需失衡等问题,又能持续降低产业链整体生产制造成本,并提升成品的科技含量。此外,针对全产业链上下游的中小微企业融资难、融资贵的问题,找准核心企业并以核心企业为依托,对接商业银行,把核心企业和上下游企业捆绑在一起,共同提供综合性、灵活性的金融产品和服务。为打造好供应链金融模

式,下一步需制定较为灵活开放的政策,以保障全产业链上下游企业足够的发展空间。河南自贸试验区各片区具备良好的制造业等实体产业发展基础,今后应协同推行全产业链模式和供应链金融模式,努力实现制造业等实体产业的转型升级。

2.4.3 落实最新版负面清单保障措施,制定进一步放宽市场准入的创新举措

国家发展改革委、商务部发布的《自由贸易试验区外商投资准入特别管理措施(负面清单)(2019年版)》[107],将负面清单条目由45条减至37条,相比于上一版负面清单,此版在金融、电信、医疗、教育及养老等领域解除禁止或减少限制,今后外资控股或独资经营将持续放宽,同时提供了更多可复制、可推广的经验做法。新版负面清单能够进一步改善自贸试验区营商环境,既能扩大外商投资领域,又能放宽外资准入限制,为国内外资本持续参与中国经济社会发展创造了条件。下一步,河南自贸试验区需要落实负面清单,完善保障措施,鼓励各片区和省级部门进行对接,就重大改革事项建立联合推进机制;针对2019版外商投资负面清单中解禁或减除的内容,提请调整相关法律法规;进一步扩大外商投资的行业和领域,制定放宽市场准入特别是服务业开放的创新举措,为自贸片区内企业深度参与国际竞争提供配套服务,鼓励自贸片区内企业和外资企业之间的良性竞争,为河南自贸试验区实现更高水平对外开放积累经验。

2.4.4 构建政策激励和法律保障体系,以国际化视野和标准为河南自贸试验区内的企业发展提供坚实保障

对照河南省区域经济政策规划,结合河南自贸试验区各片区经济发展实际状况,应积极探索匹配各自贸片区企业发展需求的政策激励体系和法律保障体系,以国际化视野对标高标准自贸试验园区,制定精细化创新举措,并以国际化标准为区内企业新时期发展提供坚实保障。从2019年12月起,已授权自贸试验区暂时调整适用对外贸易法等6部法律,进一步优化了营商环境、加快了政府职能转变,同时为河南自贸试验区各片区探索先行先试创造了条件、提供了保障,使各片区能够在于法有据的前提下放开手脚、大胆探索,这也是国家治理体系和治理能力逐步提升为区域发展带来市场活力和社会创造力的直接体现。

2.4.5 持续探索差异化发展道路，构建促进投资便利化转向自由化且与国际通行规则相衔接的政策和制度体系

在当前18个自贸试验区形成东西南北中全覆盖基本格局的发展态势下，如何更进一步实现差异化发展成为摆在河南自贸试验区面前的一道难题。此外，从加强投资便利化转向更强调投资自由化，成为部分自贸试验区新的追求目标。因此，河南自贸试验区在新发展阶段必须更加强调差异化道路探索，在一定范围内或行业企业领域内试行风险压力测试，深入研究具备较强国际市场竞争力的自贸试验园区的开放政策，对照河南自贸试验区自身优势，以制度性开放为导向，制定与国际通行规则相衔接的政策和制度体系，逐渐摆脱可复制、可推广试点任务对自贸片区发展思路造成的思维局限，实施独具特色且适应于本地域的制度性开放举措，将产业发展与都市圈建设相融合，持续推进河南自贸试验区各片区开放发展。

2.4.6 创新招商引才机制，创建自贸片区服务型管理新体制

河南自贸试验区三个片区正在全面落实2019版外商投资负面清单和鼓励外商投资产业目录，在开放的大门越来越大的同时，河南自贸试验区各片区应当做好对内外资企业全周期、全产业链条、全方位的一整套服务，推行政务服务便利化并创新服务方式，优化服务改革政策，取得新突破，创建自贸片区服务型管理新体制；结合企业提升生产经营效益的实际需求，在简化环节、减少审批证明事项及压缩时间等方面提升政务服务效率。依托区位交通、战略叠加、开放通道及传统制造业等特色优势，吸引一批带动力强的总部型企业和旗舰型企业落户河南，与内资企业展开充分的竞争，为河南自贸试验区建设创造新活力；带动更多国内外高端人才和在国际上处于领先地位的高新技术为河南自贸试验区建设贡献力量，要着重吸引一批重大项目在工业机器人、人工智能、大数据等领域开疆拓土并取得突破性进展。在2021年，要适时开展自贸试验区以及全省营商环境的评价工作，建立营商环境投诉举报和常态化检测服务机制，为片区内企业提供意见反馈传递渠道，促使河南自贸试验区各片区挖掘推进营商环境改善的痛点，从而为持续改善营商环境奠定基础。

2.4.7 持续扩大金融领域开放创新，构建适合商业保理发展的外汇管理模式

河南自贸试验区各片区在金融领域的开放创新仍有较大空间，其金融领域发展水平与上海自贸试验区等已设立的沿海自贸试验区存在较大差距，这固然有不同自贸试验区自身定位的基础性原因，但也有过去三年建设期未能充分挖

掘金融开放的实际原因。因此，在2020—2023年河南自贸试验区新的发展期，应当持续扩大金融领域开放创新，引进或设立本外币特许兑换、合资期货及证券投资等金融机构，探索促进商业保理发展的外汇管理模式；鼓励符合条件的境内外主体开立人民币结算账户和开展人民币离岸业务，扩大跨境人民币结算业务范围；参照三年以来具备竞争优势的特色交易产品，在郑州商品交易所重点发展一批期货品种，探索在海关特殊监管区设立期货保税交割仓库，为商品交易提供快捷、便利的金融服务。

2.5 河南自贸试验区洛阳片区建设成效及发展策略建议

本书总结了洛阳片区在政务、法律、多式联运、监管及金融这五大服务体系，以及在转变政府职能、商事制度改革、贸易便利化水平、金融开放创新、营商环境建设和服务"一带一路"建设等领域的建设成效。洛阳片区以"试制度、补短板、创特色"为任务导向，建设成效显著，为洛阳今后深化改革、扩大开放、制度创新、优化营商环境提供了新动能。针对洛阳片区改革成果，参照片区改革发展目标，对标国际、国内一流投资贸易规则体系，本书提出了后续洛阳片区发展建设的政策建议，助力洛阳片区积极培育特色化建设路径，争取把自贸区建设成为洛阳深化改革开放的助推器及政策高地。

2.5.1 河南自贸试验区洛阳片区建设成效

自2017年4月1日，洛阳片区抓住国家对自贸区建设规划的难得机遇，贯彻落实习近平新时代中国特色社会主义思想，在各级党委、政府的坚强领导下，省自贸办、省直机关厅局积极配合、协助洛阳片区管委会及市直各部门的各项工作，洛阳片区发展成效显著。洛阳片区以改革和创新为主导，以《中国（河南）自由贸易试验区总体方案》为指导，编制《洛阳片区总体实施方案》，深化"放管服"改革，深入扩大开放力度，以洛阳区域发展特色为核心，叠加区域性资源禀赋优势，积极融入"一带一路"建设，为洛阳改革、开放、创新不断注入了新的发展动力。

洛阳片区紧紧围绕总体实施方案，以制度创新为核心，积极复制推广国务院先后下发的五批试点经验，对标已批复自贸试验区的创新案例，梳理出可在洛阳片区复制推广的创新案例137项，发挥了洛阳片区的"试验田"作用。大力推进多领域开放平台建设，充分发挥了自贸区的"桥头堡"作用。洛阳片区结合自身建设成效，已创造出更多新的可复制、可推广的优秀案例，起到了"风向标"的带动作用，为河南自贸试验区其他两个片区的发展提供了辅助性参照经验。接下来，本书从以下几个方面总结过去三年多以来洛阳片区的建设成效,以期为洛阳片区的后续发展寻求新的创新路径。

1. 以洛阳片区总体方案为指导,顶层设计、规划布局逐步趋于科学合理

经省政府批准后的洛阳片区总体方案明确指出,洛阳片区重点发展装备制造、机器人及新材料等高端制造业,以及新技术研发设计、服务外包即国际旅游等现代服务业,着力提升洛阳传统装备制造业的转型升级和国际产能合作能力(尤其是与"一带一路"沿线国家、区域组织的深入合作),打造国际智能制造合作示范区。2018年,洛阳片区实有进出口企业406家,对全市进出口总额增长的贡献率达到41.4%;2019年第一季度,片区新设立企业552家,同比增长87.1%;实现进出口总值4.6亿元,同比增长17.1%,同时洛阳进出口总额37.45亿元,同比增长19.2%。在已编制的洛阳片区综合空间规划中明确片区建设的五大战略定位、三大发展目标和"23N"的现代产业布局,以发展高端制造业和现代服务业为核心,提出了规划编制"六个创新举措",形成了"1+8"的空间规划格局。积极发挥区域政策叠加优势,辐射更大的空间范围,"金十条"实施细则、军民融合产业投资基金等已经让众多企业享受到了政策红利。当前,洛阳片区无论是顶层设计,还是综合规划布局,都逐步趋于科学、合理,为下一阶段洛阳片区的投资贸易便利化提升、营商环境的深入优化奠定了基础。

2. "放管服"改革及商事制度改革深入推进,政府职能转变及制度创新达到良好效果

在"放管服"改革方面深入推进,精简办事流程,切实为入驻企业减负。洛阳片区的发展事实上是洛阳国家高新技术产业开发区、郑洛新国家自主创新示范区及河南自贸试验区洛阳片区"三区"叠加融合的发展模式,两年来立足"三区"融合发展的基础优势,整合资源要素,区域融合、区域叠加效果显著,已形成了"一枚印章管审批、一支队伍管执法、一个专网搞服务"的"三个一放管服"改革新模式,以"一次办妥"为目标,加快政府职能转变。除了洛阳片区综合服务中心外,在涧西区块辅助设立自贸区综合服务中心,针对准入、准建、准营及国际贸易等业务类型设置服务窗口,统一行使省级下方的经济社会管理权限。这是河南自贸试验区三个片区中较为独特的创新模式,与改革前相比,能够大幅度地激发市场活力,逐步改善营商环境,吸引了优势企业到自贸区注册开展经营。截至2019年3月底,入驻市场主体突破两万家,注册资本909.3亿元,进驻世界500强企业24家、国内500强18家、行业10强26家。

以可复制可推广的创新案例为基础,深化商事制度改革,稳步提升贸易投资便利化水平。截至目前,首批455项省级经济社会管理权限已全部下放,加

快政府职能转变相关试点任务完成率超过95%，减证加简政，为"一窗受理、一表申请、一网通办、一次办妥"服务提供了保障。依据普华永道发布的洛阳片区2018年营商环境评估报告，结果显示，洛阳片区营商环境状况良好，78%的区内企业对于世界银行营商环境的10个指标下的对应工作状况表示满意，尤其是在企业开办、办理施工许可、投资项目落地，以及获得电力及纳税等方面的测评时间优于或与世界银行评测的中国水平持平。洛阳片区内已开展企业投资项目承诺制，目前运行良好，以"先建后验、边建边审、失信惩戒"为管理手段，片区管委会与项目投资方积极协调配合，做好项目的审查、施工、相关证件办理、验收等工作，减少投资项目等待时间，缩减落地时限，切实解决已签约投资项目落地难的问题，目前洛阳片区准入已经基本不存在障碍，80%以上的入驻企业对知识产权保护的监管力度、企业注销程序的简便规范表示满意。

积极融入"一带一路"建设，贸易便利化成果丰硕。贸易便利化举措取得积极成效，投资项目报建、审批事项等手续大幅度精简，用地审批及建设评勘费用为企业提供了切实便利，首个线下咨询窗口——国际贸易"单一窗口"在洛阳片区设立，实施"先进区后报关"制度，并实现了"一站式"办理所有通关手续，有效激活了市场活力。洛阳片区积极服务"一带一路"建设，2016—2018年，洛阳与"一带一路"沿线62个国家进出口175.49亿元，到沿线12个国家承包工程项目26个、实现对外承包工程营业额13.79亿美元，在沿线8个国家投资项目9个、投资总额7642万美元；2018年，对沿线国家进出口值为59.3亿元，占全市进出口总值41%；在贸易规模方面，连续5年保持在40亿元以上水平；在贸易方式方面，一般贸易占据绝对比重；在贸易主体方面，民营企业、国有企业增长水平相当，其中中石化洛阳工程公司、中信重工、中国一拖集团、洛钼集团、洛阳阿特斯等企业占洛阳对"一带一路"沿线国家进出口总值的四成以上；在贸易对象方面，对东盟国家进出口值最高，出口商品主要包括铝箔、太阳能电池及办公室用金属家具等；与此同时，洛阳主要从"一带一路"沿线国家进口氧化铝、贵金属矿砂及初级聚乙烯等。

3. 逐步实现精准招商，带动洛阳片区产业高质量发展

洛阳片区以龙头企业的积极引进、做大做强，以及产业链条的创新提升为导向，逐步实施精准招商，瞄准洛阳片区高端制造业及现代服务业的发展需求，招商引资成效和质量明显提升。2019年至今，全市共签约亿元以上招商引资项目102个，投资总额805.8亿元，项目涉及先进装备制造、新材料及生物医药等产业领域。所引进的行业龙头为洛阳经济发展带来了新的发展机遇

和发展空间，例如，新松机器人投资有限公司建设的中原机器人及智能制造交通装备制造产业园，轴研科技股份有限公司投资的新材料产业园，以及香港福通控股有限公司投资兴建的中欧（洛阳）科技国际合作产业园等，能够为洛阳制造业的转型提升提供新的动力，洛阳经济的外向度及主导产业的集聚度也会得到逐步提升。此外，格力中央空调生产基地、格力洗衣机及晶弘冰箱先后落户洛阳；普莱柯生物工程依托自贸片区制度创新优势，实现了技术创新与产品研发的重大突破。一系列高新技术企业或创新型企业的落户或创新发展，为洛阳片区及洛阳全市的产业发展提供了不竭动力，为实现高质量发展提供了基础条件。

4. 围绕打造"双向开放先行区"的目标，多点发力开展多领域的双向开放平台建设

洛阳片区正逐步构筑起双向开放平台建设，已与"一带一路"沿线的62个国家和地区建立经贸关系，464种洛阳制造产品进入国际市场，随着洛阳片区的建设进程加快，过去几年洛阳的进出口贸易总额大幅度上涨，为洛阳提升对外开放水平提供了新的机遇。

在扩大开放平台建设方面，一是洛阳综合保税区，其闭关运营将是洛阳片区建设进入新阶段的重要标志，同时也是洛阳片区深入发展取得更大成效的基本保障，截至2019年5月，综保区建设顺利推进，已完成1号至3号仓的主体建设，4号～7号仓同步施工，并确定7个入区企业项目，于9月底完成围网、卡口建设任务，达到闭关运营条件。二是洛阳—布哈拉农业综合示范区，由洛阳万邦优选供应链管理有限公司具体实施，布哈拉方面给予土地税、所得税最高免税30年的政策，洛阳方则输出良种、先进技术，促进当地农业发展，产量提升明显。2018年经由万邦优选，第一批优质绿豆以专列形式出口我国，贸易额突破1 000万美元。该农业示范区后续发展前景广阔，能够把先进的农业生产经验复制到乌兹别克斯坦等"一带一路"沿线国家，对我国紧缺的农产品是一种很好的补充，实现了洛阳片区与布哈拉等地的合作共赢。三是与中国港控集团共建的洛阳—瓜达尔港产业园，使洛阳片区能够真正融入"海上丝绸之路"的自由贸易合作，目前该产业园建设较为顺利，逐步形成以洛阳—布哈拉综合示范区为载体的"陆上丝绸之路"和以瓜达尔港产业园为载体的"海上丝绸之路"的双通道。四是铁路口岸，洛阳片区自成立以来，充分发挥了市域铁路货运站的作用，已经开行至中亚地区、青岛港、宁波舟山港的集装箱专列，近期开通了洛阳—宁波集装箱铁海联运"阿特斯飞跃号"专列开往宁波舟山港，拖拉机、太阳能光伏组件等本地优势产品已通过专列出口至"一带一路"沿线

国家，打通了洛阳作为内陆城市发挥铁路口岸的通道，避免了过去对郑州相关口岸的过度依赖，从而提高了片区对外服务贸易的发展层次及国际化水平。

5. 金融服务实力显著增强，通过信贷业务为企业发展提供不竭动力

洛阳片区在金融服务方面的实施已有自贸试验区可复制、可推广的政策措施，积极通过"科技保""科技贷"等小微企业普惠金融模式为中小企业提供信贷支撑[108]。在保证风险可控的前提下，推动金融、类金融开放，初步形成了"政银企研所"多方协调参与及多元服务融合的金融服务体系，吸引外地金融及类金融机构入驻自贸片区。洛阳片区在金融服务方面发展较为稳健，片区内上市公司及后备重点上市企业已达40家以上。

6. 形成一批以"评议片区改革试点任务满意度"为代表的复制推广新案例，为深化改革创造机遇

"洛阳片区邀请企业和群众当考官评议改革试点任务满意度"的工作举措得到了国务院部级联席会议简报肯定，该举措从企业和群众对洛阳片区的认知度、对改革试点任务的满意度，以及有关发展建议等层面展开网络调查，所得调查结果能够为洛阳片区160项改革试点任务的具体落实情况提供较为客观的评价意见，让片区管委会进一步明确入驻企业对自贸试验区改革措施的意见和建议，调查问卷的结果也反映出了各类型企业对洛阳片区后续建设的具体需求，能够帮助片区相关职能部门深化改革，增强服务企业和群众的意识，保证在今后的任务推进及举措发布中把工作做细做牢，保证将试点任务落到实处，让企业充分享受改革红利，使片区建设达到预期的创新成效。以此为代表的一批创新案例均是在洛阳片区"大胆试、大胆闯、自主改"的主导下形成的，部分案例已入选河南第一批制度创新优化营商环境优秀案例，一系列优秀案例的创造为今后深化改革、提升开放创造了机遇，充分发挥了洛阳片区对洛阳市今后发展的"风向标"作用。

2.5.2 洛阳片区后续发展的策略建议

回顾洛阳片区前期的建设发展历程，片区改革成效是值得充分肯定的，今后的两年到三年是洛阳片区发展建设的关键机遇期，任务更加艰巨，推进制度创新面临的难题也更繁杂。洛阳片区今后的建设工作任重而道远，需围绕改革创新活力源、双向开放先行区及高质量发展增长极"三大发展目标"，对标国际高水平投资贸易通行规则，深入构建制度创新体系，以发展高端智能制造业及现代高水平服务业为行动方向，探索出独具洛阳特色的自贸片区建设路径，让洛阳片区成为洛阳市乃至于整个豫西北地区改革开放的"试验田""排头兵"

及改革开放新高地。

1. 要注重政务、监管、多式联运等领域的协调融合，加快推进开放平台建设

洛阳片区需要在与郑州片区、开封片区实现差异化发展的同时，进一步扎实推进自贸片区的政务、监管、金融、法律及多式联运这五大服务体系的协调融合，通过网络问卷调查，积极听取科技园区及入驻企业（尤其注意倾听中小企业的声音）对改革试点任务的完成情况及有关发展问题的意见或建议。进一步增强服务意识，在自贸区服务中心开设意见或建议接收窗口，随时接收各类型企业或群众提出的建议，经研究讨论后给予答复，对于其中的合理化建议在后续制度创新措施发布时要有所体现。

对于洛阳片区来说，与"一带一路"沿线国家的对外贸易份额占据整体贸易额的近半数，对于已经建立起来的洛阳—布哈拉农业综合示范区，下一步将重点建设种植、农机、运输等标准化，逐步减能增效；洛阳—瓜达尔港产业园，是洛阳融入"海上丝绸之路"的重要载体，是对已有贸易体系、规模的重要补充也需持续推进。今后要对接国际高标准投资贸易规则体系，与外方协商建立适宜的管理模式，持续提升洛阳片区与"一带一路"沿线国家的投资合作水平；对接产业发展需求，加快铁路口岸及生产服务型物流枢纽功能建设，保证已经建立起来的集装箱多式联运班列的常态化、高频次运营，这对于推动洛阳的对外开放体系建设及相关实体企业的转型升级都将发挥实质性作用。

2. 精准招商要瞄准行业龙头，以精细化招商持续推进贸易便利化，加快文化服务贸易发展

以洛阳片区开放不足的短板为基准，瞄准国内外500强、行业50强企业，制定精细化招商引资方案，在培育和引进龙头企业到洛阳投资兴业、打造特色外贸产业基地等方面给予政策支持；对外，进一步提升本地企业参与国际合作的竞争力、影响力，在"一带一路"沿线国家拓展国际市场渠道，提高跨境电商通关平台的通关量及交易额。洛阳片区也要积极参与并融入我国与世界各国签订的有关贸易和投资的双边、多边贸易协定，尤其是我国与"一带一路"沿线国家的贸易协定，能够提高洛阳的进出口总额，拓展新型贸易平台，完善铁路口岸、航空口岸的功能及效率，营造更加快捷、便利的通关环境，让企业切实享受到优惠，从而带动区内各类型企业的全面发展，助推对外贸易的转型升级。

根据洛阳片区的现代服务业功能发展规划，研发设计、国际文化旅游及文化贸易等文化服务贸易仍需持续推进，当前的份额难以令人满意。应以"海、陆、空、网"交通物流枢纽建设推动文化服务贸易输出，重点培育具备中原特

色、反映河洛文化特色的文化品牌，整合区域文化智慧旅游资源，孕育一批具备高附加值的国际文化旅游服务项目，文化贸易的双向繁荣可以促进地方传统服务贸易企业的转型，持续推进服务外包产业的创新能力，参与国内外服务业的产业链分工，以此促进文化、旅游及相关服务贸易的发展。

3. 逐步推行全产业链模式，助推洛阳片区实体产业的转型升级

全产业链模式能够帮助区域经济范围内的企业集群在产业上下游形成利益共同体，在供应链的各个环节以市场和消费需求为导向，逐步形成闭环，将最末端的消费需求循环反馈到最前端，解决供需失衡的问题，降低产业链上下游的整体生产成本，并提升生产的科技水平。针对洛阳片区，其传统制造业的产业基础较为雄厚，应当在高端制造业后续发展中借助于城市产业布局、技术人才多样的优势，积极打造全产业链（例如轴承领域的全产业链、光伏发电的全产业链等），持续发挥企业集群注册制度的优势，以构建全产业链模式，从而提升洛阳片区高端制造业发展水平，助推洛阳片区高端制造业等实体产业的转型升级。同时，在洛阳片区范围内，打造优势产业互联网平台，让全产业链上下游相关企业在技术、金融等领域共享发展成果，以产业链的规模化为基础，逐步实现全产业链上相关联企业的精细化、共享化运作，最终实现全产业链的整体转型升级。

4. 以营商环境评估报告为基准，进一步加大高端人才引进，信贷、金融创新有待于进一步提升

洛阳片区后续发展急需高端人才的支撑，目前洛阳已制定并实施了相关人才的引进政策，下一步则需倾听片区入驻企业的需求，对接科研院所、高等院校及相关企业的诉求，制定更为精细化的人才引进优惠举措，尤其针对专业技术层级高的人才需求，更应如此。此外，2018年洛阳片区营商环境评估报告显示，近半数企业反映劳动力成本居高不下，企业负担过重，一线专业技术劳动力缺乏，今后洛阳片区需针对人才引进制定相关配套措施，如此方能在吸引人才来洛阳工作的同时稳定住人才队伍；拓宽人才引进、招聘渠道，以多样化、灵活机动的方式引进所需各类型专业人才，提高人才晋升的便利性。

在获得信贷方面，区内企业对金融机构信贷审批办理程序、信贷产品公开透明度及资格审核合理化程度并不十分满意，当前的改革红利被少数企业获得，政策落实不彻底、不到位，很多民营和小微企业难以获得信贷支持，更多的还是通过银行抵押贷款的方式实现融资。因此，下一步洛阳片区急需规范化金融机构信贷审批制度，向企业宣传并明确获得信贷的资格条件，让企业熟知洛阳片区对获得信贷的相关政策，并保证程序公平、透明，使相关企业能够在

同一平台上享受优惠的金融服务，注意倾听民营和小微企业的诉求，创新开发解决中小企业融资难、融资贵的金融产品。与此同时，针对洛阳片区所有企业单位，推动产融合作试点城市功效，促进产业、创新、资金及政策辅助等链条的协调融合，发挥好金融服务对产业转型升级的促进效应，将洛阳片区打造成区域性金融集聚中心。

5. 利用充分"三区叠加"优势，积极发挥软实力，提高平台优势转化为发展优势的能力

一方面，洛阳片区的"三区"叠加融合发展机遇难得，三个平台叠加的"乘数效应"仍有较大的发展空间，政府职能转变、办事便利性及市场规范化这三个方面在"三区"融合后对企业的经营影响最大，今后仍将持续发挥作用。此外，投资便利性带来的更多业务机会也将进一步对企业经营发挥较大影响。下一步，需以高端制造业和现代服务业为核心，充分发挥"三区"叠加融合优势，重点引进与洛阳片区已有优势相匹配的智能机器人、新材料等高端制造业类项目。为保证制造业及服务业的持续竞争力，产业培训政策应向金融业、科技服务业及总部经济倾斜；顺应国际国内产业发展潮流，培育并打造更多适应洛阳产业环境的新产业、新业态。以往的制度创新举措更多瞄准龙头企业或行业标杆企业，使此类企业可以享受到自贸片区制度创新的改革红利，后续应当更加关注中小微企业的发展，"放管服"改革需增效，为企业提供更加宽松的经营环境，使政府职能进一步优化，运算效率得到进一步提升，保证各类型企业能够共享营商环境的优化成果，而不是成为部分企业的自有红利。

另一方面，洛阳片区需要对标国际、国内一流营商环境，立足更广阔的竞争格局，找准差距，对标差距补短板，针对营商环境评估得分较低的核心指标，开展对标优化行动，以评促改，向一流营商环境看齐，在营商环境重点领域提升行动探索专题解决方案，从而在未来两到三年内进一步提升洛阳片区的营商环境。建议分阶段召开不同类型精细化的企业座谈会，倾听企业对洛阳片区营商环境的建议，为先行先试政策的制定寻求突破口，新制定政策需及时向企业宣讲，保证相关企业对政策的熟悉程度，使所制定先行先试政策具备切实的可操作性，在更广阔的范围惠及更多的企业，逐步提高政府服务洛阳片区入驻企业的能力和意识，让企业和群众共享制度创新改革的红利，如此才能不断提升洛阳片区的营商环境，发挥好"软实力"，不仅能够吸引一流的龙头企业入驻洛阳片区，还能够保证一流企业在洛阳落地生根，长久地发挥带动作用，将国家赋予洛阳的平台优势转化为投资规模扩大、效益提升的发展优势，逐步实现融合发展、辐射带动，最终实现转型升级的高质量发展。

6. 为洛阳综合保税区闭关运营做好充分准备，抓紧制定企业入驻综保区政策方案

洛阳综合保税区的建设将成为新时代洛阳改革开放的新高地，将在洛阳片区的建设中发挥示范引领和带动作用。目前，洛阳综保区已完成首期万邦物流、视微影像等7项企业项目的入驻安排，但后续形势仍不明朗，多数企业尚不清楚洛阳综保区的政策方案，对是否入驻综保区较为迟疑，例如，洛阳片区管委会对入驻企业的筛选秉持怎样的准则？除税收外，入驻后将在哪些领域享受优惠政策？企业对于仓库或土地使用的实施方案目前也没有明确的政策文件，入驻后的退出机制也尚未制定，这些都需要尽快通过探讨、调研制定相关实施方案，让仍处于观望状态的企业能够及时根据自身定位，做出是否入驻洛阳综保区的战略选择。此外，洛阳片区对于智能装备制造领域极为重视，正积极谋划打造国际智能制造合作示范区及其建设实施方案，这将助力洛阳的外资外贸发展水平。在此背景下，洛阳综保区后续闭关运营的相关政策方案亟需加紧制定，为洛阳综保区内企业项目落地提供保障。

7. 做好对区内企业的配套政策激励和法律保障工作

两年多以来，洛阳片区入驻企业的实际发展状况存在不同程度的差异，部分入驻企业产业发展水平与当初的预想差距明显，也与洛阳片区所制定政策措施的预计存在差距，这一点应当引起自贸区管委会及市直有关部门的重视。下一步，洛阳片区应当加强与郑州片区、开封片区的协调沟通，深入其他自贸试验区调研，以契合洛阳片区实际状况为导向，积极探索构建适合洛阳片区的政策激励体系，对那些发展状况良好以上的企业项目给予激励，同时对于发展形势不容乐观的企业项目给予政策扶持，配套服务政策也需要更加具有针对性，增强服务政策的辐射面。此外，应当适时地探索构建洛阳片区法律保障体系，依据国际化标准为区内企业发展提供法律保障，维护区内企业的合法权益。

扩大开放是区域经济发展的重要途径，习近平总书记在第二届"一带一路"高峰论坛上强调今后将在更广领域扩大外资市场准入，更大规模地增加商品和服务进口，注重宏观经济政策、对外开放政策的协调及贯彻落实，从而促进更高水平的对外开放，这些都为洛阳片区今后的发展指明了前进方向。展望未来两到三年洛阳片区的建设期，先进制造、服务贸易、现代物流与数字经济将成为发展的关键词，洛阳片区需坚持围绕双向开放先行区、改革创新活力源及高质量发展增长极的发展目标，突出洛阳区域特色优势，继续走差异化发展道路，寻求更多、更充分地发展动能，以高端智能制造业和现代服务业为引领，带动全产业链模式发展，努力建成投资贸易便利，高端制造业、服务业产业集

聚、交通物流便捷、区域引领带动作用明显的地方高水平自由贸易园区，努力成为新时代洛阳改革开放的新高地。

2.6 本章小结

河南省是我国东部产业转移、西部资源输出、南北经贸交流的桥梁和纽带，为建设更加出彩的河南，现代交通体系建设、现代物流体系建设及现代产业体系建设应当成为河南自贸试验区后续建设的重点。本章总结提炼了河南自贸试验区设立三年以来在制度创新方面取得的一系列成效，并寻求新时期制度创新的突破口，进而提出了改变生产关系、促进生产力高质量发展、持续推动河南自贸试验区对外开放的制度创新路径，让制度创新服务推动区域产业创新和科技创新。

当前及今后一段时期，河南自贸试验区需利用好国家顶层政策制度，进一步发挥多区叠加优势，集聚新动能，坚持高质量发展要求，围绕河南自贸试验区的战略定位，探索如何进一步推动创新的体制机制成为新发展阶段的工作重心，朝着建成多式联运的现代国际物流中心，投资贸易便利、高端产业集聚、交通物流通达、监管高效便捷、辐射带动作用突出的高标准自由贸易区迈进。

第3章 依托河南自贸试验区推进洛阳培育国际消费中心城市建设研究

为深入贯彻习近平新时代中国特色社会主义思想特别是习近平总书记对河南工作的重要指示，落实省委省政府加快洛阳副中心城市建设工作推进会精神，践行新发展理念，坚持高质量发展，打造带动全省高质量发展新的增长极，贯彻落实《中共中央国务院关于完善促进消费体制机制进一步激发居民消费潜力的若干意见》《国务院办公厅关于加快发展流通促进商业消费的意见》（国办发〔2019〕42号）、商务部等14部门《关于培育建设国际消费中心城市的指导意见》（商运发〔2019〕309号）、国家发展改革委等23部门《关于促进消费扩容提质加快形成强大国内市场的实施意见》（发改就业〔2020〕293号）等文件精神，依托河南自贸试验区，特别是洛阳片区，以全方位开放为引领，全面把握将洛阳建设成为"区域经济中心、全国先进制造业基地、全国重要交通枢纽、国际人文交往中心"的新时代城市发展定位，在新的起点上推进洛阳副中心城市建设实现新的突破，加快推动具有洛阳特色的高质量发展，从而进一步推进洛阳培育国际消费中心试点城市建设。

3.1 洛阳培育国际消费中心城市的发展基础

洛阳古称雒阳、豫州，位于河南西部、黄河中游，因地处洛河之阳而得名，是千年帝都、牡丹花城，有着5 000多年的文明史、4 000多年的建城史和1 500多年的建都史，是十三朝古都、中国四大古都之一、世界文化名城。截至2019年1月，洛阳下辖1个县级市、8个县、6个区，两个国家级开发区、两个省级开发区、18个省级产业集聚区。总面积1.52万平方千米，其中市区面积803 km²。

从历史的大视野、发展的大格局看洛阳、"读懂"洛阳，通过国际知名度、城市繁荣度、商业活跃度、到达便利度和消费舒适度等方面的发展现状阐述城市综合情况。看数据，洛阳高质量发展取得新成效，展现出的是一座底蕴深厚、名重古今的历史文化圣城；是一座风光秀美、独具魅力的优秀旅游名城；是一座工业基础雄厚、科技实力突出的现代化工业城市。看支撑，大基础设施项目加快实施，城市建设管理更有底蕴、更有颜值、更有温度，成功入选国家产业转型升级示范区、国家跨境电子商务综合试验区、工业资源综合利用基地及电信普遍服务试点等，发展根基更加稳固。看态势，从建设副中心城市、打造增长极，到规划建设洛阳都市圈、打造引领全省发展的新引擎，洛阳发展的定位更高、空间更广、机遇更多，站在了新的历史起点上。

3.1.1 稳步提升的国际知名度

1. 城市竞争力排名稳中有升

2019年6月，中国社科院与经济日报社共同发布了《中国城市竞争力第17次报告》，报告显示洛阳的经济竞争力指数0.070 2，位于全国第77位；可持续竞争力指数0.369 8，位于全国第64位；宜居城市竞争力指数0.383 1，位于全国第134位；营商环境竞争力指数0.416 6，位于全国第67位；综合考虑这4个维度，洛阳的城市综合经济竞争力稳中有升。同月，河南省社科院公布《2018年中原经济区省辖市经济综合竞争力评价》的报告，在对中原经济区30个省辖区进行综合排名后，洛阳位于第2名，其经济综合竞争力在河南省及中原经济区省辖市具备显著优势。

2. 世界文化遗产资源积淀深厚

洛阳已有世界文化遗产3项6处：龙门石窟；中国大运河（洛阳境内两处：回洛仓遗址和含嘉仓遗址）；丝绸之路：长安—天山廊道路网（洛阳境内3处：汉魏洛阳故城遗址、隋唐洛阳城定鼎门遗址、新安县汉函谷关遗址）。其中，丝绸之路和中国大运河东西两通道世界遗产同时在洛阳，是当年全国唯一的"双申遗"城市。在河南省的5项世界遗产中，洛阳独占3项，已成为国内少有的世界文化遗产大市，充分展现了洛阳这座千年古都浑厚的历史文化沉淀。此外，国家文物局将万里茶道申遗项目正式列入《中国世界文化遗产预备名单（2019版）》，将河南省10处列入万里茶道申遗项目清单中，洛阳占据3处，分别是洛阳关林、潞泽会馆、洛阳山陕会馆；沿洛河两岸分布着夏都二里头遗址、偃师商城、东周王城、汉魏故城及隋唐洛阳城五大都城遗址。

3. 5A、4A级景区星罗棋布

洛阳作为华夏之源、丝路起点的旅游城市，从来都是钟灵毓秀，截至2019年年末，共有A级旅游景区82处，比2018年末增加11处。其中，有5A级景区5处：龙门石窟（世界文化遗产、全国重点文物保护单位、中国四大石窟之一，开凿于北魏孝文帝年间，今存有窟龛2 345个，造像10万余尊，碑刻题记2 800余品）、龙潭大峡谷（谷内关峡相望，潭瀑联珠，壁立万仞，峡秀谷幽）、老君山（具有独特的"滑脱峰林"地貌、壮观的石林景区等景观群，非常震撼心灵）、鸡冠洞（是一处大型的石灰岩溶洞，喀斯特岩溶地貌，被誉为北国第一洞府）、白云山（融山、石、水、洞、林、草、花、鸟、兽为一体，雄、险、奇、幽、美、妙交相生辉）。2019年6月，人民网舆情数据中心发布《2018上半年5A级旅游景区综合影响力排行榜TOP50》，在此榜单上，洛阳龙门石窟排名第23位。有4A级景区25处：白马寺、黛眉山、伏牛山滑雪度假乐园、关林、恐龙谷漂流、龙峪湾、木札岭、神灵寨、洛阳隋唐城遗址植物园、天池山、黄河小浪底、中国国花园、养子沟、西泰山、重渡沟、薰衣草庄园、天河大峡谷、青要山、二程文化园、隋唐洛阳城国家遗址公园、王府竹海度假旅游区等。

4. 入驻世界500强企业数量稳步增长

洛阳及河南自贸试验区洛阳片区积极融入"一带一路"，探索"三个一"放管服改革新模式，上线"自贸直通车"，建设两个海外园区，开通国际贸易"单一窗口"，出台"企业准入、准营、准建"等精准改革措施，实施"政银企研所""信贷+信用"小微企业普惠金融等金融创新举措，营商环境大幅优化，市场活力充分激发。围绕现代产业体系，紧盯世界500强、中国500强企业等，引进了一批引领性、突破性、方向性、标志性的龙头项目延链补链强链，让"洛阳制造"向"洛阳智造"加快转型。截至2019年年底，入驻世界500强25家、国内500强19家、行业10强26家。

5. 国际重大活动与赛事数量种类繁多，国际影响力持续扩大

创办于2013年的中国·洛阳（国际）创意产业博览会已连续举办7届，成为对外展示洛阳文明形象、对内增强文化自信的重要平台，是中原地区最大的创意产业数据库。洛阳国际机器人暨智能装备展览会已连续举办4届，展会效益逐步提升，品牌影响力不断扩大，已成为河南省智能装备产业交流展示的重要平台，对于完善洛阳机器人产业链条，促进智能制造招商引资，推动洛阳优势制造业向产业链、价值链、创新链高端攀升做出了重要贡献。2019年10月举办的第二届世界古都论坛暨纪念二里头遗址科学发掘60周年国际学术研讨会围绕"古都保护与城市生活"主题交流互鉴，针对"二里头遗址与相关问题研究"等议题进行研讨。2019年4月举办的中国-中东欧国家文化遗产论坛围绕"文化遗产与城市发展"主题，对文化遗产保护活化方式方法、文化遗产助力城市

发展的美好前景等展开交流研讨。2017年举办的PATA探险旅游大会及交易会暨河南洛阳探险旅游与装备博览会以"探险，让旅游更生动"为主题，围绕文化遗产的保护与传承发展、"一带一路"旅游合作、国际文化旅游名城建设和旅游装备制造业与发展机遇等主题进行深入探讨交流，从理论和实际操作层面为河南旅游产业发展、洛阳建设国际文化旅游名城问诊把脉，建言献策。

3.1.2 蓬勃发展的城市繁荣水平

1. 2019年GDP增长势头稳健，突破5 000亿大关

2019年，洛阳GDP突破5 000亿元，达到5 034.9亿元，按可比价计算，比上年增长7.8%，分别高于全国、全省增速1.7和0.8个百分点，增速居全省第2位。全市GDP总量在全国地级及以上城市排名中名列第45位，比上年上升3个位次。规模以上工业增加值、固定资产投资等主要指标增速均高于全国、全省平均水平，经济运行稳中向好，产业结构调整持续深化，发展质量稳步提升。其中，第一产业增加值245.1亿元，增长3.7%；第二产业增加值2 330.6亿元，增长8.8%；第三产业增加值2 459.2亿元，增长7.3%。从人均生产总值看，全市人均GDP达72 912元，同比增长7%，分别高于全国、全省2 020元和16 524元。从全市经济运行总体状况看，"三产超二产"格局更加稳固，投资消费平稳，居民收入稳步增长，经济发展质量提升。洛阳市成为目前中西部地区唯一生产总值突破5 000亿元的非省会城市，2019年一般公共预算收入分别是银川、兰州的2.39倍、1.59倍；固定资产投资增速比兰州、西安、银川高14.9、9.1、16.4个百分点，展现出较强的发展后劲。2020年，面对新冠肺炎疫情带来的严重冲击，洛阳市认真落实中央、省委部署要求，统筹推进疫情防控和经济社会发展，持续深化"9+2"工作布局，扎实做好"六稳"工作，全面落实"六保"任务，大力实施"五提"行动，全市经济呈现稳定恢复、结构持续优化、高质量发展稳步推进的良好态势；全市GDP达5 128.4亿元，按可比价计算，同比增长3%，分别高于全国、全省0.7个和1.7个百分点；"三产超二产"格局更加稳固，固定资产投资稳步增长，销售市场持续回暖，居民收入稳步增长，新兴领域动能增强。根据洛阳副中心城市的城市定位和建设目标，力争到2025年，洛阳地区生产总值达到8 000亿元，年均增速高于全省1个百分点以上，实现洛阳与郑州错位发展，协调联动，打造引领全省发展"双引擎"。

2. 全市总人口增速稳定，人口结构、素质、分布、收入水平及社会发展持续改善

2019年年末，洛阳市总人口717.02万人，比2018年年末增加3.35万人；

年末常住人口 692.22 万人，比上年末增加 3.37 万人，其中市区人口 230.95 万人，比上年末增加 6.02 万人。年末城镇常住人口 409.10 万人，城镇化率为 59.10%，比上年末提高 1.53 个百分点。全年出生人口 7.98 万人，出生率 11.15‰；死亡人口 4.62 万人，死亡率 6.46‰；自然变动净增人口 3.36 万人，自然增长率 4.69‰。全市常住人口占全省人口比重稳步上涨，城市吸引流动人口的能力不断增强，洛阳作为中原城市群副中心城市的人口集聚效应逐步显现。根据《洛阳市人口发展规划（2020—2030 年）》，到 2030 年，全市总人口有望达到 755 万左右，常住人口城镇化率在 68.7% 左右。今后 10 年洛阳市人口变动将呈现几大主要趋势：2030 年前，总人口处于缓慢增长状态；育龄妇女人数和出生人数均呈下降趋势；到 2023 年，60 岁及以上老年人口所占比重将超过少儿人口，劳动年龄人口的抚养重点将从少儿人口转向老年人口。根据副中心城市的城市定位和建设目标，力争到 2025 年，中心城区常住人口突破 350 万人，常住人口城镇化率突破 70%。

3. 国内游客人数增长明显，入境游客接待量再创新高

2019 年旅游市场平稳有序。在牡丹文化节期间，共接待游客 2 493.96 万人次，旅游总收入 223.5 亿元，同比分别增长 6.11%、13.07%；其中，接待入境游客 27.07 万人次，旅游创汇 7 865.28 万美元，同比分别增长 14.8%、14.99%；全市各旅游景区（点）接待游客 1 959.52 万人次；市区主要星级饭店平均入住率达 88.63%。2019 年全年，接待国内外游客 1.42 亿人次，比上年增长 7.3%；其中接待入境游客 150.1 万人次，增长 6.2%。旅游总收入 1 321.02 亿元，增长 15.0%；其中创汇收入 4.48 亿美元，增长 3.7%。年末共有星级酒店 48 家，国际国内旅行社 98 家。力争到 2025 年，接待国内外旅客人数和收入占全省比重均超过 20%。中外城市竞争力研究院等机构联合发布了 2019 中国最具特色旅游城市排行榜，洛阳以 92.34 的高分，排名第二；在 2019 年中国最具性价比旅游城市排行榜中，排名第 7 位；这充分显现出了洛阳在城市自然生态资源特色、旅游产品特色、旅游历史与文化特色及游客体验等方面所具备的显著优势。

4. 居民人均可支配收入及支出位于全省前列，存贷款余额首次突破万亿元

2019 年居民人均可支配收入 27 101 元，比上年增长 8.9%；居民人均消费支出 19 419 元，增长 7.9%。按常住地分，城镇居民人均可支配收入 38 630 元，增长 7.5%；城镇居民人均消费支出 26 576 元，增长 5.8%。农村居民人均可支配收入 14 973 元，增长 9.8%；农村居民人均消费支出 11 889 元，增长 10.6%。全市居民消费价格指数（CPI）比上年上涨 2.8%，涨幅比上年扩大

0.6 个百分点，分别比全国、全省低 0.1 和 0.2 个百分点。全市城镇新增就业人员 12.53 万人，失业人员实现再就业 2.17 万人，就业困难人员再就业 0.87 万人，就业形势整体稳定向好。全市存、贷款余额首次突破万亿元，金融机构各项人民币存贷款余额之和为 11 000.1 亿元，同比增长 11.2%；其中，各项存款余额 6 147.6 亿元，比上年末增加 323.5 亿元，同比增长 5.6%；各项贷款余额 4 852.5 亿元，比上年末增加 780.0 亿元，同比增长 19.2%，增速高于上年 2.0 个百分点，高于全省 2.8 个百分点。

3.1.3 提速发展的商业活跃能力

1. 社会消费品零售总额保持增长态势，市场销售稳中提质

2019 年，社会消费品零售总额 2 387.7 亿元，同比增长 10.8%，增速比 2018 年加快 0.5 个百分点，高于全省平均水平 0.4 个百分点，增速位居全省第 6 位，居于全省第一方阵。从区域看，城乡消费规模保持领先，乡村消费增速相对较快，全年城镇消费品零售额 2 069.6 亿元，同比增长 10.7%，占全市社会消费品零售总额的比重为 86.7%，总量是乡村的 6.51 倍；乡村消费品零售额 318.1 亿元，同比增长 11.2%，较城镇高出 0.5 个百分点。2019 年，全市批发零售业零售总额实现 1 948.9 亿元，同比增长 9.6%，其中，批发业零售额实现 155.7 亿元，同比增长 3.1%；零售业零售额实现 1 793.2 亿元，同比增长 10.1%；住宿餐饮业零售总额实现 438.8 亿元，同比增长 16.7%，其中住宿业零售额实现 21.1 亿元，同比增长 11.3%，餐饮业零售额实现 417.7 亿元，同比增长 17.0%，增速大幅领先其他三个行业；全市电子商务交易额 2 405 亿元，同比增长 13.17%；网络零售额 470 亿元，同比增长 22%。从限额以上批发零售业商品的销售情况来看，消费升级类商品快速增长，增长贡献率位居前三的依次是粮油食品类、汽车类、石油及制品类，线上批发零售业零售额增长贡献率分别达到 18.7%、17.9% 和 10.8%。2019 年，与居民生活关系密切的 19 个大类商品全面呈现同比增长态势。增速位居前三的依次是建筑装潢及材料、电子出版物及音像制品和文化办公用品，分别比 2018 年增长 126.1%、37.4% 和 30.1%。市场商品向高端化、多样化和个性化发展，消费升级类商品零售额保持较快增长态势。从限额以上单位零售额分类值看，与消费升级相关的通信器材类、书报杂志类、体育娱乐用品类分别增长 36.7%、28.7%、18.2%。总体上看，在经济运行稳中向好、居民收入逐步提高等多因素带动下，市场销售缓中趋稳，新兴业态继续快速增长，新商业模式不断涌现，消费转型升级态势将会延续，洛阳市消费品市场仍有望保持健康平稳的运行态势，显现出有形商品市场、无形要素市场和新兴市场协调发展的消费市场繁荣景象。

2. 服务业持续发力，现代服务业发展提速

2019年，服务业增加值同比增长7.3%，金融、物流等现代服务业占服务业的比重达20%，成为洛阳经济发展的强劲引擎。洛阳银行入围"2018中国服务业企业500强"。金融业增加值增速8.2，高于服务业0.9个百分点。"洛阳—中亚"国际公铁联运货运班列、"洛阳—宁波"和"洛阳—青岛港"铁海联运班列持续开行，班次加密。孟津中储、伊川华晟等物流园区建设加快推进；截至目前，全市注册资本亿元以上物流企业有10家，千万元以上的有151家，3A级以上物流企业9家；2019年全市快递企业业务量同比增长37%。全市共有服务业专业园区9家，占全省服务业专业园区总量的11%，专业园区数量居全省第二位。

3. 服务外包发展规模扩大，物流业转型发展成效显著

2019年，全市签订服务外包合同2 456份，合同总额7.45亿美元，同比增长21.18%；服务外包执行额4.73亿美元，同比增长47.9%，其中在岸合同执行额3.21亿美元，同比增长59.92%，离岸合同执行额1.51亿美元，同比增长27.58%。新兴服务业快速发展、现代物流业发展势头强劲，文化旅游业持续提升，载体建设持续推进，这些重点行业的蓬勃发展为洛阳服务业的快速"领跑"提供了有力支撑。已建立健全物流业转型发展工作考核评价、物流业转型发展联席会议和物流业态研究联席会议等工作推进机制，对冷链物流、电商物流、快递物流等28个物流业转型发展重大项目建立台账跟踪问效，推动了23个、总投资113亿元的冷链物流项目建设，其中竣工项目4个，完成投资15亿；续建及在建项目12个，投资额74.5亿；谋划项目7个，投资额23.6亿。全市已形成以大张、丹尼斯为代表的大型商超型冷链物流企业，以众品、正大为代表的畜产品冷链物流企业，以宏进、通河为代表的农产品批发型冷链物流企业，冷链物流业发展势头强劲。

4. 进出口总额首次突破150亿元，呈现稳定增长态势

2019年，外贸进出口总值154.6亿元，首次突破150亿元，继2018年破纪录后再创历史新高，同比增长7.6%，分别高于全国、全省4.2和4.0个百分点。全年进出口呈现稳中有进态势，其中，进口21.3亿元，增长107.5%，出口133.3亿元，下降0.1%。固定资产投资稳步增长，2019年全市固定资产投资同比增长10.2%，比上年加快0.2个百分点，高于全省增速2.2个百分点。分领域看，工业投资增长9.0%，比2018年加快两个百分点；基础设施投资增长24.5%，延续快速增长态势。在贸易方式上，一般贸易占绝对比重，进出口148.9亿元；加工贸易小幅增长，进出口4.9亿元，同比增长16.1%。在贸易主体上，民营企业进出口大幅上涨，民营企业进出口97.7亿元，同比增长43.3%，民营企业继续成为拉动洛阳市外贸增长的主力。在贸易商品上，高新技术产品实现稳定增长，多种商品进口值超过1亿元，高新技术产品出口28.9亿元，同比增长7.5%。在贸易对象上，欧盟、东盟、美国、巴西和韩国为洛阳市五大出口市场。洛阳积极融入共建"一带一路"，加快构建现代开放体系，对"一带一路"沿线62个国家和地区进出口59亿元，占全市总额的38.2%；对伊拉克、马来西亚、越南及泰国等8个沿线国家实现对外承包工程营业额2.71亿美元，占全市总额的84.2%。外贸企业数量进一步增加；民营企业增速加快，对洛阳市外贸进出口贡献大；国际市场覆盖面不断扩大，新兴市场多元化开拓进一步深化；主要出口产品竞争力进一步增强；通关便利化水平进一步提升；跨境电商产业发展实现新突破。

5. 精准招商招大引强取得新成效，拓展市场扩大对外贸易实现新突破

通过研究制定《洛阳市"565"产业招商三年行动计划》，出台《洛阳市招商引资优惠政策"金十条"（2019年版）》，以更加优惠的政策吸引境内外客商来洛投资；研究制定产业招商图谱，谋划了332个、投资总额2 154亿元的重大招商项目对外推介；紧盯国内外500强、行业龙头企业和知名跨国公司精准对接，先后组织举办了与华耀城集团、恒大集团、新松机器人等"三强"企业25场项目对接会。招商引资的触角已经向境内外更广阔的领域延伸，推动了一批又一批重大项目落户洛阳，全市全年共签约亿元以上项目301个，投资总额2 096.5亿元，其中，10亿元以上项目80个，投资总额1 592.08亿元；"565"产业项目225个，投资总额1 455.5亿元。格力（洛阳）洗衣机产业基地、辽宁忠旺100万吨铝合金精深加工等80个重大产业项目的成功引进，加快了产业结构调整步伐，提升了产业核心竞争力。在积极应对中美贸易摩擦的同时，鼓励企业继续深耕传统进出口市场，加快开拓新兴市场。帮助企业积极争取国家、省中小企业开拓市场资金1 522.2万元，扶持外贸企业扩大出口，全年洛阳市开展进出口业务的企业扩大到807家，同比增加73家，贸易伙伴扩大到176个国家和地区，475种"洛阳制造"商品走向世界，对欧盟、东盟、巴西、俄罗斯和几内亚进出口分别增长42.8%、4.9%、223.9%、105.2%和1 428倍，对拉丁美洲和非洲等新兴市场分别增长58.7%和53%，新兴市场多元化开拓进一步深化。

6. 财政收支运行稳健，金融信贷总体稳定

2019年全市一般公共预算收入369.8亿元，同比增长7.9%，增速比2018年回升2.8个百分点，高于全省0.6个百分点，其中，税收收入248.3亿元，同

比增长8.2%。全市一般公共预算支出647.6亿元，同比增长8.4%，其中民生支出492.8亿元，占一般公共预算支出的76.1%；在民生支出中，全市社会保障和就业支出76.5亿元，教育支出112.9亿元，卫生健康支出64.5亿元，文化支出11.3亿元，农林水支出52.9亿元，财政"账单"尽显民生要素。金融运行总体稳定，全市存贷款余额首次突破万亿元，全年金融机构各项人民币存贷款余额之和为11 000.1亿元，同比增长11.2%。其中，各项存款余额6 147.6亿元，比上年末增加323.5亿元，增长5.6%；各项贷款余额4 852.5亿元，比上年末增加780.0亿元，增长19.2%，增速高于2018年2.0个百分点，高于全省2.8个百分点。

7. 转型发展持续推进，发展质量稳步提高

转型升级不断深化，"三二一"的产业结构持续巩固，全市三次产业结构优化调整为4.9∶46.3∶48.8，第三产业增加值占生产总值的比重比上年提高0.7个百分点，超过第二产业2.5个百分点。新动能、新产业不断壮大，2019年，在规模以上工业中，战略性新兴产业增加值比上年增长14.2%，高新技术产业增加值增长16.5%，占规模以上工业的比重分别为11.4%和44.9%，同比分别提高2.2和5.6个百分点。2019年，在规模以上服务业中，互联网和相关服务业营业收入增长37.6%，全年限额以上批发零售业中，网上商品零售额比上年增长37.9%。城乡区域结构更加协调，经济含金量、含绿量不断提升。"放管服"改革持续深化，微观主体活力不断增强，2019年，各类市场主体新开业登记93 415户，日均新登记企业256户，年末市场主体总数达49.1万户，比上年增长11.2%；全年共减轻企业税费负担68.1亿元，其中新增减税50.4亿元，降低社保费17.7亿元，切实减轻了企业负担。

8. 商业步行街改造升级效果显著，成为拉动消费新的增长点

洛阳拥有上海市场步行街、广州市场步行街等传统型商业步行街，但过于传统，商业氛围欠缺。为进一步完善市区步行街功能设施、优化业态布局、增强购物体验，使步行街成为洛阳市消费购物的新热点，拉动消费新的增长点，2019年，启动了对广州市场步行街、西工小街、洛邑古城步行街、关林步行街以及东关大街步行街等的改造提升工程，均已完成阶段性目标，在2020年下半年迎来了改造一新、充满商业价值、反映洛阳本土特色与面貌、保留传统自然景观和人文景观的现代化商业步行街。此外，已启动建设丽景门至应天门"一街游千年特色商业步行街"项目，项目建成后将以隋唐风格为主，作为应天门配套项目，成为历史文化体验街，具有遗址公园保护、绿化休闲、文化旅游和居住等功能，将使周边市民的生活质量得到提升，市场前景良好。

9. 电商产业蓬勃发展，网络零售业务成为社会消费品零售重要渠道

洛阳市相继出台了《洛阳市推进电子商务与快递物流协同发展实施方案》《洛阳市2019年电商进农村暨电商扶贫实施方案》等一系列政策措施，着力优化空间布局，促进线上线下融合，加快推动电商产业转型升级，使电子商务产业成为全市经济社会发展的新动力。2019年，全市电商交易额完成2 405亿元，其中网络零售额470亿元，名优特产品网销、线上线下服务消费、企业电商应用等成为亮点，为洛阳经济转型升级提升了新动能。目前，全市共有1个国家级、20个省级电商示范企业、8个省级电子商务示范基地、两个省级跨境电子商务园区，国家级电商进农村综合示范县6个、省级电商进农村综合示范县3个，两个淘宝镇、13个淘宝村，数量全省领先，支撑洛阳电子商务产业发展的承载力显著增强。综保区、自贸大厦建设快速推进，综保区已完成19万平方米保税仓建设，申报工作进入国家部委联合审批的冲刺阶段。跨境电商通关平台自开通以来，累计通关57.9万单，洛阳商品出口到美国、俄罗斯、法国、英国及澳大利亚等多个国家和地区。到2020年年底，基本形成"布局合理、功能优化、运作科学、服务优良"的电商物流体系，电子商务交易额达到2 500亿元，网络零售总额占社会消费品零售总额的比重超过20%。

10. 持续优化营商环境，构建开放新格局

2019年，洛阳在由中科院成立的第三方营商环境评价项目组综合评价中，排名全省第2位；在用水用气、获得信贷、包容普惠创新、政府采购和知识产权5个具体指标上位于全省前列；依照世行的10个营商环境评价指标，洛阳市营商环境相当于在全球190个经济体中的第62位，其中，获得电力、开办企业、执行合同及不动产登记等指标排名均进入世界前50名。国务院要求的160项试点任务、洛阳片区的200项改革任务已全面落实，并形成了创新案例89个。另外，根据洛阳片区与普华永道联合发布的2019年洛阳片区营商环境评估报告，显示出洛阳片区营商环境整体得分为78.51分，对标世界银行计算标准，综合得分为79.32分，模拟世行排名位列26位。从对片区企业营商环境便利度的调研来看，各项维度满意度评价达到93%；从营商环境评估结果来看，多项指标表现优异，超过了2019年中国平均水平；从营商吸引力评估结果来看，政务服务软硬环境、政府采购、招标投标及市场监管指标表现较好。良好的营商环境有效激发了市场活力，目前洛阳片区累计入驻市场主体超过2.5万家，注册资本达到1 014.73亿元，累计进驻亿元以上企业136家，累计新入驻企业是挂牌前存量企业的1.94倍。2020年是洛阳营商环境"全面提升年"，以营商环境评价为契机，以"全市域打造营商环境、全领域优化营商环

境"为目标，让高品质营商环境成为推动洛阳经济高质量发展、打造更有吸引力的投资环境、形成引领全省发展"新引擎"的强大动力。

11. 国际知名品牌数量稳中有升，"洛阳制造"在国际舞台崭露头角

早在 2013—2015 年度河南省国际知名品牌名录中，洛阳市 16 家外贸企业的 16 个品牌榜上有名，较上届评选增加 7 个，数量位居全省之首，主要有洛阳北方玻璃技术股份有限公司的"北玻"、洛阳兰迪玻璃机器股份有限公司的"LANDGLASS"、洛阳轴承进出口有限公司的"LYC"及中钢集团耐火材料有限公司的"SICATEC75"等国际知名品牌。"东方红"拖拉机占据吉尔吉斯斯坦 90% 的市场份额；中信重工市场范围覆盖"一带一路"沿线 30 多个国家和地区；洛阳的钢制家具、卫浴陶瓷等销往德国、俄罗斯等多个国家和地区。在国际品牌合作方面，在第二届进博会上，中国千年雀羽金绣技艺传承品牌——洛阳雀金绣与英国珠宝奢侈品牌纪娜梵达成了战略合作协议，签约联合建立文化创新研究中心，双方互派文化艺术品专家，研发高端雀金绣珠宝系列及衍生商品，并进行国际化的推广和销售。作为老工业基地，"洛阳制造"闻名全国、享誉全球，成功开通了洛阳到宁波港的铁海联运班列，截至 2019 年 10 月底，累计运输货物 7 058 标箱，越来越多"洛阳制造"实现跨洋出海、走向世界。"洛阳品牌"也助力提升城市竞争力，持续推动"洛阳产品"向"洛阳品牌""洛阳标准"转变，力争到 2025 年，制造业增加值占地区生产总值比重超过 1/3，打造 15 家省级以上质量标杆企业，10 个以上具有国际知名度、影响力的制造业品牌。

12. 一大批国内知名"洛阳品牌"，不断提升洛阳产品的品种丰富度、品质满意度、品牌认可度

根据国家统计局、国家信息中心和有关部委数据，中国城市报社、人民日报文化传媒等单位按照《品牌评价城市》国家标准发布 2019 年《中国百强品牌城市榜单》，洛阳市以城市品牌影响力指数 409.44 排名第 25 位，显示出洛阳在宜居、都市文化圈、历史积淀、美景、交通便捷及发展实力等领域的城市综合竞争力。洛阳 LYC 轴承、洛铜集团、中国一拖有限公司、洛阳浮法玻璃集团、中信重工机械、中钢耐火、万基控股、大张实业、天源实业、白马集团、洛阳杜康控股花都柜业集团及洛钼集团等国内知名企业及其知名品牌在国内都具备充分的企业竞争力。特别是高端制造业领域，已实施制造业增品种、提品质、创品牌"三品"专项行动，"洛阳品牌"催生"洛阳标准"，促使企业确立行业地位，提升国际知名度，抢占市场先机。截至 2019 年年底，已基本完成成套装备、绿色耐材、智能装备、军民融合、锂离子电池、生物兽药 6 个

国家技术标准创新中心,以及新材料、矿山装备、农机装备、轴承、绿色耐材这5个国家技术标准验证中心建设任务;围绕洛阳主导产业和主导产品,完成国家标准和行业标准制定修订40项,保持主导在研国际标准10项以上。目前,正加速培育一批省内、国内及国际知名品牌和具有较强核心竞争力的装备制造龙头企业。

3.1.4 日趋成熟的到达便利度

1. 国际国内航班线路数量及起降架次创历史新高,推动了洛阳航空、文旅等产业融合发展

2019年,洛阳北郊机场年旅客吞吐量突破153万,创下机场正式通航32年来最好成绩,同比增长17.1%,其中出入境人数42 620人次,起降架次13 750架次,货运吞吐量1156.5吨,开通航线数量达39条,通航城市突破30个,每周航班起降270余架次,洛阳航空保持了持续平稳发展的良好态势。在国内航班方面,自2019年4月起,洛阳北郊机场执行夏秋航季航班时刻,通达城市新增成都、青岛、泸州、鄂尔多斯、天津、哈尔滨、桂林、贵阳、银川和南通10个城市,通达城市达到29个,创通航城市历史新高,从古都洛阳坐飞机去热门旅游城市将更加便捷。其中,洛阳至北京、上海、广州、深圳及昆明的航班实现了"天天飞",新增航线皆为黄金时段,更加方便旅游。洛阳拥有丰富的文化旅游资源,与这些城市在旅游等方面的合作空间巨大,伴随着航线增加,必将进一步促进洛阳对外开放、航空和文旅产业发展。在国际航班方面,开通泰国曼谷、日本大阪及越南河内这三条国际航线,特别是洛阳至河内航线使洛阳成为河南省唯一也是国内少数开通河内直达航班的城市,将助力洛阳市航空、旅游等产业融合发展。

2. 境内高速公路"三横三纵三环八放射",持续增强公路枢纽辐射带动能力

洛阳境内显现出"三横三纵三环八放射"的高速公路网和六组团快速通道;北部抱团打造半小时核心圈,南部紧跟建立1小时紧密圈,放眼全省构筑两小时辐射圈。连霍、二广、南洛等国家干线高速公路在此交汇,在河南省高速公路"双千工程"(洛阳境)推动下,包括尧栾西高速、济洛高速和二广高速加宽改造项目在内,2019年境内共有6条高速同时在建,这些项目全部建成后,洛阳高速公路总里程将达到1 200千米,全市高速通车总里程提高到66.5%,与310、207国道等干线公路共同构成了较为发达的交通运输网。对于完善豫西山区高速公路路网结构、加快贫困地区脱贫攻坚、促进旅游资源开发,以及带动区域经济全面发展具有重要意义。

3. 洛阳龙门综合枢纽日趋成熟完善，已成为城市综合枢纽、河洛立体花园、中原旅游交通集散中心、华夏文化门户

洛阳龙门高铁站是已建郑西高铁及规划建设的呼南高铁豫西通道、郑登洛、焦济洛及洛平城际铁路等交汇共站的重要铁路枢纽站。截至2019年年底，洛阳龙门站始发或经过高铁动车组车次超过160趟，单日最高发送旅客3.2万余人。计划到2022年，洛阳龙门站站场规模达到9台18线、16站台面，建成集高铁、城际、地铁、公交、高速等综合性交通枢纽。即将建成投用的洛阳龙门站综合交通枢纽北广场占地约204亩（1亩≈116.67 m²），不仅有客运南站、地铁站和高架桥，还有配套的商业建筑，将会日趋成熟完善，将实现高铁、长途客运、出租、公交等多种交通方式的近距离换乘，极大地方便市民出行。

4. 洛阳"十字形"地铁线路建设"火力全开"，确保2022年初步建成投用

2016年4月，《洛阳市城市轨道交通第一期建设规划（2016—2020年）》（以下简称《规划》）获国务院批复，洛阳成为中西部地区首座地铁建设项目获批的非省会城市。洛阳地铁项目作为洛阳的重大民生工程，意义重大，影响深远。《规划》显示，1号线工程和2号线（一期）工程长约41.3千米，基本构成"十字形"；洛阳地铁二期建设规划已编制完成，近期建设规划由4条线路组成，线网总长102.6千米，车站数量63座，其中换乘站8座。截至2019年年底，地铁1号线全线实现"轨通"，2021年6月试运营；2号线加快推进"洞通"，预计2022年6月前开通运营。

3.1.5 表率先进的消费舒适层级

1. 消费者满意度态势稳定，总体处于良好水平

中国消费者协会发布2019年度全国100个重点城市消费者满意度测评报告，洛阳位列第96名，对洛阳的消费供给、消费环境及消费维权等重点消费指标水平具有较高参考意义。此外，洛阳市统计局发布《2019年洛阳市消费者信心调查报告》，调查结果显示，消费者信心总指数为111.7，比上年同期增加1.2个百分点，消费者信心处于偏乐观区间，消费信心有所提升；消费者即期信心指数为112.0，比上年同期增加两个百分点；消费者预期信心指数为111.5，比上年同期增加0.6个百分点；消费者当前最关注的问题是增加收入、子女教育和医疗保障。由新华社《瞭望东方周刊》与瞭望智库共同主办的2019年"中国最具幸福感城市"调查推选活动中，洛阳上榜地级及以上候选城市。随着高新技术产业、高成长性和装备制造业的持续增长，以及城市地铁、快速路建设的稳步实施，洛阳消费者对本地经济发展的乐观程度有所提升。

2. 信用体系建设和运行状况良好，起到了区域性表率和样板作用

根据全联房地产商会商业研究会联合 RET 睿意德发布的《2018 中国新商业城市研究报告》显示，洛阳在三、四线城市排名中位于第 9 位。2019 年 12 月，CEI 指数课题发布了全国 252 个地级城市及 36 个大城市的商业信用环境指数排行榜，其中洛阳在地级市 CEI 指数排序第 57 名，得分 71.94。截至 2019 年年底，洛阳市共归集、公示 140 万条市场主体信用信息，建立了涵盖全市 27 家行政执法部门的企业信用信息归集共享联席会议机制，参与单位、归集信息数量均居全省前列。下一步，洛阳市将以信用信息归集共享为基础，加快信用信息共享平台（二期）建设，提升数据挖掘、分析、应用等功能，为信用监管、信息公示、联合奖惩等工作提供更好的服务和支撑。

3. 三星级以上宾馆数量在省内居于领先地位，为五湖四海宾朋创造了舒适体验

洛阳目前拥有钼都利豪国际饭店、洛阳东山宾馆两家五星级酒店，准五星级酒店多家；有重渡沟水景大酒店、凤翔温泉旅游区酒店、牡丹城宾馆、航空城酒店及欣源国际酒店等四星级酒店 13 家；有新友谊大酒店、军安大酒店及新豫东大酒店等三星级酒店 27 家；有洛阳市拾光二十度、慢居十三月、悦里客栈、青瓦台、风吹过客栈、秋花塘、枰庐客栈及九间房民宿等旅游精品民宿 50 多家。

3.1.6 叠加联动的政策引领优势

1. 领导组织体系逐步健全，多部门协调机制显现出制度优势

全市各级党组织和广大党员干部深入学习探讨如何在新起点上推进洛阳副中心城市建设实现新突破、打造带动全省高质量发展新的增长极。特别是新冠肺炎疫情发生以来，洛阳市紧扣中央、省委决策部署，以"党建引领、'三治'并进、服务进村（社区）"为抓手，着力提升基层党组织政治领导力、组织动员力、治理管控力、统筹协调力和宣传引导力"五个力"，为夺取疫情防控和经济社会发展"双胜利"提供了坚强组织保证。为抓好各项工作落实，确保中央和省委、省政府各项决策部署落到实处、见到实效，紧盯国家战略叠加机遇、加快副中心城市建设各专项目标任务等重点，已对确定的重点项目和重大实施事项做好前期准备工作，不断厚植高质量发展新优势。领导组织工作作风持续转变向好，持续提倡"五比五不比"工作导向和"清新简约、务本责实、实干兴洛"工作导向，各级领导干部勇于担责，敢于触及矛盾点并直面问题，领导组织体系健全，强化任务落实、执行，推动问题逐一解决，任务逐项落地。多部门协调推进机制已初步建立,协同发挥洛阳承接的省级社会管理权限,已争取相比以往更多的支持政策,形成强有力的带动效应。逐步完善对上对接机制、对内协调机制、对外联动机制、对下督导机制。洛阳市正逐步打破行政区划隔离,努力实现全要素流动畅通,各级组织部门、政法部门及自然资源规划部门协调统一,形成任务落实强大合力,将中原城市群副中心城市的发展规划、行动方案转化为各项工作机制、推进举措并逐步实施,一步步将美好蓝图转化为现实,奋力谱写新时代中原更加出彩的洛阳绚丽篇章。

2. 一批批规划、目标逐步落地,实施方案科学合理

2019年12月,审议并原则通过《洛阳市中心城区绿道(乐道)网专项规划暨近期建设实施方案》《洛阳华耀城6号地块规划设计方案》《洛阳平乐正骨教学基地项目规划设计方案》等一系列规划方案。由于洛阳在黄河流域生态保护和高质量发展上地位重要、作用突出、责任重大,加上推动中部地区崛起战略的深入实施,省委省政府决定加快推进洛阳副中心城市建设步伐,对洛阳发展把脉问诊、谋篇布局、指路明径,既深入分析了洛阳发展所处的方位,又科学规划了洛阳新时代发展的任务书、路线图和时间表。一批批以国际视野谋篇布局、强化开放引领洛阳副中心城市建设的重点任务、目标、方案正逐步谋划,为探索出具有洛阳特色的高质量发展之路持续发力,目前已经明确洛阳副中心城市建设的城市定位、建设目标和政策措施。

3. 开放引领优化环境,推动经贸招商资金投入实现新突破

目前,洛阳65个总投资1535亿元的5亿元以上重点在谈项目正有序对接推进。在补短板领域,政府支持引导民间投资专项2019年中央预算内投资计划,洛阳争取到补短板领域中央预算内投资资金10 285万元。在2019年4月第37届洛阳牡丹文化节投资贸易洽谈会上,集中签约36个项目(其中合同项目33个,战略合作协议3个),33个合同项目投资总额537.5亿元。其中10亿元以上项目19个,国内外500强、行业50强企业项目21个,"五强六新五特"现代产业项目31个,外资项目两个。同月,集中开工重大项目130个,总投资851亿元,年度计划投资333亿元,既有科技含量高、产业层次高、市场前景好的工业项目,又有提升城市品位的新型城镇化和现代服务业项目,还有改善民生的基础设施和社会事业项目等。2019年9月,经国家统计局审核认定反馈的洛阳市研发投入总量为99.36亿元,居全省第二位,同比增加12.98亿元,同比增长15.03%;研发投入强度(全社会研发投入与GDP之比)达到2.14%,较上年提升0.13个百分点,比全省水平(1.4%)高0.74个百分点,比2017年前进两个位次,跃居全省第一位。

3.2 洛阳培育国际消费中心城市的发展优势

洛阳经济运行稳中向好，产业结构持续优化，"三力联动"步伐加快，基础能力持续提升，"三大攻坚战"稳步推进，改善民生，提高福祉，奋力谱写新时代中原更加出彩的洛阳高质量发展新篇章。对标综合性、专业化区域性国际消费中心城市发展经验，论证洛阳城市发展优势、消费热点亮点及优势，以及消费发展特色。

3.2.1 发挥叠加优势，打造省内一流文旅消费新高地

1. 区域发展方面

洛阳被定位为河南省的副中心城市，目前已决定强化开放引领，以国际化视野谋划推动洛阳副中心城市建设工作，规划建设洛阳都市圈，辐射带动豫西地区的经济发展，把洛阳打造成引领全省经济发展的"双引擎"，在对全省发展的综合引领作用上发挥更大的担当和作为。在河南省的各个城市中，其定位仅次于省会郑州，具备明显的区域发展优势。

2. 经济、产业方面

洛阳2019年GDP在整个中西部地区排在第10位，仅次于9个省会城市，在中西部地区的所有非省会城市中排名第1位。近年来不断发力制造业转型升级，创新驱动促进优势主导产业竞相发展；补链、延链、强链，推动了优势主导产业集群发展；千亿级产业集群正加速崛起。突出自身优势和产业特色，把制造业高质量发展作为主攻方向，紧紧抓住创新驱动和转型升级两个关键，始终贯彻落实"巩固、增强、提升、畅通"方针，打好产业基础高级化、产业链现代化攻坚战，强化制造业在经济发展中的支柱地位和辐射带动作用。为充分发挥产业优势，洛阳加快步伐处理好轻重工业的关系、传统产业与新兴产业的关系，以及国有企业与民营企业的关系，如此方能保证持久的经济竞争优势。洛阳有3个千亿级产业集群，有众多科研院所和国家级创新平台，2019年研发投入强度居全省首位，这是优势和底气所在，洛阳必将加速崛起，高效率发挥"双引擎"的持续带动作用。

3. 文化旅游方面

洛阳是一座底蕴深厚、名重古今的历史文化圣城。作为华夏文明的重要发祥地、丝绸之路的东方起点，历史上先后有13个王朝在洛阳建都，是我国建都最早、历时最长、朝代最多的都城。现有全国文物保护单位43处，馆藏文物40余万件。沿洛河一字排开的3项6处世界文化遗产，中国第一座官办寺

院白马寺，武则天坐朝听政、朝拜礼佛的明堂、天堂等数十家博物馆，无不彰显着洛阳厚重的文化底蕴。洛阳是儒学的奠基地、道学的产生地、佛学的首传地、玄学的形成地、理学的渊源地，各类文化思想在此相融共生，以"河图洛书"为代表的河洛文化是海内外炎黄子孙的祖根文源。洛阳还是全球华人的文化之根、祖脉所系，全球1亿客家人祖籍于此，中国70%的宗族大姓起源于此。作为丝绸之路的东方起点和隋唐大运河的中心，洛阳先后有6次进入世界大城市之列。洛阳作为一座风光秀美、独具魅力的优秀旅游名城，旅游资源丰富，在全国具有领先地位。洛阳牡丹始植于隋，盛于唐，甲天下于宋，雍容华贵，国色天香，已有1500多年的栽培史，形成了9大色系、10种花型、1200多个品种。成功举办38届的牡丹文化节已经成为蜚声中外的国家级文化盛会，跻身全国四大名会之一，入选国家非物质文化遗产名录，成为洛阳扩大对外开放、展示城市形象的重要平台。

4. 交通枢纽方面

从洛阳中心城区出发，到周边偃师、伊川、宜阳、新安、孟津、吉利"六组团"，距离都不超过30千米；洛阳已按照"产业承接、交通连接、生态对接"要求，规划实施"一中心六组团"城市发展战略，加快组团快速通道建设，"一环线五放射"快速交通路网，半小时交通圈、经济圈和生活圈已经基本形成。2016年以来，洛阳中心城区着力打开出入口、打通主干道、畅通"微循环"，新增主干道133.26千米，次干道203.67千米，使城市"经脉"更加舒畅。洛阳龙门、火车站、机场、涧西谷水、白马寺和伊滨六大综合交通枢纽正快速推进，将大大满足市民对多种交通方式近距离换乘的需求。同时，洛阳依托连霍高速和二广高速的"十字形"高速公路骨架，建成尧栾西、洛济、栾卢、渑栾高速公路，推进新伊、伊偃等组团高速环线建设，形成了"三横三纵三环"高速路网体系。作为"一带一路"重要节点城市，开通中亚班列、打通"空中丝路"是洛阳扩大对外开放的重要举措。目前，洛阳积极推进洛阳铁路枢纽总体规划实施，推进呼南高铁豫西通道落地开工，构建"十字形"高铁枢纽。下一步，洛阳市将积极畅通对外通道，加强与郑州、豫西地区以及陕西、山西的连接；提升与南阳、平顶山、三门峡及济源等洛阳都市圈核心区、辐射区的快速通达能力，为"发力都市圈、提升辐射力、打造增长极、形成新引擎"提供重要支撑。

3.2.2 消费结构调整升级新跃升，创造文旅综合带动效应

洛阳传统消费提质增效，逐步升级换代，新型消费模式蓬勃发展，信息消

费、绿色消费、旅游休闲及文体娱乐等成为节日消费亮点，并逐渐向常态化新型消费演变。近两年来，洛阳旅游年票涵盖景区数量大幅度增长，特别是实行旅游年票不受限、车辆不限行、高速免费及门票降价等惠民政策以来，进一步激活了假日旅游市场，使娱乐休闲游成为节日消费主流。带动了洛阳周边的休闲旅游或自驾游，周边市县也纷纷响应新型消费需求，推出了各具特色的休闲文娱项目。洛阳充分抓住这两年的旅游黄金周，文化旅游市场综合带动效应明显，旅游酒店、宾馆生意兴旺，影院、KTV等娱乐场所顾客盈门，主要餐饮场所餐位难定、供不应求。除传统旅游项目外，已经有越来越多的市民及游客在节假日走进博物馆、图书馆、城市书屋，在浓浓的文化氛围中感受洛阳悠久的历史和文化传承。文化旅游惠民消费季民俗"大餐"、群众"点单""优惠滑雪""温泉门票折扣""赠送餐饮""活动赠票"及"报销高速过路费"等一系列花样繁多的惠民促销措施亮点纷呈，吸引了更多游客来洛消费体验，达到了文化旅游对消费市场的提升功效。

3.2.3 新型消费势头澎湃，撬动城市消费活力的新引擎

消费在洛阳经济增长中的支撑作用进一步增强，曾连续十几个月领跑内需。随着消费供给侧结构性改革不断深入，洛阳市场商品逐渐向高端化、多样化和个性化发展，新型消费类、消费升级类商品零售额保持较快增长态势。从限额以上单位零售额分类值看，与消费升级相关的通信器材类、书报杂志类及体育娱乐用品类等商品的零售增长幅度明显线下高于线上零售增速。多举措并举，持续做好消费文章，顺应居民消费升级趋势，培育消费热点，改善消费环境，着力拓领域、提品质、优环境，让老百姓真正"能消费、愿消费、敢消费"，把洛阳打造成区域性消费中心城市，向国际消费中心城市持续迈进。乡村消费市场占比持续提高，消费品市场城乡结构持续优化。随着洛阳各县（镇）农村地区交通、物流、通信等消费基础设施的逐步完善和电子商务向农村地区的延伸覆盖，农村居民消费潜力持续释放，乡村消费品零售额增速快于城镇，乡村市场占比逐步提高，消费品市场城乡结构持续优化。2019年上半年，城镇市场零售额同比增长11.0%，乡村市场零售额同比增长11.4%，高于城镇市场0.4个百分点。

3.2.4 多领域策略并举扩大消费，培育新型消费热点

洛阳推行多举措、多策略，持续扩大消费层次，持续优化消费环境，既提升传统商贸消费，又扩大输入型消费，为新型消费市场创造了更大的发展空间，培育了新兴消费热点。将加快推进"洛阳综合保税区、洛阳一类航空口

岸扩大开放、国家跨境电子商务综合试验区试点城市、国家级服务外包示范城市"等高端开放平台尽快获批建设；加快推进洛阳北郊机场三期改扩建、龙门通用机场建设，加大国际航班航线开辟力度；加快跨境电商平台建设，加快出口基地建设，积极推动首批河南省城乡高效配送试点城市建设、电子商务快递物流示范园区建设及冷链物流项目建设，多措并举，提升城市消费。未来，一方面，洛阳市民买全球将更快更便宜，也会有更多洛阳产品走向世界。另一方面，大力发展互联网平台经济，抓好国家文化消费试点城市建设，为培育新型消费市场创造条件；借势国花评选，做大牡丹主题消费，更进一步扩大牡丹文化节、河洛文化旅游节等文化盛会在全省乃至国际上的影响力；目前，已完成5条商业步行街和10处中心城区农贸市场改造提升工程，促进了城乡消费融合、升级；加强了信用体系建设，持续优化消费环境，增强了游客消费体验。更进一步强化了消费与洛阳经济、民生发展的协同效应，利用好国家新一轮促消费政策密集落地期，洛阳市持续释放消费政策"红利"，抓住市场消费"钱景"，培育更多消费热点，让消费继续成为经济增长的压舱石，增强洛阳经济发展的韧性与活力。

3.3 依托河南自贸试验区推进洛阳培育国际消费中心城市的总体思路

3.3.1 指导思想

深入贯彻习近平新时代中国特色社会主义思想，以供给侧结构改革和消费升级为主线，以建设洛阳副中心城市、河南发展"双引擎"和中原城市群洛阳都市圈为契机，充分利用好河南自贸试验区洛阳片区与自创区"双区"叠加优势，依托国家沿黄经济带、黄河流域生态保护和高质量发展、国家区域性中心城市战略布局，立足国际视野和区域特色，优化消费结构，全面提升消费层次，着力培育消费热点，打造全国重要的文化高地和旅游消费创新示范基地，加快构建文化传承创新体系和历史名城，推进文旅商融合发展，拓展消费新业态，力争通过五至十年时间的努力，逐步建设成为立足中原、面向全国、辐射全球、具有鲜明中国元素和文化特色的国际消费城市。

强化商贸服务业的基础性作用。进一步补齐基础建设的短板，提升流通业对消费实现、流通传递、产业融合、经济创新、城市服务及就业承载的基础性作用，弥补在消费集聚度、国际时尚度、新消费业态及文旅商融合发展等方面的不足。

坚持文化保护传承，推动文旅商融合发展。坚持用文化的理念发展旅游，用旅游的方式传播文化，以文化旅游深度融合为主线，深入挖掘特色文化旅游资源，建设具有洛阳特色、中原风韵、华夏气派、国际水准的国际文化旅游名城，着力打造华夏历史文明传承创新核心区和文化繁荣兴盛核心区。

推动消费业态创新发展。着力强化品牌消费、节庆消费、文创消费、旅游消费、会展消费、商务消费、餐饮消费、健康消费、教育消费及社区消费等领域的有效供给，大力推动消费融合发展新业态。

以环境升级带动消费升级。积极践行全国商旅文融合发展和新型消费体制改革创新城市，进一步推进行政效能改革，优化国际营商环境，提升都市文明，创建舒适一流的国际消费环境。

3.3.2 基本原则

突出特色，形成竞争差异。着力创新消费生态体系，塑造消费新业态，优化消费体验，突出"文化、旅游、生态"三位一体的消费特色，与国际、国内和其他城区之间形成竞争差异化优势，不断增强洛阳对海内外消费者的吸引力和号召力。

1. 强化功能，提升设施能力

优化城市交通规划布局，提升市容环境水平，打造生态、宜居、文明的现代化城市环境，构建国际化教育、商贸物流、医疗卫生及文化旅游公共服务体系，进一步完善现代城市功能，强化城市功能设施建设管理。

2. 推动融合，促进产消协同

坚持产业和消费协同发展的原则，积极促进消费与产城互动，推进"消费+"融合发展，实现产业结构优化升级，构建与国际消费中心相适应的现代产业体系，助力洛阳国际消费中心城市建设全面升级。

3. 创新发展，探索先行模式

加强黄河流域生态保护和高质量发展、洛阳副中心城市建设的组织协调，围绕国家区域性中心城市建设目标，谋划"大格局、大发展、大城市"的战略布局，形成国际消费中心建设与城市规划发展联动机制；积极申报创建"国家消费型经济综合改革试验区"，在消费内容、业态、模式及环境等方面积极创新，着力探索发展消费型经济的新体制、新机制和新路径，先行先试，推进国际消费中心建设。

3.3.3 工作目标

与洛阳新兴城市发展目标相结合，全面提升消费层级，加快消费多元化、高端化、便利化及融合化发展步伐，以"文旅创"为核心，以"国际消费中心"为统揽，以创建"国家消费型经济综合改革试验区"为手段，着力促进消费、转型、创新三者互动，全面提升发展质量和城市价值，将洛阳打造成为具有全球影响力的文旅品牌消费目的地、区域旅游（消费）服务中心、中西部国际消费中心的核心功能区，形成有重要影响、特色鲜明的国际消费功能载体。

消费规模总量持续提升。通过消费扩张、消费提升及消费拓展计划的实施，全面增强洛阳消费总体规模，提升消费档次，拓展消费形态。到2022年，在旅游消费、文体商务、零售购物、餐饮娱乐及商务会展领域形成5个500亿级规模的消费市场；在文化休闲、健康养老、体育运动、教育培训及创意艺术等领域形成5个100亿级新兴消费市场；消费总量朝着2 000亿级规模稳步迈进，社会消费品零售总额超过1 500亿元，商贸流通业实现增加值达到600亿元以上，消费规模总量基本达到中等国际消费中心城市发展水平，消费对经济增长的贡献率达到30%，成为具有示范效应的消费型经济发展先行区。

消费经济辐射能力显著增强。全面消费升级，提升消费经济辐射能力，通过5年时间，形成消费功能更加完备、消费环境优越、消费资源丰富、消费业态先进、消费模式创新、消费文化引领、消费服务一流、商业空间多元、城市品牌上升的国际化消费中心城市，生活方式与消费发展协同，消费经济辐射力和服务力半径不断增强。

消费功能国际化发展。着力提升品牌集聚度、业态丰富度、创新体验度及服务完美度，形成与国际消费中心相适应的现代消费价值体系，将洛阳打造成具有重要影响的区域型国际消费"大都会区"，建成具有影响力的国际旅游消费之城、美食餐饮之城、国际文化消费之城、中华文化世界传播之城、"一带一路"国际文化合作交流之城和中西部地区国际消费客流的聚集地之一。

消费业态体系化拓展。大力优化消费环境，提升消费能级，深化区域合作，融合郑洛西，完善洛阳国际消费要素的聚集功能和辐射功能，加强城市营销，打造国际知名都会旅游目的地，吸引更多国际游客到洛阳旅游和消费，到2022年，形成1个具有国际影响力的核心商圈，两个具有全国影响力的高端商圈，打造5个以上智慧商圈，实现外来消费占比超过30%，全市消费贡献度、业态创新度、品牌集聚度、消费引领度及环境国际化迈上新的台阶，基本建成具有国际竞争力的消费中心城市。

文旅消费特色显著。推进文旅领域的高端化、国际化发展，通过5年的努力，高端文旅消费占比大幅提升，境内外吸客能力明显增强，文旅商融合发展独树一帜，国际文旅消费特色充分彰显。加快推进实施"洛阳市坚持文化保护传承推动文旅融合发展行动方案",到2025年,建成国家级河洛文化生态保护区、国家文物保护利用示范区、国家全域旅游示范区,文物保护利用传承体系基本形成,打造一批在国内外具有较高影响力和知名度的文艺精品和扛鼎之作,在保护传承弘扬黄河文化、河洛文化方面取得丰硕成果,建成洛阳特色、中原风韵、华夏气派、国际水准的国际文化旅游名城,着力打造华夏历史文明传承创新核心区、文化繁荣兴盛核心区,洛阳文化旅游的品牌影响力、产业竞争力及市场吸引力显著提升,文化旅游成为全市支柱产业之一。国家级非物质文化遗产代表性项目达到20项,国家级和省级产业融合类文化旅游品牌达到10个,创建国家级旅游度假区1个,省级旅游度假区达到8个,洛阳全市5A级旅游景区达到7家,五星级酒店达到5家以上,培育重点文化旅游企业30家以上。旅游总收入2 000亿元,文旅产业增加值占GDP比重15%,文旅产业消费拉动贡献率达50%以上,旅游购物收入占旅游总收入比例达到30%以上,国外游客数量达到300万人次/年。

3.4 依托河南自贸试验区推进洛阳培育国际消费中心城市的重点任务

3.4.1 创建一批特色街区与商业名街

1. 高标准布局建设消费商圈,聚力打造多核化商圈新格局

推动打造整体多核化发展商圈新格局,高标准布局建设消费商圈,促进线上线下互动、服务体验融合、商旅文体协同及购物体验结合,满足城乡居民不同层次的消费需求,打通消费服务"最后一公里",使洛阳成为国际国内名品云集、高端商业汇聚的重要消费目的地。

打造王府井、泉舜、长申国际等国内知名的高品位消费中心。推动已形成"三足鼎立"态势的王府井(百货)新都汇商圈、万达广场及丹尼斯百货商圈及中央百货区域商圈向多核化转变,将正大广场、泉舜、建业凯旋广场、王府井购物中心及长申国际等单个商圈打造成高品位消费中心,以"多功能生活方式场所"满足多方面体验性消费为高端商场发展定位,让洛阳逐步形成高、中、低搭配的核心商业圈。

建设洛阳涧西区"天际线"——牡丹广场高端商业、交通、休闲娱乐综合体。牡丹广场作为洛阳地铁1号线和3号线的交通枢纽,汇聚友谊宾馆、牡丹城、云峰国际及在建的五星级喜来登酒店,再加上新六院、涧西区行政中心、旅游乘车点、知名品牌饭店在此汇聚,辐射洛阳涧西区繁华区域。推动牡丹广场建设成为轨道交通出行、人行过街、社会出行高度便利,且囊括商业、休闲、娱乐于一体的城市景观开放空间。以全新城市设计的牡丹广场及周边区域,重塑洛阳涧西区"天际线",以统一改造、统一设计、统一招商为引领,将牡丹广场打造成为高端商业集聚,交通、休闲、娱乐高度交汇的都市开放综合体。

打造中州路、开元大道、南昌路等一批智慧商圈。在洛阳中州路、开元大道、南昌路等核心商业路段,推动商圈规模不断发展壮大,完善其功能,以满足不同层次消费需求、不断升级的消费购物体验为导向,开启"主题、跨界、体验、职能"的消费购物探索和转型,竭力打造一批体验性消费智慧商圈。将W61生活公园打造成吃、娱、玩、购于一体,包含游乐场、特色餐饮及教育培训等独特业态的体验消费中心;把名门微生活文艺体验商业中心打造成洛阳潮流文艺青年的聚集地,感受产品和服务的精细之美,体验感受"慢"购物;加快E953中昌创意生活中心建设,规划成洛阳首家"人与建筑空间"设计关系的商业体。

2. 积极争创河南省品牌消费集聚区,打造一批具有洛阳特色的国际知名品牌

实施品牌培育工程,打造一批具有洛阳特色的国际知名品牌。一是实施商标品牌发展战略,指导企业开展驰名商标申请认定,按照"市场引导、企业主体、政府推动"的原则,推动打造文化旅游、特色农产品、知名餐饮、牡丹等产品消费的国际品牌。二是开展国家层面地理标志促进工程,推进县域地理标志培育,加强地理标志保护,通过农旅结合,提升农产品附加值,实现农产品"特色+品牌"化发展,拓展农产品的消费市场。三是推动一批中华老字号和非物质文化遗产的餐饮业创新发展,对外拓展品牌。推动洛阳牡丹文化节成为具有国际影响力的文化会展品牌,形成"洛阳礼物"等一批特色文化产品和原创品牌。以品牌建设促进消费发展升级,带动产业发展,逐步形成具有中原特色的产业消费市场。

鼓励大张、丹尼斯等积极争创河南省品牌消费集聚区。洛阳泉舜、建业凯旋广场、洛阳王府井购物中心、偃师中成华夏购物广场及伊川永辉商业广场已通过河南省品牌消费集聚区认定并多次入选奖励资金支持项目,优化便民服务网点布局,持续发挥消费品牌集群发展优势,探索消费层次多元化发展,进一步增强消费集聚力、辐射力,提升品牌消费集聚区在河南省内的竞争力、影响力。

推动栾川凤凰天街、宜阳锦花购物广场等县域商圈品质提升和人气聚集。积极引导县域商圈找准市场定位,把握县域消费发展趋势,以县域经济发展提

质增效为目标，提高消费层次，不断挖掘消费潜能，持续提升人气聚集。

3. 突出洛阳经济文化产业优势、文旅特色，加快培育一批特色化商业街区

以洛阳的历史文化积淀、凝聚形成的文旅特色以及产业经济发展优势为依托，以洛阳市东西南隅历史文化街区修建性详细规划为契机，发挥城市自然景观和人文景观的商业价值，提高商业市场规划管理水平，加快培育一批具备不同类型的特色化商业街区。

关于文旅特色街区，升级改造西工小街、广州市场步行街、关林市场步行街，以及东关大街步行街，充分发挥地域特色，挖掘民俗元素，保留并强化原有的生活状态、生活方式、历史气息及民俗风情，建成国家级夜间文旅消费集聚区，打造文化步行街。推进文化街区的招商引资，为入驻商户提供智能管理终端，打造智慧化步行街。通过强化传统文化的现代表达，加强"非遗+时尚"，改造提升洛邑古城、龙门古街，以非遗街区为特色打造洛邑古城，以唐风古文化为特色打造龙门古街，以"轻奢"为基调打造关林步行街，以休闲购物为特色打造广州市场、上海市场商业街，形成集文创商店、特色书店、小剧场及地方美食等多种业态的文旅消费集聚区。

关于创意美食特色街区，以洛阳水席、牛肉汤、羊肉汤及锅贴等洛阳"地标性"美食为基础，集合豫、陕、晋特色的各种小吃和非物质文化遗产，打造一批创意美食特色街区。铜驼暮雨文化创意美食街区是时尚与古韵聚集的潮流地，推动其朝着创意美食特色街区发展；持续升级改造魏家坡美食街，维持古色古香的定制创意，在文化底蕴丰厚的古居的环绕中，畅享美食，提升消费体验；进一步聚集洛阳老城十字街、民主街等洛阳老字号，重塑洛阳地域特色的美食集聚中心。

关于历史文化体验特色街区，以《洛阳市东西南隅历史文化街区（老城片区）保护规划（2018—2035）》为基准，将文化遗产保护融入城市转型与发展的大格局，推动历史文化体验特色街区的保护和发展。打造丽景门至应天门"一街游千年特色商业步行街"，以隋唐风格为主，作为应天门配套，成为历史文化体验街，主要发挥遗址公园保护、绿化休闲、文化旅游和居住等功能；大力发展夜间经济，培育多元化夜间消费模式，打造老城非遗文化产业园等一批夜间经济示范街区；加快推进洛邑古城二期建设，以金元古城墙、新潭及护城河水系为纽带，以点带线、以线连片、由片扩面，将老城打造成集文化、旅游、商业、休闲和居住于一体的历史文化古城。

3.4.2 做大做强国际文旅消费产业

1. 培育发展旅游消费新业态

将洛阳文化、花卉、自然生态及乡村民俗等旅游资源与产品开发设计包装等相结合，重点发展旅游服务类、牡丹产业类、乡村民俗类、健康养老类、文化艺术类及特色创意类旅游消费产品和服务。以牡丹文化旅游为核心，重点打造牡丹文化旅游精品，拓展牡丹产业链，扩大洛阳牡丹花卉国际市场影响力。通过旅游服务和旅游产品相结合，促进文旅商农消费，打造文博洛阳、牡丹洛阳、生态洛阳、民俗洛阳、文创洛阳的世界形象，提高其国际消费市场的吸引力。

2. 加快发展全域旅游，大力推进"旅游+"，拓展旅游消费空间

加快建设国家全域旅游示范区，推进全域统筹规划、合理布局，推动旅游和商贸服务的高度融合。一是要积极发展休闲度假、文化寻根、研学旅行、乡村旅游及商务旅游等产业，拓展新的消费热点，拉动旅游消费增长。二是要不断丰富旅游产品体系，促进旅游产品消费，推进"享游洛阳"文旅消费平台建设，依托牡丹瓷、唐三彩、青铜器、及杜康酒等特色旅游商品资源，打造创意、体验、定制产品等各类旅游消费产品，建设"洛阳礼物"特色购物中心，依托传统商业集聚区，拓展游客购物、休闲空间，强化休闲商务区建设，促进旅游购物消费。三是要依托传统村落、文物遗迹和美术馆、艺术馆等文化空间、场所，推动演艺、动漫等产业与旅游业融合，进一步提升"武则天""隋唐大马戏"等演艺项目品质，打造旅游娱乐综合体，拓展旅游文化消费空间。四是要发展新型住宿业态，提升星级饭店和绿色旅游饭店品质，发展精品饭店、文化主题饭店、经济型和度假型酒店、旅游民宿、露营地及帐篷酒店等新型住宿业态，促进旅游住宿消费。

3.4.3 提升节庆会展经济消费带动功能

1. 壮大"牡丹花城"金字招牌，提升节庆旅游消费水平

扩大洛阳牡丹花会的国际影响力、文化吸引力和市场竞争力，提升牡丹文化节国际美誉度，打造国际一流文旅节会。营造"花"景观、传播"花"文化，加快建设洛阳牡丹博物馆暨洛阳南山公园，建设世界级牡丹基因库、重点实验室，打造一批以隋唐文化为特色的精品牡丹园、以牡丹为主体的世界名花园、牡丹综合公园及体验中心，提升牡丹观赏水平，挖掘牡丹文化，用世界语言讲好牡丹故事。提升"花"产业、拓展"花"市场，加快牡丹产业全链条发展，谋划建设牡丹科技产业园、牡丹花卉交易、物流中心，推动牡丹深加工、牡丹瓷及牡丹画等特色品牌做大做强。组织参与国内外重大花事活动，举办牡丹产业博览会暨国内外电商平台展销会，加强牡丹文化对外交流合作。

2. 打造独具洛阳特色的节庆会展品牌，形成国际影响力

着力建设中原会展名城，促进会展业转型发展，加快推进会展品牌化建设，以品牌化推动会展质量的提升。打造特色节会、申办高端会议，充分发挥"中国洛阳牡丹文化节"和"洛阳河洛文化旅游节"的引领带动作用，推动伏牛山滑雪旅游节、黄河小浪底观瀑节等特色节会活动向市场化、专业化、国际化发展。加强规划，逐步形成"一县一节会、一区一品牌"和"展、节、会"融合发展的洛阳特色会展经济，形成国际影响力。

3. 实施更加开放的会展发展政策，提升会展、节庆旅游消费

实施更加开放的会展业发展政策，允许境外组织机构在洛阳举办符合国家法律规定的会展。对接国际会展活动通行规则，引进顶级专业会展公司，高水平举办洛阳牡丹博览会、洛阳国际工业展览会、洛阳创意产业博览会暨"三彩杯"创意设计大赛、洛阳国际机器人展、国际牡丹产业博览会及洛阳国际珠宝玉石与首饰博览会展会等，做大做强2～3个博览会，通过会展节庆旅游带动商贸发展和消费水平提升。以承办和接待国际性质的高峰会议为建设定位，打造洛阳伊滨区国际会展中心，为洛阳市金融业、互联网行业、批发运输业以及制造业的转型升级提供信息交流、商品展示以及合作洽谈的渠道，推动餐饮业、住宿、专业会展服务业等多个服务产业的发展，增强洛阳实体经济发展活力。

4. 促进会展业高质量、国际化发展，建设国际商务城市

建立国际会议申办机制，引进高规格、高品质的国际会议，建设国际商务城市。推进会展业硬件设施建设，重点打造1～2个国际化会展中心，高水平建设国际化的会展设施，加快形成功能互补的会展场馆保障体系。培育龙头企业，壮大会展市场主体，引导当地重点会展企业向专业化、品牌化、集团化发展，鼓励其加强与境内外会展公司合作，拓展会展旅游联动、跨业态经营等增值服务，延伸会展业价值链。加强对外合作，主动参与"一带一路"建设及多边、双边、区域经贸合作，引导当地企业到境外举办农业、文化、旅游、创意、牡丹等专业展会，构建境外参展办展新格局。积极发挥国际商务交流活动对于推动城市外向型经济和入境游客的拉动作用。

5. 推动会展业与产业融合发展，形成以会聚消、以展促销的产业联动消费模式

积极推动会展业与先进制造业、高效农业、牡丹产业及现代服务业融合发

展,围绕洛阳主导产业引进或策划举办专业展览、论坛,推动产业转型升级,提升洛阳名优农产品博览会、国际机器人智能装备展览会及洛阳国际牡丹产业博览会的影响力,促进农业研发、休闲旅游、特色小镇等快速发展,延长农业产业链。形成以会聚消、以展促销的产业联动模式。策划打造一批与洛阳特色产业、优势资源相对应,能将洛阳优势特色产业推广出去的重点品牌展会。

3.4.4 推动"历史文化名城"建设提升文旅消费能力

1. 构建中华文明标识体系,打造全国重要的文化高地

主动参与中华文明探源工程和考古中国重大课题研究,加快推进苏羊遗址、二里头遗址和偃师商城的考古发掘,组建早期中国和夏文化研究中心。积极推进丝绸之路和隋唐大运河等世界文化遗产的保护利用工程,提升保护能力、展示水平和国际影响力,着力构建"华夏之源、河洛之根、丝路起点、运河中心"中华文明标识体系。办好世界古都论坛,建设世界古都论坛永久会址,讲好洛阳故事,传播洛阳声音,把洛阳建设成为华夏历史文明与世界文明对话的重要平台、国际文化旅游名城和国家文物保护利用示范区。支持文物保护由抢救性保护转向抢救性与预防性保护并重,由注重文物本体保护向文物本体与周边环境整体保护并重转变。做好《隋唐洛阳城遗址总体保护规划》修编,建设隋唐洛阳城国家历史文化公园,打造国际大遗址保护范例和国际文旅融合示范区。持续推进龙门石窟、白马寺、关林、回洛仓及含嘉仓等历史遗迹的保护利用。加强汉魏洛阳故城、偃师商城、宜阳韩都故城及邙山陵墓群等大遗址保护和考古遗址公园建设。实施新入选的9处全国重点文物保护单位保护基础工作。推动万里茶道和关公圣迹联合申遗工作。保护利用好洛阳市深厚的革命历史和丰富的红色资源,实施革命文物保护利用工程。

2. 推动国际文化旅游名城建设,提升文化旅游消费

一是要增强旅游产品影响力,以品质提升和品牌建设留住旅客,带动消费。提升龙门石窟世界文化遗产园区、关圣文化园及老城历史文化街区等重点旅游景区的品质。打造"牡丹""历史""黄河""根亲""杜康"等知名文化旅游品牌,面向全球华人包装,推出"河洛之根"旅游线路和"博物馆之都"旅游产品。二是要增加旅游消费项目,拓展文化服务消费。推动博物馆、文化馆、科技馆、展览馆及纪念馆等场馆与旅游融合,促进文博场馆与现代技术的融合,增强欣赏、体验等功能,开发文化旅游体验项目。重点发展国际文化旅游、文化创意、文化贸易及文化展示等现代服务业,打造具有洛阳特色的文化产业园区。三是要发展文创产业,增加文化旅游消费供给,依托洛阳丰富的文

化资源，开发文创产品，定期举办文化创意设计大赛，持续提升中原文化旅游产业博览会质量，推动洛阳文创产业发展壮大，大力发展具有河洛文化特色的动漫游戏、网络文化、数字艺术及知识产权交易等新型文化消费业态。

3. 打造黄河文化精品旅游，推动黄河文化保护传承

建设黄河文化公园、黄河非物质文化遗产展示馆、在河之洲国际旅游度假区及伏羲文化产业园等一批黄河洛阳段重大文旅项目，纳入国家总体规划，积极融入黄河文化带建设。谋划建设沿黄快速旅游通道，完善运动、休闲、度假、康养、健身等业态设施，打造黄河文化生态旅游度假区。依托二里头遗址、龙马负图寺、汉光武帝陵等人文景观，打造中华文明溯源之旅；依托小浪底、黛眉山、青要山、万山湖、西霞院及黄河湿地等自然景观，打造大河风光体验之旅；依托小浪底水利枢纽、西霞院水库、陆浑水库及故县水库等水利设施，打造治黄水利水工研学之旅。围绕把黄河洛阳段打造成传承历史的文脉河的目标，以"中华源·黄河魂"为主题，积极承办黄河非遗大展、黄河流域群众文艺展演和黄河文化主题美术巡展等一批国家级黄河文化活动。选拔优秀剧目，积极参加国家黄河文化剧目展演。组织知名作家、编剧、书画家开展黄河文化大型采风活动。

4. 促进文化交流与合作，拓展国际文化消费新领域

顺应全球化时代文化资源在全球范围快速流动的趋势，进一步加强洛阳的国际文化交流与合作，以交流促合作，以合作促发展。一是加快推进丝绸之路文化交流中心建设，建设丝路文化交流中心项目，以丝路文化为引领，打造集文化交流、文化展示、创意文化产业、文化休闲和文化体验于一体的综合性文化交流平台；二是大力开展友好城市合作交流、文化交流、青年交流、和民间交流并形成常态机制；三是发挥政府的主导作用，建立健全对外文化交流机制，宣传与树立洛阳的对外形象，鼓励重点剧院、协会参加境外的剧院、协会及演出行业协会，逐步纳入国际演出网络，鼓励和扶持重点文化公司进入国际市场，拓展国际空间，不断提升洛阳的国际文化影响力。

3.4.5 积极培育消费新模式、新业态

1. 发挥洛阳自贸区、自创区的"双区叠加"政策优势，建设国际消费新载体

一是加速打造改革开放新高地，河南自贸试验区洛阳片区聚焦高端制造和服务贸易，以现代物流、数字经济及高端生活服务等产业为支撑，重点发展服务外包、装备制造、机器人、新材料、国际文化旅游、健康养生、文化创意及电子商务等高端消费产业，充分利用河南自贸试验区政策优势，促进高端制造

和服务贸易国际化消费。二是利用贸易便利化和特殊的海关监管、金融结算政策，大力发展跨境电商。三是与"一带一路"沿线国家建立合作关系，举办中原文化旅游产业博览会、国际采购商合作洽谈会等，推进建设面向"一带一路"沿线国家的服务和产品贸易，促进海外消费市场的拓展。四是建设以丝绸之路文化为主题的智慧博物馆和历史文化交流平台，打造一批汉魏唐韵特色的文化体验消费主题园区和现代时尚文化影视场所，促进文化旅游产品国际消费市场的拓展。

2. 充分利用国家推动实体零售创新转型发展的政策，打造"新零售"的发展高地

一是推动实体商贸零售转型升级。积极鼓励和推动百货商场、大型超市、商业综合体、餐饮服务企业及社区便利店等实体商贸零售企业运用互联网、物联网、大数据及人工智能等数字技术全面改造业务流程；推进大型实体商贸零售企业升级改造智能化、场景化体验式零售网点；推进建立24小时无人值守货柜、无人便利店。二是推进线上龙头企业开展线下新零售业务。支持传统零售主体及跨境电子商务主体开设实体展示店、体验店，提供线下展示、维修及其他售后服务；鼓励各大跨境电商平台根据用户消费数据，选取进口品牌中的精选商品，开展临时性的快闪促销活动。三是优化新零售业态规划布局。加强与消费领域知名创新型企业对接，引导其在洛阳布局新零售、跨界零售等新消费项目，打造一批有影响力的"智慧商圈"和"智慧商店"。

3. 结合国家产业转型升级的政策，推动传统商业创新转型

一是创新企业经营模式。鼓励传统企业创新组织形式和经营机制，向全渠道平台商、集成服务商、供应链服务商及定制化服务商等转型。引导传统商超改变"引厂进店、出租柜台"的传统经营方式，实行深度联营和买断经营，发展集"网上商城、微信营销、App 应用、线下商店"于一体的全渠道经营模式，实现线上线下业务、品牌、渠道、客户等多方面的资源整合。二是支持向连锁化转型。连锁经营作为一种先进的商业组织形式，可以做大做强企业品牌，扩大企业规模，增加企业影响力，使企业品牌的无形资产迅速得到提升，同时优化消费群体，吸引消费者。

3.4.6 创建国际一流的营商消费环境

1. 培育城市人文精神，创造高品位、国际化的人文消费环境

通过文明素质提升工程，培育开放、创新、包容、关爱的城市人文基调。

围绕国际化主题，有针对性地开展多层次的公民教育，对本地居民，加强城市文明教育和现代公民素质教育，培育市民的国际化视野，积极引导市民提高文明素养，有意识地接纳国际化文明观念——包括环保意识、公民意识、法律意识、尊重他人隐私及捍卫自身权利等，形成具有人文关怀的城市氛围。放大城市开放效应，培育城市亲和力，保持开放心态，不断强化宽容意识，拒斥排外心理，善于兼收并蓄、博采众长，接纳各种外来文化，吸引全世界的人力资本，让全球各类人才在洛阳都能便利地找到适合自己的创业和生活消费天地。完善国际生活环境的硬件及软件设施，强化涵盖金融、保险、商贸、物流、法律及电子等诸多领域的服务，创建"国际特色"社区，吸引更多外籍人士来洛工作生活和消费。

2. 加强公共文化服务和生态环境建设，改善营商消费体验

实施公共文化建设提升工程，提升公共文化服务效能。重点建设好图书馆、博物馆，打造"书香洛阳""东方博物馆之都"，通过模数化设计理念和智能化服务管理系统，提升图书馆、博物馆的现代化服务功能，将一批图书馆、博物馆打造成公共文化地标性服务设施。实施智慧文旅提升行动，完善旅游"云、网、端"等基础设施建设，运用大数据、5G、区块链等新技术，建设"数字龙门石窟""数字隋唐洛阳城""数字大运河"等一批数字化景区。以"文化洛阳""科技智慧"的城市氛围留住消费者。建设现代生态宜居城市，以历史文化引人，以生态宜居留人。积极推进黄河国家湿地公园建设，着力打造黄河中下游最具特色的湿地生态示范区。推进黄河湿地国家级自然保护区（吉利区）生态保护和修复工程，通过扩大水域面积、提升绿化水平及扩充基础设施等方式，构建黄河流域文化生态体系。以创建国际湿地城市为引领，将伊河龙门湿地、洛河甘泉河湿地及瀍河朱樱湖湿地等湿地打造成洛阳生态名片，打造一批湿地样板，增加消费者的"绿色福利"。通过现代生态宜居城市建设，体现洛阳以绿"荫"城、以水"润"城、以文"化"城的城市魅力，使洛阳成为旅游度假、宜居宜业、营商投资的热土。

3. 完善市场监管体系，创造良好的消费市场环境

一是打造"数字洛阳、信息洛阳"，提升市场监管效能。对标国际先进模式，创新市场监管方式。实施"互联网+信用监管"，引入大数据、智能分析等先进手段，在商品质量、消费投诉、商品定价及行政处理等方面形成庞大的信息数据，探索建立以大数据为依托的"云监管"服务平台，实现智慧监管。与河南省政务平台实现对接，强化信息数据共享，建立洛阳都市圈市场监管执法协调联动机制，加强市场监管体系和能力建设。二是健全消费者维权体系。全面推

进放心消费创建工作,加大流通领域商品质量抽检力度,严厉打击各类侵害消费者权益的行为;健全消费者权益保护工作部门协作机制,建设快速解决消费纠纷的绿色通道,切实维护消费者合法权益,加强行政调解与司法调解机制建设等。三是创造良好的食品安全消费环境。创建国家食品安全示范城市,完善食品安全追溯体系,建设高级别食品检验检测中心或重点实验室,发挥洛阳副中心城市食品检验检测机构的辐射带动作用,进一步提升全产业链的食品安全水平。

4. 深化"放管服"改革,打造一流营商环境

一是优化营商制度环境,提升城市商业吸引力。积极申建全国、全省"放管服"改革和商事制度改革试点,推动持续深化改革。实现数据共享,推进企业开办"全程网上办",通过压减环节、精简材料、优化流程,实行"一网通办"等举措提升效率,优化服务,营造具有吸引力的营商环境。二是建立多元化市场主体退出制度,完善注销"一网通"平台功能,便利市场主体快捷退出,探索实施市场主体强制退出,完善优胜劣汰的市场机制,激发市场活力。三是争创国家知识产权强市和知识产权运营服务体系建设重点城市,帮助培育一批国家知识产权优势企业和示范企业。支持企业建立产业知识产权联盟,支持涉外企业积极开展海外知识产权维权保护,完善跨区域专利行政执法协作调度制度,加大知识产权保护力度,完善法治营商环境,激发企业创新潜能。四是推进外商投资企业准入前国民待遇加负面清单管理制度,便利外商投资企业登记注册服务,扩大对外开放,增加对外资外商的吸引力,提升商业发展格局和开放水平。

3.4.7 完善消费促进机制,提升城市消费吸引力

1. 多措并举探索促消费宣传机制,积极策划推介"洛阳购物"整体形象

坚持部门联手、市区联动、行业联合,线上线下互动,定期举办促消费活动,树立国际化视野,对洛阳城市消费名片整体策划、整体包装、整体推广,加大对促消费活动宣传推广,利用广播、电视、报纸、互联网新媒体及路演等多元化媒介,围绕商圈、企业、产品、活动等主题开展系统性、全方位立体式宣传,把洛阳优势、时尚消费理念传递给本市消费者和来洛旅客,激发消费需求。同时与专业化、高水准的国际商业品牌策划团队进行合作,以国际化视野开展洛阳消费中心品牌宣传策划;健全对外宣传和城市形象推广机制,建立与国内外主流媒体战略合作关系,利用各类境内境外、线上线下媒体平台,借助国内外媒体的专业能力和国际影响力推介洛阳;提炼宣传"主线",统一海外

推广标识系统，制订宣传口号、宣传主题，运用公益宣传片、新闻专题节目、宣传手册及纪念品等多种载体，宣传推广洛阳。继续办好国际重大活动和高水平国际赛事，让更多国际消费者认识洛阳、关注洛阳、来到洛阳。

2. 打造满足多元高端化需求消费品，持续扩大城市品牌影响力

鼓励、扶持外贸加工制造企业充分利用自身产能，创新商业模式，提升产品性能、款式设计及工艺水平，缩小与境外产品的差距，通过自营、合作等方式推出一批满足个性化、多元化、高端化消费需求的产品，促进跨境电商的发展，为企业的"强起来"保驾护航。振兴洛阳本土零售品牌，支持本土优秀商贸企业发展壮大，提高自主品牌知名度和影响力，扩大自主品牌消费。同时要大力促进国际国内名品在洛阳集聚，切实满足市内外消费者个性化、多元化、高端化的消费需求。

3. 推动消费市场转型升级，发挥新兴消费引领带动效应

顺应消费升级新趋势，支持鼓励购物中心、大型百货等调整业态布局，形成文化、艺术、教育、餐饮娱乐、体验和零售多业态聚合的新型复合消费业态，提升对新消费的引领作用。推动主题文化旅游、健康旅游、体育旅游等新兴旅游业态的发展，更大能级地激发各层级的消费需求。

3.5 依托河南自贸试验区推进洛阳培育国际消费中心城市的保障措施

3.5.1 加强统筹，强化组织领导

创建国际消费中心城市，需要统筹各方资源协作推进，建立健全党政统一领导、有关部门联动推进、社会积极参与的消费发展格局。建立由洛阳市委市政府主要领导牵头，商务局、文化广电与旅游局、发改委、工信局、交通局、自然资源和规划局、体育局、财政局、科技局及文物局等14个部门参加的联席会议机制，按照"统筹协调、分工负责、市区联动、部门协同"的原则，加快建立完善市区之间、部门之间，以及政府与社会之间的联动推进机制，发挥总体规划的统筹引领作用，构建科学有效、落实有力的工作体系。强化监督考核，明确责任分工和考核指标，将创建国际消费中心城市纳入洛阳市国民经济和社会发展总体规划纳入各级政府考核目标，作为考核评价领导班子和领导干部政绩的重要内容，建立涵盖重点行业、重点项目整体推进的监测评价体系，制定具体的实施方案，细化工作措施，集中力量推动落实。

3.5.2 加强政策引导，理顺体制机制

打破文旅商行政壁垒，创新机制融合发展。建立市级层面的"国际消费中心建设指导委员会"等创新机构；降低行业门槛，在新兴消费领域的文化旅游、健康医疗、教育文化及国际会展等行业，最大限度地降低市场准入和投资审批限制；在吸引国际消费旅游签证等便利化方面，扩大免税退税政策试点范围；以产权制度改革为核心，理顺利益分配机制，推动文化旅游等消费行业实现企业化经营、市场化运作。

3.5.3 加大财政投入，强化要素保障

持续加大消费领域发展投入，扩大文旅、商贸、流通发展专项资金规模，支持消费领域新业态、新模式和创新型企业发展；适度调整电子商务、物流、会展、品牌培育及文旅发展等产业资金支持范围和重点，注重对消费领域重点企业、重大项目及重要平台的支持，积极引导社会资本投资文化旅游产业基础设施、重点文化旅游项目及文化旅游新业态等方面的建设；强化重大文旅项目支持政策，加大对优质文化旅游项目的用地支持和优惠力度；强化人才保障，健全人才引进机制，实施文化旅游高端人才引进计划，通过多种优惠措施吸引国内外文化旅游职业经理人、创意策划、管理营销等高素质人才。

3.5.4 加强城市品牌策划宣传，强化国际招商推广

充分运用媒体资源进行城市形象传播，利用各类城市形象设计进行国际化大都市行销推广；坚持"引进来""走出去"，加大全球范围尤其是面向"一带一路"沿线国家的招商引资力度，实现国际品牌、总部经济、跨境电商及国际文化教育旅游机构数量提升方面的重大突破；积极进行城市营销推广，选择在境外举办各类丰富多彩的商务文化旅游交流活动。

3.5.5 加强城市品牌策划宣传，强化国际招商推广开展试点示范，强化创新推动

支持消费领域创新发展，主动在财政、金融、人才、技术、标准化及服务体系建设等方面先行先试，探索形成可复制可推广的经验；加强国际消费中心建设的全局性、前瞻性研究，突出改革创新的关键作用，以创建"国家消费型经济综合改革试点示范区"为重要手段，大力转变发展方式，在消费内容、业态、模式及环境等方面积极创新，在财税、金融、投资、土地及人才等方面大胆改革，在核算评价体系、市场规则体系、质量监管体系、社会信用体系以及基础设施体系等方面努力探索，加快探索符合消费型经济发展的体制机制和政

策体系，构建新常态下国际消费中心建设的驱动力。

3.5.6 强化奖补扶持，营造国际消费环境

用足用好现有的扶持政策，从财政扶持、金融支持、土地保障及配套建设等方面制定落实国际消费中心建设扶持政策，对于引进国际知名品牌的特色街区、特色小镇、服务业聚集区以及商旅文融合发展的商贸服务网点，给予奖励，对于接待境外游客贡献凸显的景区景点和购物消费场所，给予一定的租金补贴和税收减免优惠，对于举办国际性商务、会展、文化、学术交流活动的，给予一定的经费支持，对于在洛设立国际合作机构、办事机构及服务机构，给予一定的办公经费和启动费用支持；进一步推进行政效能改革，全面推行负面清单制度，强化商业领域诚信体系建设，积极和国际通行的行业标准接轨，加快建设涉外酒店、学校、医院等公共服务设施，提升公共服务、志愿服务的多语化水平，努力营造多元包容的国际消费、生活、工作环境，进一步提高都市精神文明和居民综合素养，打造中西方兼容、历史传承和现代文明相得益彰、富有鲜明特色的都市商业文明。

3.6 本章小结

洛阳作为中原城市群副中心城市，正竭力创建国际消费中心试点城市，努力提升洛阳市的城市软实力，让洛阳成为高端产业集聚、各领域人才汇聚、装备制造业等高新技术产业持续具备显著优势的节点城市。本章依托河南自贸试验区（尤其是洛阳片区），从国际消费中心试点城市培育建设的总体要求出发，分别论述了洛阳市创建国际消费中心城市所具备的发展基础和发展优势；进而从指导思想、基本原则及工作目标3个方面，提出了洛阳国际消费中心试点城市建设实施的总体思路；并从创建一批特色街区与商业名街、做大做强国际文旅消费产业，以及提升节庆会展经济消费带动功能等方面，筹划培育了国际消费中心试点城市的重点任务；最后，明确了洛阳培育建设国际消费中心试点城市应当提供的保障措施。

第4章 基于混合多准则决策方法的河南自贸试验区创新型项目优选

4.1 多维异质信息混合的河南自贸试验区创新型项目优选决策

针对创新型项目优选决策问题,本书提出了一种基于前景理论及改进TODIM法的多维异质偏好信息混合的多准则决策方法。首先,将识别出的创新型项目优选评价指标体系采用混合型异质信息表征,考虑决策者的有限理性心理行为特征与对待收益、损失的风险态度,以规范化处理后的决策矩阵确定正、负理想参照点;其次,基于垂面距离计算各备选创新型项目在单个准则下的前景价值,以所有创新型项目的综合前景值总和最大化,构建非线性规划模型确定各准则权重;再次,提出规避风险损失扩大的两两方案之间关于单个准则的优势度,通过总优势度及相对总优势度对备选创新型项目进行排序择优。最后,将混合型多准则决策方法应用于河南自贸试验区洛阳片区内创新型项目群优选,并经灵敏度分析、对比分析,探讨了各类型参数变化对排序结果的影响,验证了该决策方法的有效性与可行性。

4.1.1 创新型项目优选混合型多准则决策问题描述

创新型项目是相关企业实现对项目高质量管理的前提和保障,为选定创新型项目,确保各个项目合理组合搭配,需在合理分配各种资源的前提下,既兼顾到创新型项目的投入收益比及其利益诉求,又考虑到各项目间的交互耦合关联所造成的群体利益导向,达到项目整体上的均衡协调。因此,构建如下创新型项目优化选择的评价指标体系,并由异质偏好信息的多样性结合各指标特征给出对应的具体数据描述。

创新型项目开发成本:由于企业自身对创新型项目的开发有着较为详细的预算和前期策划,能够较为精确地给出各类型创新型项目的开发成本,所以该准则采用精确数描述较为妥当。

创新型项目综合效益：主要通过投资利润率、内部收益率、经济净现值及经济内部收益率等指标评估创新型项目集群运作优于单项目独立运作效益总和的程度，该准则主要通过企业统计部门或第三方机构获取，适合采用区间数表述。

创新型项目对相关企业既定中长期战略的支持度：该准则主要涉及创新型项目与企业战略的匹配度、企业对项目各类型资源的投入产出比及以项目组织管理能力及核心竞争力，寄希望于创新型项目的合理化运作能够为企业在各类型资源的合理开发、原始积累和高效转化提供支撑，提升企业综合管理能力，并适时修正企业中长期战略规划，该准则适宜采用以语言术语集为基础的不确定语言变量表达。

创新型项目中各子项目间的关联性：该准则主要通过创新型项目中子项目间、组织层间的目标协同、资源协同及管理协同所能达到的协同效应，评估子项目间的效益目标、资源规划和管理关联性对创新型项目综合效益的提升作用，该准则往往依据企业内部评议结合第三方评估机构评分确定，再加上评估的时间跨度较大，适合采用三角模糊数描述。

创新型项目的风险状况：主要包含资源分配风险、组织管理风险、技术知识风险、财务风险及品牌风险等，从创新型项目可行性的不同角度评估项目的风险水平，该准则具有较为明显的模糊性，在决策小组评议时，适宜采用直觉模糊数表述。

针对多维异质偏好信息混合的创新型项目优选指标体系，将创新型项目优选决策抽象为混合型多准则决策问题，假设参与决策的评议小组构成决策主体，备选方案集为 $A=\{A_i|i=1,2,\cdots,m\}$，评估指标体系中各指标构成的准则集为 $C=\{C_j|j=1,2,\cdots,n\}$。经大数据统计分析及决策主体对各指标的集体决议，通过数据信息的合理转化、分析、处理得到决策评议小组对各备选方案 A_i 关于准则 C_j 的评价值为 x_{ij}，从而得到决策矩阵 $X=(x_{ij})_{m\times n}$。根据混合 5 种类型评估信息的具体信息类型，将准则集表示为 $C=B_1\cup B_2\cup B_3\cup B_4\cup B_5=B^+\cup B^-$，其中，$B_1,B_2,B_3,B_4,B_5$ 分别表示以精确数、区间数、三角模糊数、不确定语言变量及直觉模糊数表达的准则指标集合；同时，B^+ 表示效益型准则集合，B^- 表示成本型准则集合。为符号表示方便，B_1,B_2,B_3,B_4,B_5 亦用来表示 5 种不同类型准则对应的下标所构成的下标集，即 $\{1,2,\cdots,n\}=B_1\cup B_2\cup B_3\cup B_4\cup B_5$，令 $M=\{1,2,\cdots,m\}$ 表示备选方案集中各方案的下标集，从而将准则值 x_{ij} 具体表示如下：

$$x_{ij} = \begin{cases} a_{ij}, i \in M, j \in B_1 \\ [b_{ij}^L, b_{ij}^U], i \in M, j \in B_2 \\ (c_{ij}^L, c_{ij}^M, c_{ij}^U), i \in M, j \in B_3 \\ [s_{ij}^L, s_{ij}^U], i \in M, j \in B_4 \\ <m_{ij}, u_{ij}, p_{ij}>, i \in M, j \in B_5 \end{cases} \quad (4-1)$$

不失一般性，假设各类型评价值x_{ij}非负，若原始数据不满足，则在数据信息处理时采用适当的平移变换等方法将所有评估信息转化为非负数据，同时保证转化后的数据与原始数据的相对差异度不变。

4.1.2 基于前景理论及TODIM法的混合型多准则决策方法

1. 多维异质偏好信息的规范化处理

针对获取的备选创新型项目在每个准则下的评估信息，根据不同准则刻画数据信息的具体形式，区分效益型准则和成本型准则，对各准则评价值进行规范化处理，当准则值采用精确数描述时，规范化处理方法为

$$x_{ij}^* = a_{ij}^* = \begin{cases} a_{ij} / \sum_{i=1}^m a_{ij}, i \in M, j \in B_1 \cap B^+ \\ (1/a_{ij}) / \left(\sum_{i=1}^m 1/a_{ij}\right), i \in M, j \in B_1 \cap B^- \end{cases} \quad (4-2)$$

当准则值采用区间数描述时，相应的规范化处理公式为

$$x_{ij}^* = [b_{ij}^{*L}, b_{ij}^{*U}] = \begin{cases} \left[b_{ij}^L / \sqrt{\sum_{i=1}^m (b_{ij}^U)^2}, b_{ij}^U / \sqrt{\sum_{i=1}^m (b_{ij}^L)^2}\right], i \in M, j \in B_2 \cap B^+ \\ \left[(1/b_{ij}^U) / \sqrt{\sum_{i=1}^m (1/b_{ij}^L)^2}, (1/b_{ij}^L) / \sqrt{\sum_{i=1}^m (1/b_{ij}^U)^2}\right], i \in M, j \in B_2 \cap B^- \end{cases} \quad (4-3)$$

当准则值采用三角模糊数描述时，相应的规范化处理公式为

$$x_{ij}^* = (c_{ij}^{*L}, c_{ij}^{*M}, c_{ij}^{*U}) = \begin{cases} \left[c_{ij}^L / \sqrt{\sum_{i=1}^m (c_{ij}^U)^2}, c_{ij}^M / \sqrt{\sum_{i=1}^m (c_{ij}^M)^2}, c_{ij}^U / \sqrt{\sum_{i=1}^m (c_{ij}^L)^2}\right], i \in M, j \in B_3 \cap B^+ \\ \left[(1/c_{ij}^U) / \sqrt{\sum_{i=1}^m (1/c_{ij}^L)^2}, (1/c_{ij}^M) / \sqrt{\sum_{i=1}^m (1/c_{ij}^M)^2}, (1/c_{ij}^L) / \sqrt{\sum_{i=1}^m (1/c_{ij}^U)^2}\right], i \in M, j \in B_3 \cap B^- \end{cases} \quad (4-4)$$

当准则值采用不确定语言变量$[s_{ij}^L, s_{ij}^U]$($i \in M, j \in B_4$)描述时，假定决策者使用

到的语言标度集为$S^T=\{s_a|a=0,1,\cdots,T\}$，其中，$s_a$为语言术语；$T$为偶数。语言术语集的粒度为$T+1$，例如粒度为7的语言评价集定义为$S=\{s_0,s_1,s_2,s_3,s_4,s_5,s_6\}=\{$非常差，很差，差，一般，好，很好，非常好$\}$，则不确定语言变量$[s_{ij}^L,s_{ij}^U]$规范化为

$$x_{ij}^*=[s_{ij}^{*L},s_{ij}^{*U}]=\begin{cases}[s_{ij}^L,s_{ij}^U],i\in M,j\in B_4\cap B^+\\ [Neg(s_{ij}^U),Neg(s_{ij}^L)],i\in M,j\in B_4\cap B^-\end{cases} \quad (4-5)$$

此外，针对采用直觉模糊数描述的准则值，其本身即在[0,1]范围内，无须进行规范化处理。这样就得到规范化处理后的决策矩阵$X^*=(x_{ij}^*)_{m\times n}$，此时所有准则下的评价信息均为正向指标信息，消除了混合型多维异质信息不同量纲对混合决策结果的影响。

2. 基于前景理论的准则权重确定

一方面，混合型多准则决策方法的核心在于决策者权重、准则权重确定及方案排序方法，其中关于准则权重确定，有决策者主观认定、客观赋权法或主客观综合赋权法等，不同的准则权重确定方法各有其适用范围和侧重点；另一方面，已有基于前景理论的混合型多准则决策方法虽然考虑到了决策者的心理行为及对待风险的态度，但所求各准则权重与决策主体的心理行为并无直接关系。因此，为了充分考虑多维异质偏好信息的客观性及决策者心理行为造成的准则权重不确定性，以前景理论确定各准则权重。

首先，确定正、负理想前景参照点。针对规范化决策矩阵X^*，以正、负理想方案作为两个前景参照点，分别为

$$\begin{aligned}X^+&=(x_1^+,x_2^+,\cdots,x_n^+)=(\max_i x_{i1}^*,\max_i x_{i2}^*,\cdots,\max_i x_{in}^*)\\ X^-&=(x_1^-,x_2^-,\cdots,x_n^-)=(\min_i x_{i1}^*,\min_i x_{i2}^*,\cdots,\min_i x_{in}^*)\end{aligned} \quad (4-6)$$

其中涉及各备选方案关于5种不同类型评价信息各自的相对大小比较：（1）针对精确数可直接比较大小。（2）当属性值以区间数表述时，设$x_{ij}^*=[b_{ij}^{*L},b_{ij}^{*U}]$；$x_{tj}^*=[b_{tj}^{*L},b_{tj}^{*U}],i,t\in M,j\in B_2$；$l_1=b_{ij}^{*U}-b_{ij}^{*L}$；$l_2=b_{tj}^{*U}-b_{tj}^{*L}$分别表示两个区间数的长度，从而可得$x_{ij}^*\geq x_{tj}^*$的可能度为

$$p(x_{ij}^*\geq x_{tj}^*)=\frac{1}{2}\left(1+\frac{|b_{ij}^{*U}-b_{tj}^{*L}|-|b_{ij}^{*L}-b_{tj}^{*U}|}{l_1+l_2}\right) \quad (4-7)$$

对于区间数准则值 $x_{ij}^* = [b_{ij}^{*L}, b_{ij}^{*U}], i \in M, j \in B_2$，根据区间数比较的可能度公式，可得该组区间数之间相互比较的可能度 $p_{it} = p(x_{ij}^* \geq x_{tj}^*)$，并构成模糊互补判断矩阵 $P = (p_{it})_{m \times m}$，根据排序公式

$$p_i = \frac{1}{m(m-1)}\left(\sum_{t=1}^{m} p_{it} + \frac{m}{2} - 1\right), i \in M \qquad (4-8)$$

得到区间数 x_{ij}^* 优于其他所有区间数的总可能度 p_i，总可能度 p_i 越大，其对应的区间数 x_{ij}^* 越大。

当准则值以三角模糊数描述时，定义三角模糊数的期望值为 $\bar{c}_{ij} = \frac{1}{6}(c_{ij}^{*L} + 4c_{ij}^{*M} + c_{ij}^{*U}), j \in B_3$，可利用期望值对一组三角模糊数进行排序，模糊期望值越大的三角模糊数排序越靠前。

当准则值以不确定语言变量表达时，设 $x_{ij}^* = [s_{ij}^{*L}, s_{ij}^{*U}]$；$x_{tj}^* = [s_{tj}^{*L}, s_{tj}^{*U}]; i, t \in M; j \in B_4$。令 $\text{len}(x_{ij}^*), \text{len}(x_{tj}^*)$ 分别表示 x_{ij}^*, x_{tj}^* 的区间语言长度，b_2 表示语言术语 s_{ij}^{*U} 的下标，a_1 表示语言术语 s_{tj}^{*L} 的下标，从而可得 $x_{ij}^* \geq x_{tj}^*$ 的可能度为

$$p(x_{ij}^* \geq x_{tj}^*) = \frac{\max\{0, \text{len}(x_{ij}^*) + \text{len}(x_{tj}^*) - \max\{b_2 - a_1, 0\}\}}{\text{len}(x_{ij}^*) + \text{len}(x_{tj}^*)} \qquad (4-9)$$

针对一组不确定语言变量 $x_{ij}^* = [s_{ij}^{*L}, s_{ij}^{*U}], i \in M, j \in B_4$，与一组区间数的排序类似，可通过式（4-8）得到这组不确定语言变量的优劣次序。

当准则值采用直觉模糊数描述时，$x_{ij}^* = <m_{ij}, u_{ij}, p_{ij}>$；$x_{tj}^* = <m_{tj}, u_{tj}, p_{tj}>; i, t \in M; j \in B_5$。其得分函数分别为 $S(x_{ij}^*) = m_{ij} - u_{ij}, S(x_{tj}^*) = m_{tj} - u_{tj}$，得分函数值越大的直觉模糊数就越大；若得分函数值相等，则比较两者之间的精确函数值，即 $H(x_{ij}^*) = m_{ij} + u_{ij}$，$H(x_{tj}^*) = m_{tj} + u_{tj}$，精确函数值越大，则对应的直觉模糊数越大。

其次，基于垂面距离计算各备选方案的综合前景值。依据前景理论分别以正、负理想方案作为工程项目群优选的两个前景参考点，接着需确定各备选工程项目群以两个前景参考点为基准的前景价值函数，即各备选方案相对正理想参考点关于各准则的评价值是损失，同时各备选方案相对于负理想参考点关于各准则的评价值是收益，已有研究往往以各备选方案与前景参考点关于各准则的欧式距离来度量差异大小，从而获取各备选方案相对于两个前景参考点的收

益值和损失值，其表达式如下：

$$u^-(d(x_{ij}^*,x_j^+))=-q(d(x_{ij}^*,x_j^+))^b;u^+(d(x_{ij}^*,x_j^-))=(d(x_{ij}^*,x_j^-))^a \quad (4-10)$$

其中：

$$d(x_{ij}^*,x_j^+)=\begin{cases} |a_{ij}^*-a_j^+|, i\in M, j\in B_1 \\ \sqrt{\dfrac{1}{2}[(b_{ij}^{*L}-b_{ij}^{+L})^2+(b_{ij}^{*U}-b_{ij}^{+U})^2]}, i\in M, j\in B_2 \\ \sqrt{\dfrac{1}{3}[(c_{ij}^{*L}-c_{ij}^{+L})^2+(c_{ij}^{*M}-c_{ij}^{+M})^2+(c_{ij}^{*U}-c_{ij}^{+U})^2]}, i\in M, j\in B_3 \\ \dfrac{|a_1-a^+|+|b_1-b^+|}{2T}, i\in M, j\in B_4 \\ \sqrt{\dfrac{1}{2}[(m_{ij}-m^+)^2+(u_{ij}-u^+)^2+(p_{ij}-p^+)^2]}, i\in M, j\in B_4 \end{cases} \quad (4-11)$$

关于$d(x_{ij}^*,x_j^-)$的定义与$d(x_{ij}^*,x_j^+)$类似，不再赘述。a,b反映决策者对待风险的态度，体现为函数$u^-(d(x_{ij}^*,x_j^+)),u^+(d(x_{ij}^*,x_j^-))$的凹凸程度，当$0<a,b<1$时，决策者为冒险型（即风险偏爱）；当$a,b=1$时，决策者为中间型（即风险中性）；当$a,b>1$时，决策者为保守型（即风险规避）。此外，$q$为损失规避系数，$q$越大，决策者对损失的敏感程度越大，特别地，当$q>1$时，决策者对损失相对收益更加敏感。

以欧式距离度量各备选方案在单个准则下相对于正、负前景参照点的损失值和收益值，会出现关于某准则收益值的方案排序与损失值的方案排序并不一致的状况，即某准则下收益值最大的方案未必是损失值最小的方案，这一状况会对各方案综合前景值的计算及优劣次序造成一定的干扰。而基于垂面距离[108]计算各备选方案关于单个准则相对于正、负前景参照点的损失值、收益值，两种参照下的方案优劣排序始终保持一致。因此，在混合型多准则决策情境下，将垂面距离拓展到前景理论，用于代替欧氏距离作为前景收益值和损失值的度量，得到各备选方案与正、负理想前景参照点关于各准则的垂面距离分别为

$$D(x_{ij}^*,x_j^+)=\dfrac{d^2(x_j^+,x_j^-)+d^2(x_{ij}^*,x_j^+)-d^2(x_{ij}^*,x_j^-)}{2d(x_j^+,x_j^-)}$$

$$D(x_{ij}^*,x_j^-)=\dfrac{d^2(x_j^+,x_j^-)+d^2(x_{ij}^*,x_j^-)-d^2(x_{ij}^*,x_j^+)}{2d(x_j^+,x_j^-)} \quad (4-12)$$

从而获取改进的各备选方案在各准则下的前景价值函数为

$$u^-(D(x_{ij}^*, x_j^+)) = -q(D(x_{ij}^*, x_j^+))^b; u^+(D(x_{ij}^*, x_j^-)) = (D(x_{ij}^*, x_j^-))^a \quad (4\text{-}13)$$

接着，得到各备选方案关于每个准则的收益或损失的概率权重分别为

$$p^+(w_j) = \frac{w_j^r}{(w_j^r + (1-w_j)^r)^{1/r}}; p^-(w_j) = \frac{w_j^s}{(w_j^s + (1-w_j)^s)^{1/s}} \quad (4\text{-}14)$$

其中，r,s 分别表示为收益、损失概率权重函数的弯曲程度，反映决策者面对风险的收益态度系数和损失态度系数。

参数 a,b,r,s,q 可依据参与工程项目群优选决策的决策者的心理行为特征、对待风险的态度确定相应的具体取值，文献[109]基于效用曲线形状改进前景价值函数的形式并拓展其参数取值范围，以明确区分决策者风险态度的不同类型，其中针对冒险型决策者，令 $a=b=0.88, r=0.61, s=0.66, q=2.25$；针对中间型决策者，令 $a=b=1, r=s=0.58, q=2.25$；针对保守型决策者，令 $a=b=1.21, r=0.55, s=0.49, q=2.25$。

最后计算得到各备选方案的综合前景值为

$$u(A_i) = \sum_{j=1}^n p(w_j)u(x_{ij}^*) = \sum_{j=1}^n p^+(w_j)u^+(D(x_{ij}^*, x_j^-)) + \sum_{j=1}^n p^-(w_j)u^+(D(x_{ij}^*, x_j^-)) \quad (4\text{-}15)$$

第三，各方案综合前景值总和最大化确定各准则权重。为最大限度发挥所有准则对创新型项目优选决策的效用，考虑异质信息的多源性及决策主体心理行为造成的准则权重不确定性，所确定的各准则权重应当使各备选创新型项目综合前景值的总和最大化，构建如下非线性规划模型：

$$\max V = \sum_{i=1}^m u(A_i) = \sum_{i=1}^m \sum_{j=1}^n p^+(w_j)u^+(D(x_{ij}^*, x_j^-)) + \sum_{i=1}^m \sum_{j=1}^n p^-(w_j)u^+(D(x_{ij}^*, x_j^-))$$

$$s.t. \begin{cases} \sum_{j=1}^n w_j = 1, w_j \geq 0 \\ w_j \in \Lambda \\ p^+(w_j) = \frac{w_j^r}{(w_j^r + (1-w_j)^r)^{1/r}} \\ p^-(w_j) = \frac{w_j^s}{(w_j^s + (1-w_j)^s)^{1/s}} \end{cases} \quad (4\text{-}16)$$

其中，Λ 为已知不完全准则权重信息集，进而利用lingo18求解该模型，所得最优解即为各准则权重 $w_j(j=1,2,\cdots,n)$。

3. 改进 TODIM 法的方案排序方法

Gomes 等[110]在前景理论的基础上提出了 TODIM 法，该方法已应用于准则评价值为直觉模糊数、区间灰数、Pythagorean 不确定语言变量、混合型评价信息及具有概率分布评价信息的多准则决策问题。文献[111-114]将 TODIM 法关于方案 A_i 相对于方案 A_t 在准则 C_j 下的优势度计算简化处理，得到与其等价的形式如下：

$$f_j(A_i, A_t) = \begin{cases} \sqrt{w_j d(x_{ij}^*, x_{tj}^*)}, & x_{ij}^* > x_{tj}^* \\ 0, & x_{ij}^* = x_{tj}^* \\ -\dfrac{1}{l}\sqrt{\dfrac{d(x_{ij}^*, x_{tj}^*)}{w_j}}, & x_{ij}^* < x_{tj}^* \end{cases} \quad (4-17)$$

这里采用距离测度表示两方案关于单个准则的评价偏差。若 $x_{ij}^* > x_{tj}^*$，即方案 A_i 相对于方案 A_t 关于准则 C_j 是收益的，但相对权重并没有发挥应有的作用；若 $x_{ij}^* < x_{tj}^*$，即方案 A_i 相对于方案 A_t 关于准则 C_j 是损失的，面对损失的优势度事实上为劣势度，且计算结果会夸大方案 A_i 关于准则 C_j 评价的风险损失程度，可能造成方案排序的直觉判断与基于准则权重计算所得排序结果相悖。因此，为避免出现此类违反直觉且与实际不相符的方案优劣次序认定，借鉴权重一致性和权重单调原则[115]，定义如下两方案关于准则 C_j 的优势度为

$$f_j(A_i, A_t) = \begin{cases} w_j(d(x_{ij}^*, x_{tj}^*))^a, & x_{ij}^* > x_{tj}^* \\ 0, & x_{ij}^* = x_{tj}^* \\ -\dfrac{1}{l} w_j(d(x_{ij}^*, x_{tj}^*))^b, & x_{ij}^* < x_{tj}^* \end{cases} \quad (4-18)$$

其中，a, b 的含义与前景理论中的相应参数类似，均为风险态度系数；$l(l>0)$ 为面对损失的衰减系数，可根据决策者实际决策偏好进行适当调整。当 $l>1$ 时，风险造成的损失被缩小，决策者是风险规避的；当 $l<1$ 时，风险造成的损失被扩大，决策者是风险偏爱的，从而可得方案 A_i 的优势度矩阵 $f(A_i) = \left(f_j(A_i, A_t)\right)_{n \times m}$，$i, t \in M, j \in C$。

下一步，可得方案 A_i 与方案 A_t 相比关于所有准则的优势度为

$$d(A_i, A_t) = \sum_{j=1}^{n} f_j(A_i, A_t) \quad (4\text{-}19)$$

$d(A_i, A_t)$ 亦可构成两两方案之间优势比较的优势度矩阵 $(d(A_i, A_t))_{m \times m}$，最后可通过以下两种方式确定各备选创新型项目的优劣次序：

（1）计算方案 A_i 优于其他所有方案的总优势度，即

$$\Phi(A_i) = \sum_{t=1}^{m} d(A_i, A_t) = \sum_{t=1}^{m} \sum_{j=1}^{n} f_j(A_i, A_t) \quad (4\text{-}20)$$

总优势度越大的方案越优，依据各备选创新型项目的总优势度大小得到优劣次序。

（2）除了（1）中的总优势度，再计算方案 A_i 劣于其他所有方案的总优势度，为了以示区分，两种优势度分别记为

$$\Phi^+(A_i) = \sum_{t=1}^{m} d(A_i, A_t); \Phi^-(A_i) = \sum_{t=1}^{m} d(A_t, A_i) \quad (4\text{-}21)$$

显然，若方案 A_i 的总优势度值 $\Phi^+(A_i)$ 值越大，则方案 A_i 越优；若方案 A_i 的总优势度值 $\Phi^-(A_i)$ 越小，则方案 A_i 越优。为更清晰地区分某方案相对于其他所有方案的相对优势程度，体现各方案的相对收益或损失大小，从备选创新型项目整体考虑，综合以上两种类型的优势度，令

$$K(A_i) = \frac{\Phi^-(A_i)}{\min_i \Phi^-(A_i)} - \frac{\Phi^+(A_i)}{\max_i \Phi^+(A_i)} \quad (4\text{-}22)$$

为方案 A_i 的相对总优势度。

易知，$\frac{\Phi^-(A_i)}{\min_i \Phi^-(A_i)} \geq 1$，该值越小，方案 A_i 越优；$\frac{\Phi^+(A_i)}{\max_i \Phi^+(A_i)} \leq 1$，该值越大，方案 A_i 越优。故 $K(A_i) \geq 0$，且 $K(A_i)$ 越小，方案 A_i 越优，从而可依据 $K(A_i)$ 对各备选创新型项目进行排序择优。特别的，若某备选创新型项目优于其他所有创新型项目的总优势度是最大的，同时劣于其他所有创新型项目的总优势度是最小的，即 $\Phi^+(A_i) = \max_i \Phi^+(A_i), \Phi^-(A_i) = \min_i \Phi^-(A_i)$，此时 $K(A_i) = 0$，该创新型项目即为最优项目，也就得到了所有备选创新型项目的优劣次序。

这两种基于总优势度的备选创新型项目排序方法的区别在于，前者以各备选创新型项目优于其他所有创新型项目的总优势度得到排序结果，能够详细反

映出各创新型项目之间的绝对优劣关系；而后者是对两种总优势度进行相对比较计算，得到的是各备选创新型项目两两比较之后的相对优劣关系，而后者是对两种总优势度进行相对比较计算，从各方案的相对总优势度值可知备选创新型项目两两之间比较的相对优劣关系，也能够得到备选创新型项目之间相对优劣的程度大小，与前者相比具有更高的区分度。

4. 工程项目群优选混合型多准则决策步骤

根据上述讨论，将工程项目群优选混合型异质信息的多准则决策步骤概括如下。

Step1：参与工程项目群优选决策的评议小组经综合评议，将识别出的工程项目群优选评价指标采用多维异质偏好信息进行混合表征，并通过多类型数据信息转化、处理和统计分析得到决策矩阵X，采用式（4-1）~式（4-5）对各准则异质信息进行规范化处理，得到规范化决策矩阵X^*。

Step2：针对5种不同类型偏好信息表达的混合型规范化决策矩阵X^*，采用式（4-6）~式（4-9）获取各备选工程项目群关于单个准则的优劣关系，从而确定正、负理想前景参考点。

Step3：由式（4-11）~式（4-13），基于垂面距离计算各备选工程项目群的前景价值，进而根据式（4-14）~式（4-15），考虑决策主体实际决策时的心理行为特征及面对收益和损失时的3种类型的风险态度，由式（4-16），基于各备选工程项目群的综合前景值总和最大化，构建非线性规划模型确定各准则权重$w_j(j=1,2,\cdots,n)$。

Step4：通过式（4-18），计算方案A_i相对于方案A_k关于准则C_j的优势度，并由式（4-19）得到两两方案之间关于所有准则相互比较的优势度。

Step5：根据式（4-20）~式（4-22），计算方案A_i优于其他所有方案的总优势度及劣于其他所有方案的总优势度，并通过两种排序方法得到各备选工程项目群的优劣次序。

4.1.3 实例分析

河南自贸试验区挂牌设立三年多以来，坚持以制度创新为核心，积极融入"一带一路"倡议，加快打造内陆开放新高地，截至目前，已全部下放国务院规定的455项省级社会管理权限，在商事登记、跨境电商及多式联运体系建设等方面形成250多个改革创新实践案例，于2020年9月发布23个新的最佳实践案例，对推动全省范围内营商环境持续提升具有很强的推广意义。目前，已吸引了 6.25 万多家企业入驻，其中世界 500 强企业 88 家，占全省的 68%；其中，洛阳片区累计入驻市场主体 2.5 万户，注册资本达到 1 014.73 亿元，累计进驻亿元以上企业 136 家，累计进驻世界 500 强 25 家、国内 500 强 19 家、行业 10 强 26 家。当前，河南自贸试验区洛阳片区已成为洛阳加快推进中原城市群副中心城市建设的重要平台，是新时代洛阳改革开放的新高地和新引擎。洛阳片区内某行业领先企业以高端制造业和现代服务业为主要业务范围，该企业拟从 2020 年至 2022 年，以集群式项目运作方式参与承建具有交互耦合关联的大中型工程项目，备选创新型项目分别有商业街区升级改造工程项目 10 多项（A_1）、市内高架桥或隧道桥梁工程项目 8 项（A_2）、城市休闲景观设计规划建设项目 10 多项（A_3）、东西南隅历史文化街区保护修缮项目多项（A_4），以及建筑垃圾消纳场工程建设项目多项（A_5）。由于受到新冠肺炎疫情影响、政府政策规划限制、企业自身拥有资源及其组织管理能力的制约，该企业需要权衡利弊，综合考虑创新型项目的成本支出及预期综合效益，由创新型项目优选评价指标体系对 5 个待选创新型项目进行综合评估，并选出实际参与承建的创新型项目。以下采用本节提出的混合型多准则决策方法协助该企业确定实际参与承建的最优创新型项目。

决策评议小组对 5 类备选项目群在各准则下的评价信息如表 4-1 所示。

表 4-1 决策评议小组确定的评价信息

备选创新型项目	准则评价值				
	C_1	C_2	C_3	C_4	C_5
A_1	235	[4.72,5.83]	$[s_3,s_5]$	(0.80,0.85,0.90)	<0.68,0.15>
A_2	252	[3.27,7.28]	$[s_2,s_4]$	(0.90,0.95,1.00)	<0.70,0.12>
A_3	207	[5.23,6.48]	$[s_3,s_4]$	(0.78,0.91,0.95)	<0.64,0.21>
A_4	198	[3.42,5.54]	$[s_2,s_3]$	(0.85,0.87,0.90)	<0.75,0.18>
A_5	215	[3.35,4.63]	$[s_3,s_4]$	(0.86,0.89,0.95)	<0.78,0.16>

1. 创新型项目优选决策步骤

Step1：准则C_1为成本型准则，其余均为效益型准则，由式（4-1）~式（4-5）得到如下规范化决策矩阵X^*：

$$X^* = \begin{pmatrix} 0.187\,0 & [0.350\,7, 0.639\,0] & [s_3, s_5] & (0.380\,3, 0.424\,9, 0.479\,7) & <0.68, 0.15> \\ 0.174\,4 & [0.243\,0, 0.797\,9] & [s_2, s_4] & (0.427\,8, 0.474\,9, 0.533\,0) & <0.70, 0.12> \\ 0.212\,3 & [0.388\,6, 0.710\,2] & [s_3, s_4] & (0.370\,8, 0.454\,9, 0.506\,3) & <0.64, 0.21> \\ 0.221\,9 & [0.254\,1, 0.607\,2] & [s_2, s_3] & (0.404\,1, 0.434\,9, 0.479\,7) & <0.75, 0.18> \\ 0.204\,4 & [0.248\,9, 0.507\,5] & [s_3, s_4] & (0.408\,8, 0.444\,9, 0.506\,3) & <0.78, 0.16> \end{pmatrix}$$

Step2：针对规范化决策矩阵X^*及各类型异质评价信息的排序方法，得到正、负理想方案分别为

$X^+ = (0.221\,9, [0.388\,6, 0.710\,2], [s_3, s_5], (0.427\,8, 0.474\,9, 0.533\,0), <0.78, 0.16>)$

$X^- = (0.174\,4, [0.248\,9, 0.507\,5], [s_2, s_3], (0.380\,3, 0.424\,9, 0.479\,7), <0.64, 0.21>)$

Step3：由式（4-11）~式（4-13），计算各备选创新型项目与正、负理想方案关于单个准则的垂面距离，假设决策者为保守型，基于垂面距离计算各备选创新型项目的前景价值，并构成如下前景收益价值矩阵和前景损失决策矩阵：

$$\left(u^-(D(x^*_{ij}, x^+_j))\right)_{5\times 5} = \begin{pmatrix} -0.038\,8 & -0.069\,8 & 0 & -0.060\,4 & -0.130\,9 \\ -0.056\,4 & -0.005\,9 & -0.257\,4 & 0 & -0.108\,0 \\ -0.008\,1 & 0 & -0.111\,3 & -0.037\,5 & -0.178\,0 \\ 0 & -0.162\,6 & -0.420\,4 & -0.045\,1 & -0.025\,7 \\ -0.016\,8 & -0.271\,4 & -0.111\,3 & -0.026\,4 & 0 \end{pmatrix},$$

$$\left(u^+(D(x^*_{ij}, x^-_j))\right)_{5\times 5} = \begin{pmatrix} 0.005\,0 & 0.074\,9 & 0.186\,9 & 0 & 0.013\,0 \\ 0 & 0.114\,4 & 0.049\,5 & 0.026\,8 & 0.021\,3 \\ 0.019\,1 & 0.120\,6 & 0.114\,4 & 0.006\,9 & 0 \\ 0.025\,0 & 0.033\,3 & 0 & 0.004\,2 & 0.060\,2 \\ 0.014\,4 & 0 & 0.114\,4 & 0.011\,5 & 0.079\,1 \end{pmatrix}$$

由式（4-15），构建如下非线性规划模型：

$$\max\ V = 0.063\,5 p^+(w_1) - 0.120\,1 p^-(w_1) + 0.343\,2 p^+(w_2) - 0.509\,7 p^-(w_2) +$$
$$0.465\,2 p^+(w_3) - 0.900\,4 p^-(w_3) + 0.049\,4 p^+(w_4) - 0.169\,4 p^-(w_4) + \quad (4\text{-}23)$$
$$0.173\,6 p^+(w_5) - 0.442\,6 p^-(w_5)$$

$$s.t. \begin{cases} \sum_{j=1}^{5} w_j = 1, w_j \geq 0 \\ 0.85w_1 \leq w_2 \leq 0.95w_1; 0.8w_3 \geq 0.68w_2 \\ w_3 - w_2 \geq 0.05; 0.75w_3 \leq w_4 \leq 0.9w_3 \\ w_3 + w_5 \geq 0.9(w_3 + w_4) \\ p^+(w_j) = \dfrac{w_j^{0.55}}{(w_j^{0.55} + (1-w_j)^{0.55})^{1.8182}} \\ p^-(w_j) = \dfrac{w_j^{0.49}}{(w_j^{0.49} + (1-w_j)^{0.49})^{2.0408}} \end{cases} \quad (4-24)$$

利用 lingo18 计算该非线性规划模型，可得各准则权重分别为

w_1=0.231 0, w_2=0.196 3, w_3=0.246 3, w_4=0.184 8, w_5=0.141 6

若决策者为冒险型或中间型，同样可以根据非线性规划模型确定各准则权重，所得结果与风险规避情境下保持一致。

Step4：Kahneman[116]经过实验验证，当 l = 2.25 时，最符合决策者面对风险时的心理态度，因此根据式（4-18），取 a,b = 0.5, l = 2.25，得到各备选创新型项目的优势度矩阵分别为

$$f(A_1) = \begin{pmatrix} 0 & 0.025\,9 & -0.016\,3 & -0.019\,2 & -0.013\,5 \\ 0 & -0.032\,1 & -0.020\,8 & 0.052\,6 & 0.067\,3 \\ 0 & 0.100\,5 & 0.071\,1 & 0.123\,2 & 0.071\,1 \\ 0 & -0.018\,4 & -0.012\,7 & -0.010\,0 & -0.013\,1 \\ 0 & -0.010\,2 & 0.032\,6 & -0.018\,8 & -0.020\,4 \end{pmatrix}$$

$$f(A_2) = \begin{pmatrix} -0.011\,5 & 0 & -0.020\,0 & -0.022\,4 & -0.017\,8 \\ 0.072\,3 & 0 & -0.030\,2 & 0.072\,1 & 0.089\,0 \\ -0.044\,7 & 0 & -0.031\,6 & 0.071\,1 & -0.031\,6 \\ 0.041\,5 & 0 & 0.036\,1 & 0.037\,3 & 0.029\,6 \\ 0.023\,0 & 0 & 0.039\,9 & 0.043\,7 & -0.020\,5 \end{pmatrix}$$

$$f(A_3) = \begin{pmatrix} 0.036\,8 & 0.045\,0 & 0 & -0.010\,1 & 0.020\,5 \\ 0.046\,9 & 0.068\,1 & 0 & 0.067\,9 & 0.081\,9 \\ -0.031\,6 & 0.071\,1 & 0 & 0.100\,5 & 0 \\ 0.028\,5 & -0.016\,0 & 0 & 0.030\,5 & 0.027\,8 \\ -0.014\,5 & -0.017\,7 & 0 & -0.019\,7 & -0.022\,1 \end{pmatrix}$$

$$f(A_4)=\begin{pmatrix} 0.043\,2 & 0.050\,3 & 0.022\,6 & 0 & 0.030\,6 \\ -0.023\,4 & -0.032\,1 & -0.030\,2 & 0 & 0.052\,2 \\ -0.054\,7 & -0.031\,6 & -0.044\,7 & 0 & -0.044\,7 \\ 0.022\,6 & -0.016\,6 & -0.013\,5 & 0 & -0.010\,6 \\ 0.042\,2 & -0.019\,4 & 0.044\,4 & 0 & -0.010\,2 \end{pmatrix}$$

$$f(A_5)=\begin{pmatrix} 0.030\,5 & 0.040\,0 & -0.009\,1 & -0.013\,6 & 0 \\ -0.029\,9 & -0.039\,5 & -0.036\,4 & -0.023\,2 & 0 \\ -0.031\,6 & 0.071\,1 & 0 & 0.100\,5 & 0 \\ 0.029\,4 & -0.013\,2 & -0.012\,4 & 0.023\,8 & 0 \\ 0.046\,0 & 0.046\,1 & 0.049\,6 & 0.023\,0 & 0 \end{pmatrix}$$

进一步，由式（4-19）得到两两方案之间关于所有准则相互比较的优势度矩阵：

$$(d(A_i,A_t))_{5\times 5}=\begin{pmatrix} 0 & 0.065\,7 & 0.053\,9 & 0.127\,8 & 0.091\,4 \\ 0.080\,6 & 0 & -0.005\,8 & 0.201\,8 & 0.048\,7 \\ 0.066\,1 & 0.150\,5 & 0 & 0.169\,1 & 0.108\,1 \\ 0.029\,9 & -0.049\,4 & -0.021\,4 & 0 & 0.017\,3 \\ 0.044\,4 & 0.104\,5 & -0.008\,3 & 0.110\,5 & 0 \end{pmatrix}$$

Step5：根据式（4-20）～（4-22），计算各备选创新型项目优于及劣于其他所有方案的总优势度分别为

$\Phi^+(A_1)=0.338\,8, \Phi^+(A_2)=0.325\,3, \Phi^+(A_3)=0.493\,8, \Phi^+(A_4)=-0.023\,6, \Phi^+(A_5)=0.251\,1$

$\Phi^-(A_1)=0.221\,0, \Phi^-(A_2)=0.271\,3, \Phi^-(A_3)=0.018\,4, \Phi^-(A_4)=0.609\,2, \Phi^-(A_5)=0.265\,5$

（1）依据$\Phi^+(A_i)$，可得所有备选创新型项目的优劣次序为$A_3>A_1>A_2>A_5>A_4$。

（2）由两种优势度计算结果，可得

$K(A_1)=11.325, K(A_2)=14.086, K(A_3)=0, K(A_4)=33.156, K(A_5)=13.921$

同样得到所有备选创新型项目的优劣次序为$A_3>A_1>A_5>A_2>A_4$。

在两种排序方法所得备选创新型项目优劣次序中，除A_5与A_2的排列顺序发生逆序外，其余3类创新型项目的排序是一致的，且最优创新型项目均为A_3。

2. 灵敏度分析

以上所得创新型项目优劣次序是针对冒险型决策者且对损失相对收益更加敏感，基于前景理论确定各准则权重，并取$a,b=0.5, l=2.25$，改进TODIM法以决策者风险规避的风险态度得到排序结果，下面讨论当各参数变化时，决策者

心理行为及对待风险的态度对创新型项目优选结果的影响,如表 4-2～表 4-4 所示。

表 4-2 当 $a=b=0.5$ 时,l 的变化对决策结果的影响

l 取值	各备选创新型项目的总优势度					排序结果
	A_1	A_2	A_3	A_4	A_5	
$l=1$	0.081 7	0.037 6	0.329 1	−0.438 5	−0.009 9	$A_3>A_1>A_2>A_5>A_4$
$l=0.5$	−0.381 0	−0.480 5	0.032 8	−1.185 0	−0.479 9	$A_3>A_1>A_5>A_2>A_4$
$l=0.25$	−1.306 4	−1.516 8	−0.560 0	−2.678 0	−1.419 8	$A_3>A_1>A_5>A_2>A_4$
$l=0.2$	−1.769 1	−2.034 9	−0.856 3	−3.424 5	−1.889 8	$A_3>A_1>A_5>A_2>A_4$
$l=0.1$	−4.082 6	−4.625 4	−2.338 1	−7.157 0	−4.239 6	$A_3>A_1>A_5>A_2>A_4$

表 4-3 当 $l=1,b=0.5$ 时,a 的变化对决策结果的影响

a 取值	各备选创新型项目的总优势度					排序结果
	A_1	A_2	A_3	A_4	A_5	
$a=0.1$	0.905 9	1.016 0	1.582 9	0.383 7	0.934 9	$A_3>A_2>A_5>A_1>A_4$
$a=0.2$	0.614 6	0.664 3	1.114 1	−0.043 5	0.581 5	$A_3>A_2>A_1>A_5>A_4$
$a=0.3$	0.390 7	0.397 3	0.771 0	−0.163 4	0.322 7	$A_3>A_2>A_1>A_5>A_4$
$a=0.4$	0.217 1	0.193 6	0.517 7	−0.323 9	0.131 9	$A_3>A_1>A_2>A_5>A_4$
$a=0.5$	0.081 7	0.037 6	0.329 1	−0.438 5	−0.009 9	$A_3>A_1>A_2>A_5>A_4$
$a=0.6$	−0.024 7	−0.082 4	0.187 6	−0.520 7	−0.116 0	$A_3>A_1>A_2>A_5>A_4$
$a=0.7$	−0.108 7	−0.175 4	0.080 4	−0.580 1	−0.196 7	$A_3>A_1>A_5>A_2>A_4$
$a=0.8$	−0.175 4	−0.247 1	−0.001 2	−0.603 3	−0.256 7	$A_3>A_1>A_2>A_5>A_4$
$a=0.9$	−0.213 4	−0.303 2	−0.063 8	−0.654 9	−0.303 0	$A_3>A_1>A_5>A_2>A_4$

表 4-4 当 $l=1,a=0.5$ 时,b 的变化对决策结果的影响

b 取值	各备选创新型项目的总优势度					排序结果
	A_1	A_2	A_3	A_4	A_5	
$b=0.1$	−1.079 2	−1.025 2	−0.313 1	−1.656 2	−0.950 1	$A_3>A_5>A_2>A_1>A_4$

续表

b取值	各备选创新型项目的总优势度					排序结果
	A_1	A_2	A_3	A_4	A_5	
$b=0.2$	−0.633 0	−0.591 5	−0.054 6	−1.174 4	−0.580 7	$A_3>A_5>A_2>A_1>A_4$
$b=0.3$	−0.313 6	−0.470 0	0.058 2	−1.043 9	−0.383 4	$A_3>A_1>A_5>A_2>A_4$
$b=0.4$	−0.084 1	−0.116 3	0.235 9	−0.625 2	−0.146 7	$A_3>A_1>A_2>A_5>A_4$
$b=0.5$	0.081 7	0.037 6	0.329 1	−0.438 5	−0.009 9	$A_3>A_1>A_2>A_5>A_4$
$b=0.6$	0.201 9	0.154 4	0.399 0	−0.292 0	0.092 9	$A_3>A_1>A_2>A_5>A_4$
$b=0.7$	0.289 6	0.243 6	0.451 8	−0.176 4	0.171 0	$A_3>A_1>A_2>A_5>A_4$
$b=0.8$	0.353 9	0.312 0	0.491 8	−0.084 8	0.230 8	$A_3>A_1>A_2>A_5>A_4$
$b=0.9$	0.401 2	0.364 7	0.522 3	−0.011 7	0.277 2	$A_3>A_1>A_2>A_5>A_4$

从表 4-2 可看出，当 l 取值从 1 逐渐减小时，各备选创新型项目的总优势度持续减小，决策者面对风险的损失逐渐被扩大，决策者面对风险损失是风险偏爱的，也是较为冒险的；此外，从排序结果来看，$l<1$ 时的 4 种取值所得排序结果完全一致，$l=1$ 时的排序结果仅在 A_2,A_5 的优劣次序上与其他 4 种有差异，且最优创新型项目始终为 A_3。

根据表 4-3，在决策者风险中性的前提下，随着 a 的逐渐增大，各备选创新型项目的总优势度也持续减小，即 a 的增大起到扩大风险相对损失的作用；从表 4-4 可以看出，随着 b 的逐渐增大，各备选创新型项目的总优势度持续增大，即 b 的增大起到缩减风险损失的作用；关于排序结果，最优创新型项目始终为 A_3 且最劣创新型项目始终为 A_4，其余三类创新型项目的排序时有反复。

3. 对比分析

采用文献 [116] 中水环境审计绩效综合评价方法解决本节实例，计算得到各备选创新型项目的综合前景值分别为

$\Phi(A_1)=-1.246\ 1, \Phi(A_2)=-0.747\ 7, \Phi(A_3)=-0.562\ 0, \Phi(A_4)=-2.437\ 4, \Phi(A_5)=-0.986\ 9$

所得排序结果为 $A_3>A_2>A_5>A_1>A_4$，但文献 [116] 基于欧式距离获取各方案在每个准则下相对于正、负理想前景参照点的前景价值，易出现单个准则下收益值和损失值逆排序的状况，对依据综合前景值的方案优劣次序结果造成干扰。使

用文献[111]提出的新优势度表示方法，得到各备选工程项目群的总优势度分别为

$$\Phi(A_1) = 0.117\ 8, \Phi(A_2) = 0.054\ 0, \Phi(A_3) = 0.475\ 4, \Phi(A_4) = -0.632\ 8, \Phi(A_5) = -0.014\ 4$$

方案优劣次序为 $A_3 > A_1 > A_5 > A_2 > A_4$，但该文献对优势度的计算仅考虑 $a=b=0.5$ 的情形，未探讨参数变化对方案总优势度的影响。以上两种排序结果所得最优方案均为 A_3，与本节决策方法所得结果保持一致，验证了本节提出的决策方法的有效性与可行性。

此外，针对本实例决策过程所得规范化决策矩阵 X^* 进行去模糊化处理，以文献[117]中熵权法得到各准则权重分别为

$$w_1 = 0.113\ 9, w_2 = 0.268\ 4, w_3 = 0.373\ 4, w_4 = 0.021\ 3, w_5 = 0.223\ 1$$

采用加权和法得到各方案的综合评价值分别为

$$E(A_1) = 0.530\ 4, E(A_2) = 0.485\ 8\quad E(A_3) = 0.495\ 0, E(A_4) = 0.432\ 9, E(A_5) = 0.490\ 5$$

若采用传统 TOPSIS 法，可得各方案的贴近度分别为

$$R(A_1) = 0.758\ 9, R(A_2) = 0.459\ 5, R(A_3) = 0.653\ 3, R(A_4) = 0.260\ 9, R(A_5) = 0.537\ 9$$

两种方案排序方法所得结果均为 $A_1 > A_3 > A_5 > A_2 > A_4$，其最优方案与本节方法并不一致，原因是去模糊化处理会导致大量模糊评价信息损失，客观赋权法确定各准则权重忽视决策者的心理行为及对准则权重的主观判断，排序方法也没有考虑多准则决策过程对待收益和损失的风险态度变化。

4.2 基于最小叉熵及垂面距离的混合决策及河南自贸试验区创新项目优选

提出一种基于最小叉熵及垂面距离的混合型多准则决策方法，首先，该方法将规范化处理后的混合决策矩阵采用信息熵法确定各准则客观权重，以单值效用函数体现各决策者对准则重要性的主观判断，获取每个决策者下的各准则主观权重，基于最小叉熵以融合集成各决策者的准则主观权重向量得到准则主观组合权重向量。其次，构建准则综合权重向量与主、客观权重向量的叉熵之和最小化的优化模型，确定各准则综合权重，以各备选方案分别与正、负理想方案的垂面距离实现对各方案的排序择优。最后，将决策方法应用于河南自贸试验区创新项目优选，验证该决策方法的有效性与可行性。

4.2.1 引言

大数据科学与技术的迅猛发展使多种类型数据信息实时更新，造成对事物

的认知难度持续加大，使实际多准则决策面临着更为严峻复杂的多变性[118]，急需探索能够处理多种类型评价信息的混合型多准则决策方法，以匹配大数据时代背景下人工智能、信息技术及生命科学等[119]对决策理论方法及应用的迫切需求。

混合型多准则决策方法的研究涉及多类型准则信息获取、准则权重和决策者权重确定、混合信息集结、备选方案优化选择等一系列问题，其中多准则信息中的定量信息往往由大数据技术统计或企业、行业相关统计部门获取，并经过数据筛查、处理、转换和分析等环节，达到能够直接使用决策方法处理的程度[120]；定量信息由决策群体或决策者采用各类型模糊评价信息给出。关于准则权重的确定，主要有主观赋权法、客观赋权法、主客观综合赋权法、交互式赋权法这四大类方法，事实上，这四类准则权重确定方法各有其适用范围和侧重点，其中主客观综合赋权法能够兼顾决策者的主观偏好及各准则值所包含的客观评价信息，既体现决策者的主观意愿，又以理论性较强的数学模型为依据，充分发挥评价数据的客观性特征，以合理化的主客观权重集成方法获取各准则折衷权重，如林晶等[121]以改进直觉模糊熵结合熵权法确定属性客观权重，进而将其与属性主观权重融合并对方案排序；王世磊等[122]以离差最大化法确定准则客观权重，并与预先直接认定的主观权重经线性组合得到综合权重，考虑风险态度对决策者行为的影响，提出在线采购拍卖供应商选择决策模型；张浩为等[123]在目标威胁评估问题中采用乘积法计算属性综合权重，其中目标威胁的主观权重由决策者直接给出。虽已有部分文献采用主客观综合赋权法，但准则主观权重往往由决策者直接给出，缺乏事实依据和合理解释，所提出的准则综合权重集成方法的合理性存在一定争议，特别是针对混合型的多准则评估信息，需要以各类型准则值的实际差异确定客观权重，也要充分考虑各决策主体经验、认知水平及专业领域侧重等差异对各准则重要性程度主观判断的影响，从而确定各准则主观权重，而不是由决策者预先直接给出。

关于混合信息的集结，难以将单类型模糊信息决策方法推广到混合型决策领域[124]，也无法直接使用Choquet计分算子[125]、调和平均算子[126]及多种广义集成算子等[127]集结算子得到各备选方案的综合评价值。此外，腾剑仑等[128]利用前景效用理论考虑决策者行为对水环境审计绩效评价的影响，以异质信息的正、负理想解为两个参照点，基于所有方案综合前景值和的最大化确定属性客观权重，并在求解中将决策者个体主观偏好影响下的属性权重信息作为约束条件，但未单独求解各准则主观权重；余高锋等[129]同样基于前景理论，通过构建的多维偏好优化模型确定各准则权重，该方法考虑到决策者的损失规避行为及对备选方案的不同偏好，与传统意义上的主客观综合赋权法具有明显差异。

混合型多准则决策方法由于包含多种不同类型的准则评估信息，不同准则值间具有不可共度性，在对多类型偏好信息的权重确定及信息集结的过程中，既需要考虑各决策者对多准则的主观判断，又需要充分利用各准则所包含的客观信息，需要探索如何分别确定各准则主、客观权重及合理集成得到各准则综合权重的方法。因此，本节提出一种五种不同类型评估信息混合的多准则决策方法，兼顾各决策主体对准则重要性认知判断的主观意见及各准则评价信息本身的客观性，获取各准则综合权重，为避免造成备选方案逆排序，以各备选方案与正、负理想方案的垂面距离得到排序结果，并将决策方法应用于河南自贸试验区创新项目优选，验证决策方法的有效性与可行性。

4.2.2 预备知识

定义 1[130] 称 $\tilde{a}=[a^L,a^U]=\{0\leqslant a^L\leqslant a\leqslant a^U,a\in R\}$ 为非负区间数，其中，a^L,a^U 分别为区间数的下界和上界，设非负区间数 $\tilde{b}=[b^L,b^U]$，$\tilde{a},\tilde{b}$ 之间的距离定义为

$$d(a,b)=\sqrt{\frac{1}{2}[(a^L-b^L)^2+(a^U-b^U)^2]} \quad (4-25)$$

设 $l_a=a^U-a^L, l_b=b^U-b^L$ 分别表示两个区间数的长度，称

$$p(\tilde{a}\geqslant \tilde{b})=\frac{1}{2}\left(1+\frac{|a^U-b^L|-|a^L-b^U|}{l_a+l_b}\right) \quad (4-26)$$

为 $a\geqslant b$ 的可能度。

对于给定的一组区间数 $\tilde{a}_i=[a_i^L,a_i^U], i=1,2,\cdots,m$，根据区间数比较的可能度公式，可得该组区间数之间相互比较的可能度 $p_{ij}=p(\tilde{a}_i\geqslant \tilde{a}_j)$，并构成可能度矩阵 $\boldsymbol{B}=(p_{ij})_{m\times m}$，$\boldsymbol{B}$ 为模糊互补判断矩阵，根据模糊互补判断矩阵的排序公式

$$B_i=\frac{1}{m(m-1)}\left(\sum_{j=1}^{m}p_{ij}+\frac{m}{2}-1\right), i=1,2,\cdots,m \quad (4-27)$$

得到区间数 $\tilde{a}_i$ 优于其他所有区间数的总可能度 B_i，总可能度 B_i 越大其对应的区间数 $\tilde{a}_i$ 越大。

定义 2[131] 称模糊数 $\tilde{a}=[a^L,a^M,a^U]$ 为三角模糊数，其中，$-\infty<a^L\leqslant a^M\leqslant a^U<+\infty$，定义三角模糊数 $\tilde{a}$ 的模糊期望值为

$$\bar{a}=\frac{1}{6}(a^L+4a^M+a^U) \quad (4-28)$$

可利用三角模糊数的模糊期望值对一组三角模糊数进行排序，模糊期望值越大的三角模糊数排序越靠前，同时设模糊数 $\tilde{b}=[b^L,b^M,b^U]$，可得 $\tilde{a},\tilde{b}$ 之间的距离为

$$d(\tilde{a},\tilde{b})=\sqrt{\frac{1}{3}[(a^L-b^L)^2+(a^M-b^M)^2+(a^U-b^U)^2]} \qquad (4-29)$$

定义 3[132]　决策者采用事先设定的语言评估标度进行定性测度，设语言标度集为 $S^T=\{s_a|a=0,1,\cdots,T\}$，其中，$s_a$ 为语言术语；T 为偶数；语言术语集的粒度为 $T+1$，如粒度为 7 的语言评价集定义为 $S=\{s_0,s_1,s_2,s_3,s_4,s_5,s_6\}=\{$非常差，很差，差，一般，好，很好，非常好$\}$。设 s_a,s_b 为 S^T 中的语言变量，且 $a\leq b$，则 $[s_a,s_b]$ 为不确定语言变量，区间的两端点分别为不确定语言变量的下限和上限，当 $a=b$ 时，不确定语言变量退化为连续语言评价集中的语言变量。设 $\tilde{s}_1=[s_{a_1},s_{b_1}],\tilde{s}_2=[s_{a_2},s_{b_2}]$ 为两个不确定语言变量，同时令 $\text{len}(\tilde{s}_1)=b_1-a_1,\text{len}(\tilde{s}_2)=b_2-a_2$，两者之间的距离定义为

$$d(\tilde{s}_1,\tilde{s}_2)=\frac{|a_1-a_2|+|b_1-b_2|}{2T} \qquad (4-30)$$

$\tilde{s}_1$ 优于 $\tilde{s}_2$ 的可能度定义为

$$p(\tilde{s}_1\geq\tilde{s}_2)=\frac{\max\{0,\text{len}(\tilde{s}_1)+\text{len}(\tilde{s}_2)-\max\{b_2-a_1,0\}\}}{\text{len}(\tilde{s}_1)+\text{len}(\tilde{s}_2)} \qquad (4-31)$$

针对一组不确定语言变量 $\tilde{s}_i=[s_{a_i},s_{b_i}],i=1,2,\cdots,m$，与对一组区间数的排序类似，可通过式（4-27）得到这组不确定语言变量的排序结果。

定义 4[133]　设 X 为给定的有限论域，则 X 上的直觉模糊集定义为 $A=\{<x,m_A(x),u_A(x)>|x\in X\}$，其中，$m_A(x),u_A(x)$ 分别表示 X 中元素 x 属于 A 的隶属度与非隶属度，$m_A:X\to[0,1],u_A:X\to[0,1]$，且满足条件 $0\leq m_A(x)+u_A(x)\leq 1$；$p_A(x)=1-m_A(x)-u_A(x)$ 表示 X 中元素 x 属于 A 的犹豫度。

直觉模糊数的主要部分由隶属度与非隶属度构成的有序对表示，一般形式为 $a=<m_a,u_a>$，$0\leq m_a+u_a\leq 1$，其得分函数为 $S(a)=m_a-u_a$，精确函数为 $H(a)=m_a+u_a$，得分函数值越大的直觉模糊数就越大；若得分函数值相等，则比较两者之间的精确函数值，精确函数值越大，则对应的直觉模糊数越大。

任意两个直觉模糊数 $a=<m_a,u_a>$，$b=<m_b,u_b>$ 之间的距离定义为

$$d(a,b)=\sqrt{\frac{1}{2}[(m_a-m_b)^2+(u_a-u_b)^2+(p_a-p_b)^2]} \quad (4-32)$$

其中，$p_a=1-m_a-u_a$；$p_b=1-m_b-u_b$。

4.2.3 基于最小叉熵及垂面距离的混合型多准则决策方法

1. 基于最小叉熵的准则主客观权重确定及综合集成

针对混合多种类型评价信息的多准则群决策问题，从对评估对象多准则评价的实际情境出发，得到对各备选方案评判的混合多类型异质信息，常见的评估信息主要有精确数、区间数、三角模糊数、不确定语言变量及直觉模糊数等类型，本节主要针对包含这五种评价信息的混合型多准则决策问题展开分析，提出基于最小叉熵及垂面距离的混合型多准则决策方法。

在混合型多准则决策及综合评价中，科学合理地确定各准则权重是精准获取各备选方案排序结果的关键前提。一方面，各备选方案在每个准则下的评价值具有显著的差异性，从客观存在的变异信息本身出发并避免主观因素干扰所确定的准则权重称为准则客观权重；另一方面，群体决策评议小组中的决策主体因经验、知识体系、领域及评判侧重等不同，往往将主观评判融入对各准则重要性的度量，需要得到充分反映决策者主观意愿的准则主观权重。为充分体现准则评价信息本身的变异程度及重要性，同时反映不同决策主体对各准则的经验认知偏好，本节采用最小叉熵原则确定准则客观权重，以单变量效用函数反映各决策者对准则重要性程度的主观判断，并将确定的各准则组合主观权重与客观权重进行集成，得到融合实际准则数据信息，体现决策者主观意向并折衷处理后的各准则综合权重。

由于信息熵能够对多准则决策中各准则评估信息的不确定程度展开度量，所有备选方案关于单个准则的信息熵越大，则在该准则下关于各方案评价值的离差越小；反之亦然。排除决策个体主观判断干扰，完全根据各准则评价的变异程度确定各准则权重，就要求对于评价偏差越大的准则赋予的准则权重也越大，即单个准则下的信息熵越大，所确定的准则客观权重就越小。因此，首先采用熵权法对规范化决策矩阵 x^* 计算各准则客观权重，即

$$p_j=\frac{1-E_j}{\sum_{j=1}^{n}(1-E_j)} \quad (4-33)$$

其中：

$$E_j = \begin{cases} -\dfrac{1}{\ln m}\sum_{i=1}^{m} a_{ij}^* \ln a_{ij}^*, i \in N, j \in C_1 \\ -\dfrac{1}{\ln m}\sum_{i=1}^{m} \dfrac{\overline{b}_{ij}^*}{\sum_{i=1}^{m}\overline{b}_{ij}^*} \ln \dfrac{\overline{b}_{ij}^*}{\sum_{i=1}^{m}\overline{b}_{ij}^*}, \overline{b}_{ij}^* = \dfrac{b_{ij}^{*L}+b_{ij}^{*U}}{2}, i \in N, j \in C_2 \\ -\dfrac{1}{\ln m}\sum_{i=1}^{m} \dfrac{\overline{c}_{ij}^*}{\sum_{i=1}^{m}\overline{c}_{ij}^*} \ln \dfrac{\overline{c}_{ij}^*}{\sum_{i=1}^{m}\overline{c}_{ij}^*}, \overline{c}_{ij}^* = \dfrac{1}{6}(c_{ij}^{*L}+4c_{ij}^{*M}+c_{ij}^{*U}), i \in N, j \in C_3 \\ -\dfrac{1}{\ln m}\sum_{i=1}^{m} \dfrac{\overline{s}_{ij}^*}{\sum_{i=1}^{m}\overline{s}_{ij}^*} \ln \dfrac{\overline{s}_{ij}^*}{\sum_{i=1}^{m}\overline{s}_{ij}^*}, \overline{s}_{ij}^* = \dfrac{1}{6}(s_{ij}^{*L}+4s_{ij}^{*M}+s_{ij}^{*U}), i \in N, j \in C_4 \\ \dfrac{1}{m}\sum_{i=1}^{m} \cos\dfrac{m_{ij}^2 - u_{ij}^2}{2} p, i \in N, j \in C_5 \end{cases} \quad (4-34)$$

其中，E_j 是针对五种不同类型准则评价信息熵的扩展形式。计算所得各准则客观权重 $p_j \geq 0$，且 $\sum_{j=1}^{m} p_j = 1$。

其次，考虑到不同决策主体的主观偏好造成对各准则评判的差异性，将规范化决策矩阵 X^* 去模糊化，转化为计分值精确矩阵 $X' = (x'_{ij})_{m \times n}$，其中：

$$x_{ij} = \begin{cases} a_{ij}^*, i \in N, j \in C_1 \\ \overline{b}_{ij}^*, i \in N, j \in C_2 \\ \overline{c}_{ij}^*, i \in N, j \in C_3 \\ \overline{s}_{ij}^*, i \in N, j \in C_4 \\ m_{ij} - u_{ij}, i \in N, j \in C_5 \end{cases} \quad (4-35)$$

假设不同准则间不存在交互影响，引入单变量效用函数体现不同决策者对准则评估重要性的主观偏好，假设决策者 e_k 的效用函数为 $u_k(x)$，且 $u_k(x) \geq 0$，从而将计分值矩阵转化为包含各决策者对准则主观重要性判断的效用矩阵 $Y^k = (u_k(x'_{ij}))_{m \times n}$，采用熵权法计算决策者 e_k 所确定的准则主观权重向量，即 $Q^k = (q_1^k, q_2^k, \cdots, q_n^k)$，其中

$$q_j^k = \dfrac{1-E_j^k}{\sum_{i=1}^{n}(1-E_j^k)}, E_j^k = -\dfrac{1}{\ln m}\sum_{i=1}^{m} \dfrac{u_k(x'_{ij})}{\sum_{i=1}^{m}u_k(x'_{ij})} \ln \dfrac{u_k(x'_{ij})}{\sum_{i=1}^{m}u_k(x'_{ij})} \quad (4-36)$$

针对计算所得 l 个决策者的准则主观权重向量，需要综合各决策者对准则

权重的主观判断，应当使融合所得准则组合主观权重向量与所有决策者下的准则主观权重向量叉熵的和达到最小化，从而得到各准则组合主观权重向量 $Q=(q_1,q_2,\cdots,q_n)$。因此，构建基于最小叉熵的准则组合权重优化模型：

$$\min \ D=\sum_{k=1}^{l}D(Q,Q^k)=\sum_{k=1}^{l}\sum_{j=1}^{n}q_j\ln\frac{q_j}{q_j^k}$$

$$\text{s.t.} \ \sum_{j=1}^{n}q_j=1, q_j\geq 0 \tag{4-37}$$

为计算 $q_j(j=1,2,\cdots,n)$，构造 Lagrange 函数如下：

$$L(Q,l)=\sum_{k=1}^{l}\sum_{j=1}^{n}q_j\ln\frac{q_j}{q_j^k}+(l-l)\left(\sum_{j=1}^{n}q_j-1\right) \tag{4-38}$$

其中，$(l-l)$ 为 Lagrange 乘子。分别对 q_j,l 求偏导，得到如下方程组：

$$\begin{cases}\dfrac{\partial L}{\partial q_j}=\sum_{k=1}^{l}\left(\ln\dfrac{q_j}{q_j^k}+1\right)+(l-l)=\sum_{k=1}^{l}\ln\dfrac{q_j}{q_j^k}+l=0\\ \dfrac{\partial L}{\partial l}=\sum_{j=1}^{n}q_j-1=0\end{cases} \tag{4-39}$$

由式（4-39）可得：

$$q_j=\exp\left(\frac{1}{k}\left(\sum_{k=1}^{l}\ln q_j^k-l\right)\right) \tag{4-40}$$

将式（4-40）代入归一化条件，可得：

$$l=k\ln\left[\sum_{j=1}^{n}\exp\left(\frac{1}{k}\sum_{j=1}^{n}\ln q_j^k\right)\right] \tag{4-41}$$

将式（4-41）代入式（4-40），得到：

$$q_j=\frac{\exp\left(\dfrac{1}{k}\sum_{k=1}^{l}\ln q_j^k\right)}{\sum_{j=1}^{n}\exp\left(\dfrac{1}{k}\sum_{k=1}^{l}\ln q_j^k\right)}=\frac{\exp\left(\sum_{k=1}^{l}\ln q_j^k\right)}{\sum_{j=1}^{n}\exp\left(\sum_{k=1}^{l}\ln q_j^k\right)}=\frac{\prod_{k=1}^{l}q_j^k}{\sum_{j=1}^{n}\prod_{k=1}^{l}q_j^k} \tag{4-42}$$

再次，将计算所得各准则客观权重和主观组合权重进行集成，所确定的准则综合权重向量 $W=(w_1,w_2,\cdots,w_n)$ 应当与准则客观权重向量、准则主观组合权重向量的叉熵线性组合达到最小化，从而构建如下优化模型：

$$\min \ rD(W,Q)+(1-r)D(W,P)$$
$$s.t. \ \sum_{j=1}^{n}w_{j}=1, w_{j}\geq 0 \quad (4\text{-}43)$$

其中，$r\in[0,1]$。同样构造 Lagrange 函数求解上述模型，得到各准则权重的最优解为

$$w_{j}=\frac{\exp\left[r\ln q_{j}+(1-r)\ln p_{j}\right]}{\sum_{j=1}^{n}\exp\left[r\ln q_{j}+(1-r)\ln p_{j}\right]} \quad (4\text{-}44)$$

2. 基于垂面距离的混合型多准则决策方法

混合型多准则决策难以采用信息集结算子计算各备选方案的综合评价值得到排序结果，而基于投影法、前景理论及证据推理等决策方法的计算过程复杂度过高，往往存在较多的非线性变换，容易导致原始评价信息的折损，使不同决策模型针对同一案例的备选方案排序结果存在较大差异，出现备选方案逆排序问题，也难以采用有效手段对差异化的备选方案排序结果进行比较或评判。将垂面距离度量方法[134]拓展到混合型多准则决策情境，根据规范化决策矩阵 X^* 确定的正、负理想方案分别为

$$X^{+}=(\max_{i} x_{i1}^{*}, \max_{i} x_{i2}^{*}, \cdots, \max_{i} x_{in}^{*}), X^{-}=(\min_{i} x_{i1}^{*}, \min_{i} x_{i2}^{*}, \cdots, \min_{i} x_{in}^{*}) \quad (4\text{-}45)$$

各备选方案与正、负理想方案的垂面距离定义为

$$H_{i}^{+}=\frac{d^{2}(X^{+},X^{-})+d^{2}(X^{+},X_{i})-d^{2}(X^{-},X_{i})}{2d(X^{+},X^{-})}$$
$$H_{i}^{-}=\frac{d^{2}(X^{+},X^{-})+d^{2}(X^{-},X_{i})-d^{2}(X^{+},X_{i})}{2d(X^{+},X^{-})} \quad (4\text{-}46)$$

其中：

$$d(X^{+},X^{-})=\sum_{j=1}^{n}w_{j}d(x_{j}^{+},x_{j}^{-}), d(X^{+},X_{i})=\sum_{j=1}^{n}w_{j}d(x_{j}^{+},x_{ij}^{*}), d(X^{-},X_{i})=\sum_{j=1}^{n}w_{j}d(x_{j}^{-},x_{ij}^{*}),$$

$d(x_{j}^{+},x_{j}^{-}), d(x_{j}^{+},x_{ij}^{*}), d(x_{j}^{-},x_{ij}^{*})$ 分别涉及五种类型评估信息的距离测度，可依据相应类型准则值的距离定义进行计算。

由式（4-46）获取各备选方案与正理想方案或负理想方案的垂面距离对各方案排序择优，其中 H_{i}^{+} 越小的方案越优，H_{i}^{+} 越大的方案越劣；同时，H_{i}^{-} 越大的方案越优，H_{i}^{-} 越小的方案越劣。与依据传统相对欧式距离的排序方法相比，基

于垂面距离所得备选方案的优劣次序中,与正理想方案越接近的方案一定与负理想方案的距离越远,即采用各方案与正理想方案的垂面距离所得排序结果和与负理想方案的垂面距离所得排序结果完全一致,避免出现相对欧式距离排序中与正理想方案越近的方案未必与负理想方案距离越远的状况,摒弃备选方案可能出现逆排序结果的弊端。

3. 混合型多准则决策步骤

根据上述分析,将基于最小叉熵及垂面距离的混合型多准则决策步骤概括如下。

步骤1:参与混合型多准则决策的评议小组经综合评议,并通过多类型数据信息转化、处理和统计分析,得到决策矩阵X,采用式(4-29)~式(4-32)对各准则评估信息进行规范化处理,得到规范化决策矩阵X^*。

步骤2:根据式(4-33)~式(4-34),基于信息熵法计算各准则客观权重P,并将规范化决策矩阵X^*去模糊化,转化为计分值精确矩阵X',确定反映各决策主体对所有准则主观重要性判断的单变量效用函数,并由式(4-35)~式(4-36)得到各决策者所确定的准则主观权重向量$Q^k(k=1,2,\cdots,l)$。

步骤3:由式(4-37)~式(4-42),构建基于最小叉熵的优化模型,集成各决策者的准则主观权重,得到准则主观组合权重向量Q,进一步通过式(4-43)~(4-44)将准则客观权重向量和准则主观组合权重向量融合集成,获取准则综合权重向量W。

步骤4:针对规范化决策矩阵X^*,通过式(4-19)~式(4-21)、式(4-26)及式(4-45)确定正、负理想方案X^+,X^-,并由式(4-25)、式(4-29)~式(4-30)、式(4-33)及式(4-46)分别计算各备选方案与正、负理想方案的垂面距离H_i^+,H_i^-,从而依据H_i^+,H_i^-得到各备选方案的优劣次序,且两个方向垂面距离所得排序结果保持一致。

4.2.4 算例分析

河南自贸试验区挂牌三年多以来,坚持以制度创新为核心,积极融入"一带一路"倡议,加快打造内陆开放新高地,截至目前已全部下放国务院规定的455项省级社会管理权限,在商事登记、跨境电商及多式联运体系建设等方面形成250多个改革创新实践案例。吸引了6.25万多家企业入驻,其中,世界500强企业88家,占全省的68%;洛阳片区累计入驻市场主体2.5万户,注册资本达到1 014.73亿元,累计进驻亿元以上企业136家,累计进驻世界500强

25家、国内500强19家、行业10强26家。当前，河南自贸试验区洛阳片区已成为洛阳加快推进中原城市群副中心城市建设的重要平台，是新时代洛阳改革开放的新高地和新引擎。假设洛阳片区内某行业领先企业以高端制造业和现代服务业为主要业务范围，该企业已参与承建了大量具有交互耦合关联的创新型项目，准备筹划新的创新项目，备选项目分别是商业街区升级改造项目（a_1）、市内高架桥或隧道桥梁工程项目（a_2）、城市休闲景观设计规划项目（a_3）、东西南隅历史文化街区保护修缮项目（a_4）及建筑垃圾消纳场工程建设项目（a_5）。由于受到新冠肺炎疫情影响、政府政策规划限制、企业自身拥有资源及其组织管理能力的制约，该企业从2020年至2022年的三年发展期需要确定开发创建的最优创新项目，因此该企业需要权衡利弊，对五个待选创新项目进行综合评估。所使用到的主要评估准则的详细描述如下。

（1）创新项目开发成本（c_1）：由于企业自身对各类型创新项目的开发有着较为详细的预算和前期策划，能够较为精确地列出各创新项目的开发成本，所以该准则采用精确数描述较为妥当。

（2）创新项目中子项目间的协同对企业综合效益提升的延迟效应（c_2）：子项目间的协同主要包括目标协同、资源协同及管理协同等，延迟效应主要采用天数进行刻画，适合采用区间数描述。

（3）创新项目对企业既定中长期战略的支持度（c_3）：该准则主要涉及创新项目与企业战略的匹配度、企业对创新项目各类型资源的投入产出比和项目组织管理能力及核心竞争力，适宜采用以语言术语集为基础的不确定语言变量表达。

（4）与企业已有创新项目的关联性（c_4）：该准则往往依据企业内部评议结合第三方评估机构评分确定，再加上评估的时间跨度较大，适合采用三角模糊数描述。

（5）创新项目的风险水平（c_5）：主要包含资源分配风险、组织管理风险、技术知识风险、财务风险及企业品牌风险等，该准则具有较为明显的模糊性，决策小组评议时，适宜采用直觉模糊数表述。

决策评议小组对5类备选创新项目在各准则下的评估信息如表4-5所示。

表 4-5 决策评议小组确定的评估信息

备选创新项目	准则评估值				
	c_1	c_2	c_3	c_4	c_5
a_1	150	[4.72,5.83]	$[s_2,s_4]$	(0.80,0.85,0.90)	<0.68,0.15>
a_2	110	[5.23,6.48]	$[s_3,s_5]$	(0.90,0.95,1.00)	<0.70,0.12>
a_3	80	[3.27,7.28]	$[s_3,s_4]$	(0.58,0.91,0.95)	<0.64,0.21>
a_4	120	[3.42,5.50]	$[s_2,s_3]$	(0.85,0.87,0.90)	<0.75,0.18>
a_5	100	[3.35,4.63]	$[s_3,s_4]$	(0.86,0.89,0.95)	<0.78,0.20>

1. 创新项目优选混合型多准则决策步骤

以下根据本节提出的混合型多准则决策方法对河南自贸试验区洛阳片区创新项目进行选择决策,具体过程如下。

步骤 1:首先,将评估信息决策矩阵规范化处理,得到如下规范化决策矩阵:

$$X^* = \begin{pmatrix} 0.143 & [0.351,0.639] & (1/3,1/2,2/3) & (0.170,0.190,0.226) & <0.68,0.15> \\ 0.195 & [0.389,0.710] & (1/2,2/3,5/6) & (0.191,0.213,0.251) & <0.70,0.12> \\ 0.268 & [0.243,0.798] & (5/12,7/12,3/4) & (0.123,0.204,0.238) & <0.64,0.21> \\ 0.179 & [0.254,0.603] & (1/4,5/12,7/12) & (0.181,0.195,0.226) & <0.75,0.18> \\ 0.215 & [0.249,0.507] & (5/12,7/12,3/4) & (0.183,0.199,0.238) & <0.78,0.20> \end{pmatrix}$$

按照式(4-29)-式(4-30)获取的准则客观权重向量为

$$P = (0.431, 0.183, 0.248, 0.017, 0.121)$$

步骤 2:将 X^* 去模糊化,得到的计分值精确矩阵为

$$X' = \begin{pmatrix} 0.143 & 0.495 & 0.500 & 0.193 & 0.53 \\ 0.195 & 0.550 & 0.667 & 0.216 & 0.58 \\ 0.268 & 0.521 & 0.583 & 0.196 & 0.43 \\ 0.179 & 0.429 & 0.417 & 0.198 & 0.57 \\ 0.215 & 0.378 & 0.583 & 0.203 & 0.58 \end{pmatrix}$$

按照创新项目优选评议小组中各决策主体对各准则重要性判断的主观偏好,确定决策者 $e_k(k=1,2,3,4)$ 的效用函数分别为 $u_1(x)=\sqrt{x}, u_2(x)=x, u_3(x)=x^2, u_4(x)=e^x$,从而由式(4-35)~式(4-36)得到各决策者确定的准则主观权重向量构成的权

重矩阵为

$$Q^* = \begin{pmatrix} 0.418 & 0.177 & 0.253 & 0.025 & 0.127 \\ 0.431 & 0.183 & 0.248 & 0.017 & 0.121 \\ 0.449 & 0.178 & 0.240 & 0.021 & 0.112 \\ 0.099 & 0.235 & 0.431 & 0.039 & 0.196 \end{pmatrix}$$

步骤3：根据式（4-37）~式（4-42），基于最小叉熵优化模型得到准则主观组合权重向量为

$$Q = (0.492, 0.084, 0.401, 0.002, 0.021)$$

其次，不妨设 $r = 0.5$，即将各准则的主客观权重分配相等的加权系数，通过式（4-43）~式（4-44）计算融合准则主客观权重的综合权重向量，有

$$W = (0.481, 0.130, 0.329, 0.007, 0.053)$$

步骤4：针对规范化决策矩阵 X^* 及各类型评价信息的排序方法，得到正、负理想方案分别为

$$X^+ = (0.268, (0.389, 0.710), (1/2, 2/3, 5/6), (0.191, 0.213, 0.251), <0.78, 0.20>)$$
$$X^- = (0.143, (0.249, 0.507), (1/4, 5/12, 7/12), (0.170, 0.190, 0.226), <0.64, 0.21>)$$

从而计算各备选创新项目与正、负理想方案的垂面距离分别为

$$H_1^+ = 0.128\,8, H_2^+ = 0.039\,1, H_3^+ = 0.035\,1, H_4^+ = 0.142\,9, H_5^+ = 0.075\,7$$
$$H_1^- = 0.043\,6, H_2^- = 0.133\,3, H_3^- = 0.137\,3, H_4^- = 0.029\,5, H_5^- = 0.096\,7$$

可依据 H_i^+ 或 H_i^- 对所有的备选创新项目排序择优，两种垂面距离所得排序结果完全一致，皆为 $a_3 > a_2 > a_5 > a_1 > a_4$。

2. 灵敏度分析

在对各准则客观权重和主观组合权重进行融合集成的过程中，对所得各准则综合权重最优解的计算中，需要确定准则主、客观权重向量的分配系数（$r \in [0, 1]$），分配系数的波动体现出对主客观信息折衷处理的不同倾向，也在一定程度上反映各决策者的主观偏好，以下分别令 $r = 0, 0.1, 0.2, \cdots, 1$，得到分配系数变化对各准则综合权重的影响，以及对各备选创新项目与正理想方案的垂面距离的变化，最终反映到各备选创新项目的优劣排序中，具体如表4-6所示。

表4-6 分配系数变化对准则综合权重及方案排序结果的影响

分配系数r	准则综合权重向量W	各创新项目与正理想方案的垂面距离	备选创新项目排序结果
0	(0.431,0.183,0.248,0.017,0.121)	0.120 3 ,0.040 9 ,0.038 3 ,0.127 4 ,0.075 7	$a_3 > a_2 > a_5 > a_1 > a_4$
0.1	(0.445,0.172,0.265,0.014,0.104)	0.122 3 ,0.040 5 ,0.037 8 ,0.130 9 ,0.075 9	$a_3 > a_2 > a_5 > a_1 > a_4$
0.2	(0.456,0.162,0.282,0.011,0.087)	0.123 8 ,0.040 0 ,0.039 4 ,0.134 2 ,0.076 1	$a_3 > a_2 > a_5 > a_1 > a_4$
0.3	(0.467,0.151,0.298,0.009,0.075)	0.125 8 ,0.039 8 ,0.035 9 ,0.137 4 ,0.076 0	$a_3 > a_2 > a_5 > a_1 > a_4$
0.4	(0.475,0.140,0.314,0.008,0.063)	0.127 4 ,0.039 4 ,0.035 4 ,0.140 2 ,0.075 8	$a_3 > a_2 > a_5 > a_1 > a_4$
0.5	(0.481,0.130,0.329,0.007,0.053)	0.128 8 ,0.039 1 ,0.035 1 ,0.142 9 ,0.075 7	$a_3 > a_2 > a_5 > a_1 > a_4$
0.6	(0.486,0.120,0.345,0.005,0.044)	0.130 4 ,0.038 7 ,0.035 2 ,0.145 5 ,0.075 5	$a_3 > a_2 > a_5 > a_1 > a_4$
0.7	(0.489,0.110,0.360,0.004,0.037)	0.131 9 ,0.038 5 ,0.035 3 ,0.148 2 ,0.075 1	$a_3 > a_2 > a_5 > a_1 > a_4$
0.8	(0.491,0.101,0.374,0.003,0.031)	0.133 2 ,0.038 1 ,0.035 7 ,0.150 6 ,0.074 9	$a_3 > a_2 > a_5 > a_1 > a_4$
0.9	(0.492,0.092,0.388,0.003,0.025)	0.134 5 ,0.037 7 ,0.036 0 ,0.152 9 ,0.074 5	$a_3 > a_2 > a_5 > a_1 > a_4$
1	(0.492,0.084,0.401,0.002,0.021)	0.135 7 ,0.037 5 ,0.036 5 ,0.155 0 ,0.074 2	$a_3 > a_2 > a_5 > a_1 > a_4$

表4-6中数据显示,当各准则主、客观权重的分配系数以间隔0.1从0变化到1时,所得集成后的准则综合权重均发生了一定的变化,但准则间相对大小的排序关系并没有变化,从各创新项目与正理想方案的垂面距离所得排序结果也没有发生变化,说明本节提供的基于最小叉熵的混合型主客观权重集成方法具有稳定性和合理性,通过河南自贸试验区创新项目优选的整个决策过程,也验证了本节提出的混合型多准则决策方法的有效性与可行性。

3. 对比分析

若只考虑创新型项目优选的客观权重或主观组合权重,即当$r = 0$或$r = 1$时所得综合权重,从灵敏度分析可知,当只考虑决策者所给客观评价信息或者仅依靠决策者的主观判断确定准则权重时,对创新型项目优选的排序结果没有造成明显的影响,但当参与创新项目优选的决策者变为多决策者的群体决策时,主、客观权重之间会产生明显的偏差,也会对排序结果造成显著影响。此外,针对本实例决策过程所得规范化决策矩阵x^*进行去模糊化处理,由文献[113]采用加权和法得到各方案的综合评价值分别为$E(a_1) = 0.327, E(a_2) = 0.417, E(a_3) = 0.413, E(a_4) = 0.311, E(a_5) = 0.377$,若采用传统TOPSIS法,可得各方案的贴近度分别为$R(a_1) = 0.277, R(a_2) = 0.798, R(a_3) = 0.773, R(a_4) = 0.220$,

$R(a_5)=0.688$,两种方案排序方法所得结果均为$a_2>a_3>a_5>a_1>a_4$,其最优方案为a_2,次优方案为a_3,方案a_2,a_3的排序与本节产生逆序,其余方案排序位置与本节一致,原因是去模糊化处理会导致大量模糊评价信息损失,采用客观赋权法确定各准则权重忽视了决策者的心理行为及对准则权重的主观判断,相比较而言,本节采用主客观集成所得各准则综合权重,能够兼顾客观评价信息的客观性与决策者的主观意愿,更加符合实际决策情境。

混合型多准则决策问题面临多类型准则信息的不可公度性,准则权重确定、信息融合集成或排序方法是多准则决策方法的核心。本节提出一种基于最小叉熵及垂面距离的混合型多准则决策方法,采用信息熵法确定各准则客观权重,充分挖掘各备选方案关于不同准则评价值的客观差异,以单值效用函数反映各决策者对准则评价的主观重要性认知判断,构建与准则组合主观权重向量和客观权重向量的叉熵之和最小化的优化模型获取准则综合权重,集成所得准则综合权重能够兼顾评价数据信息的客观差异以及各决策者经验、认知及专业领域等偏差对各准则重要性程度的主观判断。通过各备选方案与正、负理想方案的垂面距离对各方案排序择优,所得优劣次序结果能够保证与正理想方案越接近的方案一定与负理想方案距离越远,即与正、负理想方案两个方向的垂面距离所得排序结果完全一致。最后,通过河南自贸试验区创新项目优选验证决策方法的有效性与可行性,算例的灵敏度分析也说明准则主、客观权重集成方法的稳定性与合理性。下一步可继续探索混合型多类型信息的准则权重确定和决策者权重确定方法、混合信息一致化处理或融合集成技术,以适应多层级决策主体的实际决策需求,在大数据信息决策背景下的决策应用也值得深入挖掘。

4.3 Picture模糊多属性决策方法及河南自贸试验区创新项目优选

针对属性权重未知的Picture模糊多属性决策问题,提出一类基于Picture模糊熵和Picture模糊加权对称交叉熵的多属性决策方法。首先,以余弦函数为基础提出一类新的Picture模糊熵,并验证该熵满足Picture模糊熵的公理化定义;其次,针对标准化处理后的Picture模糊决策矩阵,以Picture模糊熵确定各属性权重,同时确定正、负理想方案;再次,计算各方案分别与正、负理想方案的Picture模糊加权对称交叉熵,考虑决策者的主观评价倾向以模糊折衷值得到各备选方案的排序结果;最后,将所提出的决策方法应用于河南自贸试验区郑州片区创新型项目遴选,并通过对比分析验证决策方法的有效性与合理性。

4.3.1 引言

Picture 模糊集(picture fuzzy set, PFS)综合考虑实际情景下决策者对备选方案评估时表现出的支持、不确定、反对和弃权等价值评判,以隶属度、中立度、非隶属度及弃权程度这四个方面的评估信息表达决策者对所面临决策问题的模糊性和不确定性[135]。相对于直觉模糊集,PFS 对模糊信息的表达和处理更具灵活性和实用性。

自 PFS 提出以来,由于其显现出的优良特性,已在多属性决策方法及其应用研究领域取得较为显著的研究成果。Cuong[135] 首先探讨了 PFS 的有界性、幂等性及单调性等性质。基于多种类型距离测度解决 Picture 模糊多属性决策问题,Wei[136] 提出基于 Picture 模糊交叉熵的多属性决策方法,并在后续将投影法拓展到 Picture 模糊决策领域[137];Thong[138] 将 PFS 与直觉模糊集相融合提出相应的多属性决策方法;Le[139] 探讨基于广义 Picture 距离测度的方案排序方法。其次,采用算子理论对 Picture 模糊评价信息进行集结,Garg[140] 提出 Picture 模糊加权平均算子、有序加权平均算子及混合加权平均算子;Wei[141] 提出 Picture 模糊二元语义加权算子;王春勇[142] 探讨一类同时考虑 Picture 模糊评价信息自身重要性和排序位次重要性的混合加权几何平均算子;Liu[143] 将 PFS 与语言术语集相结合,提出一类 Picture 模糊语言集成算子;Ashraf[144] 基于 T-模和 T-余模提出 Picture 模糊几何集成算子;陶刘芹[145] 提出几类 Picture 模糊几何集结算子,并探讨这几类算子的幂等性、有界性及置换不变性等性质。上述多种类型的 Picture 模糊信息集结算子能够处理属性之间相互独立的多属性决策问题,并通过算例分析验证决策方法的有效性与可行性。针对属性之间存在的耦合关联,已有直觉模糊、区间直觉模糊或区间直觉不确定语言环境下基于 Heronian 算子[146] 与幂几何算子[147] 的多种类型的信息集结算子及其决策方法,为属性关联 Picture 模糊多属性决策提供参考借鉴;王磊[148] 等考虑到属性间的关联性和评价信息之间的整体均衡性,提出 Picture 模糊幂几何 Heronian 平均算子和 Picture 模糊加权幂几何 Heronian 平均算子,并建立基于新算子的多属性决策方法,但该决策方法是在假设各属性权重均已知的前提下得到的。此外,Thao[149] 以 PFS 的熵值为基础构造 3 种 Picture 模糊相似性测度,根据各备选方案与正理想方案的相似度实现对方案的排序择优;李欣美[150] 等建立考虑可靠性的 Picture 模糊软似然函数,提出基于 Picture 模糊软似然函数的有序加权平均算子并应用于计算机网络犯罪证据推理。

已有 PFS 多属性决策问题的研究主要涉及两大类，一类是将直觉模糊集、直觉语言术语集等多属性决策方法拓展到 Picture 模糊决策环境下，针对 PFS 表达评估信息更具灵活性和实用性的特点将所提出的决策方法应用于实际决策问题；另一类是关于 Picture 模糊信息融合算子的研究，针对 PFS 的结构特征，更充分地挖掘和提取多种类型的评估信息，考虑各属性之间相互独立和耦合关联两种类型提出相应的信息聚合算子。但这两种类型下的多属性决策方法往往假设各属性权重是已知的，针对属性权重完全未知或部分已知的决策问题相对较少，尚未充分研究 Picture 模糊评价的属性权重确定方法。鉴于此，本节提出一类新的 Picture 模糊熵，并以此确定各属性权重，为避免经典 TOPSIS 法所得排序结果出现逆序并克服熵值测度不满足对称性的问题，同时考虑各备选方案与正、负理想方案的加权对称交叉熵，并以模糊折衷值得到各方案优劣次序。

4.3.2 预备知识

定义 1 设 X 为一给定论域，则称 $A=\{(x_i,m_A(x_i),h_A(x_i),u_A(x_i))|x_i \in X\}$ 为定义在 X 上的一个 PFS，对 $x_i \in X$，有 $m_A(x_i) \in [0,1], h_A(x_i) \in [0,1]$ 和 $u_A(x_i) \in [0,1]$，$m_A(x_i),h_A(x_i),u_A(x_i)$ 分别为 X 中元素 x 属于 A 的隶属度、中立度和非隶属度，且满足 $0 \leq m_A(x_i)+h_A(x_i)+u_A(x_i) \leq 1$，进一步称 $p_A(x_i)=1-m_A(x_i)-h_A(x_i)-u_A(x_i)$ 为 A 中元素 x_i 的弃权程度。

定义在论域 X 上的所有 PFS 记为 PFS(X)，为便于信息集结和讨论，若论域 X 中只有一个元素，则称 A 为 Picture 模糊数，并简记为 $\alpha=(\mu_\alpha,\eta_\alpha,\upsilon_\alpha)$。

定义 2 设 $A=\{(x_i,\mu_A(x_i),\eta_A(x_i),\upsilon_A(x_i))|x_i \in X\}$ 和 $B=\{(x_i,m_B(x_i),h_B(x_i),u_B(x_i))|x_i \in X\}$ 为两个 PFS，则运算法则如下：

（1）$A \subseteq B$，当且仅当 $m_A(x_i) \leq m_B(x_i), h_A(x_i) \geq h_B(x_i), u_A(x_i) \geq u_B(x_i), \forall x_i \in X$。

（2）$A=B$，当且仅当 $A \subseteq B$ 和 $B \subseteq A$。

（3）A 的补集 $\overline{A}=\{<x_i,u_A(x_i),h_A(x_i),m_A(x_i)>|x_i \in X\}$。

（4）$A \leq B$，当且仅当对于 $\forall x_i \in X$，当 $m_B(x_i) \leq u_B(x_i)$ 时，有 $m_A(x_i) \leq m_B(x_i), h_A(x_i) \geq h_B(x_i), u_A(x_i) \geq u_B(x_i)$；
当 $m_B(x_i) \geq u_B(x_i)$ 时，有 $m_A(x_i) \geq m_B(x_i), h_A(x_i) \leq h_B(x_i), u_A(x_i) \leq u_B(x_i)$。

定义 3 设 A,B 为两个 PFS，元素 x_i 的权重为 w_i，则 A 与 B 的加权 Hamming 距

离定义为

$$d(A,B)=\frac{1}{3}\sum_{i=1}^{n}w_i(|m_A(x_i)-m_B(x_i)|+|h_A(x_i)-h_B(x_i)|+|u_A(x_i)-u_B(x_i)|+|p_A(x_i)-p_B(x_i)|)$$

定义4 设 $a=(m_a,h_a,u_a)$ 和 $a_i=(m_{a_i},h_{a_i},u_{a_i})(i=1,2)$ 是论域 X 上的 3 个 Picture 模糊数,其中 l 为任意实数,则 Picture 模糊数的运算法则如下:

(1) $a_1\oplus a_2=\left(1-(1-m_{a_1})(1-m_{a_2}),h_{a_1}h_{a_2},(h_{a_1}+u_{a_1})(h_{a_2}+u_{a_2})-h_{a_1}h_{a_2}\right)$。

(2) $a_1\otimes a_2=\left((m_{a_1}+h_{a_1})(m_{a_2}+h_{a_2})-h_{a_1}h_{a_2},h_{a_1}h_{a_2},1-(1-u_{a_1})(1-u_{a_2})\right)$。

(3) $la=\left(1-(1-m_a)^l,h_a^l,(h_a+u_a)^l-h_a^l\right)$。

(4) $a^l=\left((m_a+h_a)^l-h_a^l,h_a^l,1-(1-u_a)^l\right)$。

进一步,可定义 Picture 模糊数的得分函数和精确函数分别为 $s(a)=m_a-h_a-u_a$, $h(a)=m_a+h_a+u_a$。若 $s(a_1)<s(a_2)$,则 $a_1<a_2$。若 $s(a_1)=s(a_2)$,则当 $h(a_1)<h(a_2)$ 时,有 $a_1<a_2$;当 $h(a_1)=h(a_2)$ 时,有 $a_1=a_2$。

定义5 称映射 $E:PFS(X)\to[0,1]$ 为 Picture 模糊熵,若其满足如下条件:

(1) $E(A)=0$,当且仅当对 $\forall x_i\in X$,有 $m_A(x_i)=1,h_A(x_i)=u_A(x_i)=0$ 或 $m_A(x_i)=h_A(x_i)=0,u_A(x_i)=1$。

(2) 对 $\forall x_i\in X$,当 $m_A(x_i)=h_A(x_i)=u_A(x_i)$ 时,有 $E(A)=1$。

(3) $E(A)=E(\bar{A})$,对 $\forall A\in PFS(X)$。

(4) 若 $A\leq B$,则有 $E(A)\leq E(B)$。

4.3.3 一类新的 Picture 模糊熵的构建

文献[149]以传统信息熵定义为基础提出 3 种 Picture 模糊熵,这 3 种模糊熵的表达式均以 $a^*=(0.25,0.25,0.25)$ 为参照,将单个属性下所有方案的 Picture 模糊评价值作为 PFS,进而通过 Picture 模糊熵确定各属性权重。本节另辟蹊径,基于余弦函数构造一类新的 Picture 模糊熵。

对于任意的 Picture 模糊集 $A=\{(x_i,m_A(x_i),h_A(x_i),u_A(x_i))|x_i\in X\}$,定义测度

$$E(A)=\frac{1}{n}\sum_{i=1}^{n}\cos\frac{(m_A(x_i)+h_A(x_i))^2-(h_A(x_i)+u_A(x_i))^2}{2}\pi \qquad (4-47)$$

定理1 由式(4-47)定义的测度 $E(A)$ 是一个 Picture 模糊熵。

证明：需要依次验证式（4-47）满足定义5中关于Picture模糊熵公理化定义的4个条件。由式（4-47）可知$0 \leq E(A) \leq 1$，对于条件（1），若$x_i \in X$都有$m_A(x_i)=1, h_A(x_i)=u_A(x_i)=0$或$m_A(x_i)=h_A(x_i)=0, u_A(x_i)=1$成立，则显然有$E(A)=0$；反过来，若$E(A)=0$，即

$$\frac{1}{n}\sum_{i=1}^{n} \cos\frac{(m_A(x_i)+h_A(x_i))^2+(h_A(x_i)+u_A(x_i))^2}{2}\pi = 0$$

则对$x_i \in X$，都有

$$\cos\frac{(m_A(x_i)+h_A(x_i))^2+(h_A(x_i)+u_A(x_i))^2}{2}\pi = 0$$

从而只能有$m_A(x_i)+h_A(x_i)=0, h_A(x_i)+u_A(x_i)=1$或$m_A(x_i)+h_A(x_i)=1, h_A(x_i)+u_A(x_i)=0$，即$m_A(x_i)=0, h_A(x_i)=0, u_A(x_i)=1$或$m_A(x_i)=1, h_A(x_i)=0, u_A(x_i)=0$，此时$A=\{(x_i,1,0,0)|x_i \in X\}$或$A=\{(x_i,0,0,1)|x_i \in X\}$。

对于条件（2），当$m_A(x_i)=h_A(x_i)=u_A(x_i)$时，有$m_A(x_i)+h_A(x_i)=h_A(x_i)+u_A(x_i)$，从而有$E(A)=1$。

对于条件（3），有$E(\bar{A})=\frac{1}{n}\sum_{i=1}^{n}\cos\frac{(u_A(x_i)+h_A(x_i))^2+(h_A(x_i)+m_A(x_i))^2}{2}\pi = E(A)$。

对于条件（4），构造函数$f(x,y,z)=\cos\frac{(x+y)^2+(y+z)^2}{2}\pi$，其中，$x,y,z \in [0,1]$，对$f(x,y,z)$关于$x,y,z$求偏导数，可得：

$$\frac{\partial f}{\partial x} = -\pi(x+y)\sin\frac{(x+y)^2+(y+z)^2}{2}\pi$$

$$\frac{\partial f}{\partial y} = -\pi(x+z)\sin\frac{(x+y)^2+(y+z)^2}{2}\pi$$

$$\frac{\partial f}{\partial z} = -\pi(y+z)\sin\frac{(x+y)^2+(y+z)^2}{2}\pi$$

易知当$x \leq z$时，有$\frac{\partial f}{\partial x} \geq 0, \frac{\partial f}{\partial y} \leq 0, \frac{\partial f}{\partial z} \leq 0$，此时$f(x,y,z)$关于$x$单调增加，关于$y,z$单调减少，从而当$m_B(x_i) \leq u_B(x_i)$和$m_A(x_i) \leq m_B(x_i), h_A(x_i) \geq h_B(x_i), u_A(x_i) \geq u_B(x_i)$时，有$f(m_A(x_i),h_A(x_i),u_A(x_i)) \leq f(m_B(x_i),h_B(x_i),u_B(x_i))$。

当$x \geq z$时，有$\frac{\partial f}{\partial x} \leq 0, \frac{\partial f}{\partial y} \geq 0, \frac{\partial f}{\partial z} \geq 0$，此时$f(x,y,z)$关于$x$单调减少，关于$y,z$单

调增加，从而当 $m_B(x_i) \geq u_B(x_i)$ 和 $m_A(x_i) \geq m_B(x_i), h_A(x_i) \leq h_B(x_i), u_A(x_i) \leq u_B(x_i)$ 时，同样有 $f(m_A(x_i), h_A(x_i), u_A(x_i)) \leq f(m_B(x_i), h_B(x_i), u_B(x_i))$。

因此，当 $A \leq B$ 时，有 $E(A) = \frac{1}{n}\sum_{i=1}^{n} f(m_A(x_i), h_A(x_i), u_A(x_i)) \leq \frac{1}{n}\sum_{i=1}^{n} f(m_B(x_i), h_B(x_i), u_B(x_i))$，即 $E(A) \leq E(B)$ 成立。这样就验证了式（4-47）满足 Picture 模糊熵公理化定义的 4 个条件，其是一个 Picture 模糊熵。

进一步，为检验本节提出的 Picture 模糊熵的有效性，令 $A = \{(x_1, 0.2, 0.5, 0.25), (x_2, 0.35, 0.3, 0.15)\}$ 为定义在论域 $X = \{x_1, x_2\}$ 上的 PFS，考虑到语言术语的特征，将 A 认定为"大"，根据定义 4 中 Picture 模糊数的运算法则，用 A^2, A^3, A^4 分别表示"很大""非常大""非常非常大"，则：

$$A^2 = \{(x_1, 0.24, 0.25, 0.437\,5), (x_2, 0.332\,5, 0.09, 0.277\,5)\}$$
$$A^3 = \{(x_1, 0.218, 0.125, 0.578\,1), (x_2, 0.247\,6, 0.027, 0.385\,9)\}$$
$$A^4 = \{(x_1, 0.177\,6, 0.062\,5, 0.683\,6), (x_2, 0.170\,4, 0.008\,1, 0.478\,0)\}$$

根据式（4-43）可得 $E(A) = 0.967\,2, E(A^2) = 0.965\,8, E(A^3) = 0.909\,4, E(A^4) = 0.828\,5$，可知该 Picture 模糊熵满足性质 $E(A) > E(A^2) > E(A^3) > E(A^4)$，即验证了式（4-26）的合理有效性。

4.3.4 属性权重完全未知的 Picture 模糊多属性决策方法

针对属性权重完全未知的 Picture 模糊多属性决策问题，设 $B = \{B_1, B_2, \cdots, B_m\}$ 表示方案集，$C = \{C_1, C_2, \cdots, C_n\}$ 表示属性集，方案 $B_i(i = 1, 2, \cdots, m)$ 在属性 $C_j(j = 1, 2, \cdots, n)$ 下的评价值为 Picture 模糊数，表示为 $x_{ij} = (m_{ij}, h_{ij}, u_{ij})$，其中 $m_{ij}, h_{ij}, u_{ij} \in [0,1]$，$m_{ij} + h_{ij} + u_{ij} \leq 1$，且分别表示方案 B_i 关于属性 C_j 的隶属度、中立度和非隶属度，从而得到各方案关于所有属性评估的 Picture 模糊决策矩阵 $D = \{x_{ij}\}_{m \times n} = \{(\mu_{ij}, \eta_{ij}, \upsilon_{ij})\}_{m \times n}$。各属性的权重完全未知，设为 $W = (w_1, w_2, \cdots, w_n)$，且满足 $w_j \geq 0, \sum_{j=1}^{n} w_j = 1, j = 1, 2, \cdots, n$。

1. 基于 Picture 模糊熵确定各属性权重

将提出的 Picture 模糊熵应用于确定各属性权重，可计算各备选方案关于单个属性评价值的 Picture 模糊熵，若属性 C_j 相对于其他属性对所有备选方案的

Picture模糊熵值的总和较大，则各方案关于该属性的Picture模糊评价的变异程度越小，该属性对决策专家提供的有效信息越少，则该属性对备选方案排序择优起到的作用越小，应被赋予越小的权重；反之，若属性C_j相对于其他属性对所有备选方案的Picture模糊熵值的总和较小，则该属性对决策专家提供了更为有效的方案排序择优信息，应对该属性赋予较大的权重。从而基于Picture模糊熵得到各属性的权重为

$$w_j = \frac{1 - \frac{1}{m}\sum_{i=1}^{m}E(x_{ij})}{\sum_{j=1}^{n}\left(1 - \frac{1}{m}\sum_{i=1}^{m}E(x_{ij})\right)}, j = 1, 2, \cdots, n \qquad (4-48)$$

2. Picture模糊对称交叉熵排序方法

文献[136]通过计算各方案到所定义正理想方案的Picture模糊加权交叉熵对各方案排序，Picture模糊加权交叉熵越大的备选方案排序越靠前，所定义的Picture模糊加权交叉熵能够度量各方案与正理想方案的距离远近或差异程度，但该Picture模糊加权交叉熵并不满足对称性和三角不等式，计算所得结果并不能反映某方案与正理想方案的真正距离。由于Picture模糊交叉熵实质上是两个Picture模糊集之间距离的度量，除各方案与正理想方案的加权对称交叉熵外，仍需要考虑各方案与负理想方案的模糊加权对称交叉熵，基于加权对称交叉熵以新定义的贴近度实现对各方案的排序择优。

首先，根据Picture模糊决策矩阵$D = \{x_{ij}\}_{m \times n}$可确定正、负理想方案分别为

$$B^+ = (x_1^+, x_2^+, \cdots, x_n^+), B^- = (x_1^-, x_2^-, \cdots, x_n^-)$$

其中：

$$\begin{aligned} x_j^+ &= (m_j^+, h_j^+, u_j^+) = (\max_i m_{ij}, \min_i h_{ij}, \min_i u_{ij}) \\ x_j^- &= (m_j^-, h_j^-, u_j^-) = (\min_i m_{ij}, \max_i h_{ij}, \max_i u_{ij}) \end{aligned} \qquad (4-49)$$

且$p_j^+ = 1 - \max_i m_{ij} - \min_i h_{ij} - \min_i u_{ij}, p_j^- = 1 - \min_i m_{ij} - \max_i h_{ij} - \max_i u_{ij}, j = 1, 2, \cdots, n$。

其次，依据所得各属性权重及正、负理想方案，可得方案B_i到正理想方案B^+的Picture模糊加权交叉熵为

$$\begin{aligned} C(B_i, B^+) = &\sum_{j=1}^{n} w_j \left[m_{ij} \ln \frac{2m_{ij}}{m_{ij} + m_j^+} + (1 - m_{ij}) \ln \frac{2(1 - m_{ij})}{2 - m_{ij} - m_j^+} \right] + \\ &\sum_{j=1}^{n} w_j \left[h_{ij} \ln \frac{2h_{ij}}{h_{ij} + h_j^+} + (1 - h_{ij}) \ln \frac{2(1 - h_{ij})}{2 - h_{ij} - h_j^+} \right] + \\ &\sum_{j=1}^{n} w_j \left[u_{ij} \ln \frac{2u_{ij}}{u_{ij} + u_j^+} + (1 - u_{ij}) \ln \frac{2(1 - u_{ij})}{2 - u_{ij} - u_j^+} \right] \end{aligned} \qquad (4-50)$$

同样的，可得正理想方案B^+到方案B_i的Picture模糊加权交叉熵$C(B^+,B_i)$，从而得到方案B_i与正理想方案B^+的Picture模糊加权对称交叉熵为

$$D(B_i,B^+) = C(B_i,B^+) + C(B^+,B_i) \qquad (4-51)$$

同理可计算方案B_i与负理想方案B^-的Picture模糊加权对称交叉熵为

$$D(B_i,B^-) = C(B_i,B^-) + C(B^-,B_i) \qquad (4-52)$$

若$D(B_i,B^+)$越小，则方案B_i与正理想方案B^+越接近，该方案越优，反之亦然；若$D(B_i,B^-)$越大，则方案B_i与负理想方案B^-越远离，该方案越优，反之亦然。容易证明$D(B_i,B^+) \geq 0$，$D(B_i,B^+) = 0$当且仅当$B_i = B^+$时成立；$D(B_i,B^-) \geq 0$，$D(B_i,B^-) = 0$当且仅当$B_i = B^-$时成立；此外，Picture模糊加权对称交叉熵满足三角不等式，即对备选方案B_i，有$D(B_i,B^+) + D(B_i,B^-) \geq D(B^+,B^-)$，当且仅当$B_i = B^+$或$B_i = B^-$时等号成立。

最后，要实现对各方案的排序择优，若单独采用各方案与正理想方案或负理想方案的Picture模糊加权对称交叉熵进行排序，可能会出现某方案在两种排序方式下的次序并不一致，使排序结果并没有从所有方案的整体反映各方案的实际优劣程度。因此，需要同时考虑各方案与正、负理想方案的Picture模糊加权对称交叉熵，通过引入如下的模糊折衷值对各方案排序，即

$$p_i = e \times \frac{\max_i\{D(B_i,B^+)\} - D(B_i,B^+)}{\max_i\{D(B_i,B^+)\} - \min_i\{D(B_i,B^+)\}} + (1-e) \times \frac{D(B_i,B^-) - \min_i\{D(B_i,B^-)\}}{\max_i\{D(B_i,B^-)\} - \min_i\{D(B_i,B^-)\}} \qquad (4-53)$$

其中，$e \in [0,1]$表示决策者对各备选方案的主观评价倾向，其不同取值代表决策者对备选方案与正、负理想方案的Picture模糊加权对称交叉熵重视程度的差异。特别的，若对两种熵测度同等对待，则取$e = 0.5$。p_i越大的方案越优，可根据各方案的模糊折衷值p_i得到各方案排序结果。

3. Picture模糊多属性决策步骤

Step1：针对建立的Picture模糊多属性决策矩阵$D = \{x_{ij}\}_{m \times n}$，将该矩阵进行标准化处理，转化为规范化Picture模糊决策矩阵$\tilde{D} = \{\tilde{x}_{ij}\}_{m \times n}$，其中，若$C_j$为效益型属性，则$\tilde{x}_{ij} = (m_{ij},h_{ij},u_{ij})$；若$C_j$为成本型属性，则$\tilde{x}_{ij} = (u_{ij},h_{ij},m_{ij})$。

Step2：由式(4-47)～式(4-48)和决策矩阵$\tilde{D}$确定各属性权重，并由式(4-28)确定正、负理想方案。

Step3：根据式(4-50)～式(4-52)计算各方案分别与正、负理想方案的Picture模糊加权对称交叉熵。

Step4：通过式(4-53)计算各备选方案的模糊折衷值，并依据模糊折衷值得到各备选方案的优劣次序。

4.3.5 算例分析

河南自贸试验区郑州片区在全省"改革试验田"和"开放先行区"的引领作用持续显现,已初步建成中西部地区制度性创新高地。郑州片区拟在"十四五"开局之年遴选一批创新型项目作为新阶段重点建设和推进的对象,备选项目主要有便利蜂河南区域总部项目B_1、安钢自动化软件郑州总部项目B_2、慧谷智造工坊孵化器项目B_3、豫新企业服务中心项目B_4,以及益海嘉里粮食加工项目B_5。决策专家拟从项目综合效益C_1、项目对相关企业既定中长期战略的支持度C_2、项目开发成本C_3、新设立项目与企业原有项目间的相关性C_4,以及项目风险状况C_5这5个方面展开评估,所提供的Picture模糊评价信息如表4-7所示。以下利用本节提出的决策方法协助郑州片区遴选适合投资的最优创新型项目。

表4-7 决策专家提供的Picture模糊评价信息

方案	C_1	C_2	C_3	C_4	C_5
B_1	(0.5,0.3,0.1)	(0.4,0.3,0.2)	(0.1,0.6,0.2)	(0.3,0.5,0.1)	(0.2,0.5,0.1)
B_2	(0.6,0.1,0.2)	(0.5,0.2,0.2)	(0.2,0.3,0.4)	(0.4,0.3,0.1)	(0.3,0.1,0.2)
B_3	(0.5,0.1,0.3)	(0.1,0.5,0.2)	(0.1,0.5,0.2)	(0.3,0.3,0.4)	(0.7,0.1,0.1)
B_4	(0.5,0.1,0.2)	(0.6,0.2,0.1)	(0.2,0.4,0.1)	(0.6,0.1,0.2)	(0.5,0.1,0.2)
B_5	(0.4,0.2,0.3)	(0.3,0.4,0.2)	(0.3,0.4,0.2)	(0.9,0.0,0.1)	(0.6,0.1,0.2)

1. 算例决策步骤

Step1:由于属性C_3为成本型属性,其余属性均为效益型属性,将各备选创新型项目关于所有属性的Picture模糊评价信息构成的决策矩阵D进行标准化处理,得到对应的规范化决策矩阵D为

$$D = \begin{bmatrix} (0.5,0.3,0.1) & (0.4,0.3,0.2) & (0.2,0.6,0.1) & (0.3,0.5,0.1) & (0.2,0.5,0.1) \\ (0.6,0.1,0.2) & (0.5,0.2,0.2) & (0.4,0.3,0.2) & (0.4,0.3,0.1) & (0.3,0.1,0.2) \\ (0.5,0.1,0.3) & (0.1,0.5,0.2) & (0.2,0.5,0.1) & (0.3,0.3,0.4) & (0.7,0.1,0.1) \\ (0.5,0.1,0.2) & (0.6,0.2,0.1) & (0.1,0.4,0.2) & (0.6,0.1,0.2) & (0.5,0.1,0.2) \\ (0.4,0.2,0.3) & (0.3,0.4,0.2) & (0.2,0.4,0.3) & (0.9,0.0,0.1) & (0.6,0.1,0.2) \end{bmatrix}$$

Step2:针对规范化属性评价值$\tilde{x}_{ij}(i,j=1,2,\cdots,5)$,由式(4-47)可得各属性评价值的Picture模糊熵值,从而构成的Picture模糊熵矩阵$E=\{E(\tilde{x}_{ij})\}_{5\times5}$为

$$E = \begin{pmatrix} 0.729\,0 & 0.929\,8 & 0.972\,4 & 0.904\,8 & 0.979\,2 \\ 0.809\,0 & 0.868\,6 & 0.929\,8 & 0.868\,6 & 0.994\,0 \\ 0.951\,1 & 0.979\,2 & 0.979\,2 & 0.979\,2 & 0.587\,8 \\ 0.911\,4 & 0.649\,4 & 0.985\,1 & 0.809\,0 & 0.911\,4 \\ 0.985\,1 & 0.979\,2 & 0.979\,2 & 0.309\,0 & 0.809\,0 \end{pmatrix}$$

进一步，由式 (4-44) 得到各属性权重分别为

$$w_1 = 0.191\,4, w_2 = 0.185\,0, w_3 = 0.048\,1, w_4 = 0.351\,7, w_5 = 0.223\,8$$

由式 (4-49) 确定的正、负理想方案分别为

$$B^+ = ((0.6,0.1,0.1),(0.6,0.2,0.1),(0.4,0.3,0.1),(0.9,0.0,0.1),(0.7,0.1,0.1))$$
$$B^- = ((0.4,0.3,0.3),(0.1,0.5,0.2),(0.1,0.6,0.3),(0.3,0.5,0.2),(0.2,0.5,0.2))$$

Step3：根据确定的各属性权重，由式 (4-50) ～式 (4-51) 得到各方案到正理想方案的 Picture 模糊加权交叉熵分别为

$$C(B_1,B^+) = 0.182\,0, C(B_2,B^+) = 0.096\,0, C(B_3,B^+) = 0.159\,0, C(B_4,B^+) = 0.042\,9, C(B_5,B^+) = 0.031\,6$$

同时得到正理想方案到各方案的 Picture 模糊加权交叉熵分别为

$$C(B^+,B_1) = 0.253\,7, C(B^+,B_2) = 0.142\,5, C(B^+,B_3) = 0.208\,3, C(B^+,B_4) = 0.061\,1, C(B^+,B_5) = 0.034\,9$$

从而可得各方案与正理想方案的 Picture 模糊加权对称交叉熵分别为

$$D(B_1,B^+) = 0.435\,7, D(B_2,B^+) = 0.238\,5, D(B_3,B^+) = 0.367\,3, D(B_4,B^+) = 0.104\,0, D(B_5,B^+) = 0.066\,6$$

同理可得各方案与负理想方案的 Picture 模糊加权对称交叉熵分别为

$$D(B_1,B^-) = 0.098\,6, D(B_2,B^-) = 0.202\,0, D(B_3,B^-) = 0.143\,0, D(B_4,B^-) = 0.286\,1, D(B_5,B^-) = 0.498\,2$$

Step4：取 $e = 0.5$，通过式 (4-53) 计算得到各备选方案的模糊折衷值分别为

$$p_1 = 0, p_2 = 0.396\,5, p_3 = 0.148\,2, p_4 = 0.683\,9, p_5 = 1$$

按照模糊折衷值 p_i 确定各备选方案的优劣次序为 $B_5 > B_4 > B_2 > B_3 > B_1$，即应当率先选择投资益海嘉里粮食加工项目。

2. 对比分析

上述算例分析所得各方案的模糊折衷值及排序结果是在 e 取 0.5 的前提下得到的，由于 e 体现决策者对各方案与正、负理想方案的 Picture 模糊加权对称交叉熵这一距离测度的主观侧重程度偏差，因此，需要考虑 e 在区间 [0,1] 取值的变化对方案排序结果的影响，得到不同 e 取值下各方案的模糊折衷值及排序结果，具体如表 4-8 所示，可知 e 取值变化对创新型项目排序结果并不构成显著影响，方案排序结果始终是 $B_5 > B_4 > B_2 > B_3 > B_1$，验证了本节提出的基于 Picture 模糊熵和 Picture 模糊加权对称交叉熵决策方法的稳定性。

表 4-8 e 取值变化对创新型项目排序结果的影响

e	各备选创新型项目的模糊折衷值					排序结果
	B_1	B_2	B_3	B_4	B_5	
0	0	0.258 8	0.111 1	0.469 2	1	$B_5>B_4>B_2>B_3>B_1$
0.1	0	0.286 3	0.118 5	0.512 2	1	$B_5>B_4>B_2>B_3>B_1$
0.2	0	0.313 9	0.126 0	0.555 1	1	$B_5>B_4>B_2>B_3>B_1$
0.3	0	0.341 4	0.133 4	0.598 1	1	$B_5>B_4>B_2>B_3>B_1$
0.4	0	0.369 0	0.140 8	0.641 0	1	$B_5>B_4>B_2>B_3>B_1$
0.5	0	0.396 5	0.148 2	0.683 9	1	$B_5>B_4>B_2>B_3>B_1$
0.6	0	0.424 1	0.155 6	0.726 9	1	$B_5>B_4>B_2>B_3>B_1$
0.7	0	0.451 6	0.163 1	0.769 8	1	$B_5>B_4>B_2>B_3>B_1$
0.8	0	0.479 2	0.170 5	0.812 8	1	$B_5>B_4>B_2>B_3>B_1$
0.9	0	0.506 7	0.177 9	0.855 7	1	$B_5>B_4>B_2>B_3>B_1$
1.0	0	0.534 3	0.185 3	0.898 7	1	$B_5>B_4>B_2>B_3>B_1$

首先，若根据确定的各属性权重对矩阵 D 进行加权，并由 Picture 模糊数的运算法则可得各方案的 Picture 模糊综合评价值分别为 $B_1'=(0.338\ 5,0.416\ 2,0.124\ 7)$，$B_2'=(0.444\ 4,0.176\ 4,0.182\ 5)$，$B_3'=(0.427\ 5,0.214\ 1,0.257\ 4)$，$B_4'=(0.5437,0.1216,0.1887)$，$B_5'=(0.6957,0,0.2662)$，对应的得分函数值分别为 $s(B_1)=$ 0.202 4，$s(B_2)=0.085\ 5$，$s(B_3)=$ 0.044 0，$s(B_4)=0.233\ 4$，$s(B_5)=0.429\ 5$，依据各方案综合评价值得分函数的大小得到排序结果依然是 $B_5>B_4>B_2>B_3>B_1$，也验证了本节决策方法的有效性。

其次，若采用式 (4-46) 定义的 PFS 加权 Hamming 距离测度，采用离差最大化法[152]求解得到的属性权重向量为 $W=(0.123\ 6,0.179\ 8,0.172\ 3,0.292\ 1,0.232\ 2)$，计算得到各方案与正、负理想方案的 Hamming 距离分别为

$d(B_1,B^+)=0.241\ 8, d(B_2,B^+)=0.138\ 4, d(B_3,B^+)=0.206\ 1, d(B_4,B^+)=0.108\ 9, d(B_5,B^+)=0.100\ 8$
$d(B_1,B^-)=0.096\ 5, d(B_2,B^-)=0.199\ 9, d(B_3,B^-)=0.132\ 2, d(B_4,B^-)=0.229\ 5, d(B_5,B^-)=0.237\ 6$

从而基于 TOPSIS 法计算得到各方案的相对贴近度分别为 $r_1=0.285\ 2, r_2=0.590\ 9, r_3=0.390\ 8, r_4=0.678\ 2, r_5=0.702\ 1$，相对贴近度越大的方案越优，得到各方案的排序结果为 $B_5>B_4>B_2>B_3>B_1$，与本节决策方法的排序结果完全一致。但经典 TOPSIS 法往往采用欧氏距离等度量不同方案与理想解之间的

差异性，容易出现与正理想解距离最近的方案却与负理想解的距离并非最远，导致排序结果并没有反映各备选方案的实际优劣程度；而本节采用 Picture 模糊加权对称交叉熵代替欧式距离等距离测度能够弥补这一缺憾，使方案排序结果更为稳健。

最后，若采用基于垂面距离的改进 TOPSIS 法求解本节算例，可得各方案与正理想解的垂面距离分别为

$$H_1^+ = 0.241\ 8, H_2^+ = 0.138\ 4, H_3^+ = 0.206\ 1, H_4^+ = 0.108\ 8, H_5^+ = 0.100\ 7$$

H_i^+ 越小的方案越优，得到各方案的优劣次序为 $B_5 > B_4 > B_2 > B_3 > B_1$，同样与本节排序方法所得结果完全一致。该方法是对经典 TOPSIS 法的改进，各方案与正理想方案或负理想方案的垂面距离所得两种排序结果是一致的，避免造成两种方向下方案位次出现逆排序的问题；而本节提出的针对 Picture 模糊评价信息的决策方法，也能够达到这一排序效果。

在本节所定义的 Picture 模糊熵确定各属性权重的基础上，与已有属性权重已知的 Picture 模糊决策方法进行比较分析。用文献 [149] 提出的基于 Picture 模糊加权相似性测度的多属性决策方法解决本节算例，可得各方案与正理想方案的 Picture 模糊加权相似度分别为

$S(B_1, B^+) = 0.916\ 2, S(B_2, B^+) = 0.961\ 0, S(B_3, B^+) = 0.924\ 0, S(B_4, B^+) = 0.984\ 1,\ S(B_5, B^+) = 0.984\ 3$

进一步得到各方案的排序结果为 $B_5 > B_4 > B_2 > B_3 > B_1$，与本节排序方法也是一致的。此外，文献 [136] 只采用各方案到正理想方案的 Picture 模糊加权交叉熵进行排序，将该方法用于解决本节算例，所得排序结果也与本节决策方法保持一致，但 Picture 模糊加权交叉熵不具有对称性。与上述两种决策方法相比，Picture 模糊加权对称交叉熵能够度量两个 PFS 的实际距离，满足距离测度衡量两个系统离差程度的对称性和有界性，避免排序结果出现逆序；同时考虑各备选方案与正、负理想方案的 Picture 模糊加权对称交叉熵，并以决策者对两种熵值的主观态度倾向提出各方案的模糊折衷值，从而实现对备选方案的排序择优。经上述多种情形下的对比分析，说明了本节决策方法的可行性与有效性。

由于 PFS 对多准则决策问题中各准则的评价包含赞成、中立、反对和弃权这四个方面，相对于 Zadeh 模糊集、直觉模糊集、Pythagorean 模糊集及其扩展形式，PFS 对各准则评估的信息更加全面，能够更精细地处理实际多准则决策问题中的不确定性和模糊性。本节充分考虑 PFS 的模糊程度，提出一类属性权重未知的 Picture 模糊多属性决策方法，将本节方法应用于实际多准则决策情境，其应用难点体现在如何将决策专家对决策对象关于各准则的原始评价信息经统计分析和合理转化，转变为 Picture 模糊数，并确保不造成较为明显的信息损失。多准则决策方法应用的关键是针对各准则评价的具体含义构造 Picture

模糊决策矩阵，从而确定各准则权重并计算各备选方案分别与正、负理想方案的 Picture 模糊加权对称交叉熵，最终得到各备选方案的排序结果。

4.4　本章小结

针对河南自贸试验区创新型项目优选决策问题，提出一种基于前景理论及改进 TODIM 法的多维异质偏好信息混合的多准则决策方法，该决策方法具有以下优势：①基于创新型项目整体运作需要各类别资源状况、运作过程体系、所处市场环境及依赖的技术支持条件等的差异，通过五种不同类型异质偏好信息反映创新型项目优选指标的多样性及所能采集到的原始决策信息来源的广泛性；②由于创新型项目在群体层面的冲突博弈以及决策主体的认知偏好，考虑决策主体的有限理性心理行为特征与对待收益、损失的风险态度，基于垂面距离计算各备选创新型项目在单个准则下的前景价值，并以综合前景值的总和最大化确定各准则权重，所求准则权重反映出决策者心理行为造成的准则权重不确定性；③为避免扩大决策者面对风险时的损失程度，改进 TODIM 法中收益和损失的优势度计算，以总优势度和相对总优势度两种方式对创新型项目排序择优，并探讨多个参数变化对方案排序结果的影响。

为解决属性权重未知的 Picture 模糊评价问题，构造新的 Picture 模糊熵确定各属性权重，通过计算各方案与正、负理想方案的 Picture 模糊加权对称交叉熵，并以纳入决策者主观态度倾向的模糊折衷值获取各备选方案优劣次序，并经算例分析及对比分析，验证该决策方法的有效性与合理性。该决策方法能够规避备选方案排序结果中可能出现的逆序问题，以加权对称交叉熵同时考虑各方案接近正理想方案和远离负理想方案的程度，保证获得较为稳健的排序结果。提出的 Picture 模糊熵可应用到采用 PFS 表达模糊信息（或数据信息转化为 PFS）的图像处理、模式识别及智能医疗诊断等领域，所提出的多准则决策方法可应用到新兴信息技术商业化应用潜力评价、计算机网络犯罪证据推理及风险投资项目选择等多准则决策问题，能够充分发挥 PFS 表达模糊信息的优势，具备较高的实际应用价值。接着，可继续研究属性权重完全未知或部分已知的 Picture 模糊群决策方法，或深入探索考虑属性关联的信息聚合算子，亦可从实际决策需求出发研究区间 PFS、广义 PFS 等 PFS 的扩展形式，这些均具有较高的理论价值与实际决策意义。最后，可继续探索混合型评价信息的准则权重确定、多维信息一致化处理或融合集成技术，在大数据信息决策背景下的实际应用也值得深入挖掘。

第 5 章 依托自贸试验区助推河南产业转型升级策略分析

5.1 引言

中部地区崛起、黄河流域生态保护和高质量发展[153]等众多国家级战略在河南交汇，突显出河南在全国推动经济高质量发展大局中的地位，为推进河南产业转型升级、促进产业高质量发展、激发产业开放发展活力、实现跨越式发展提供了重大历史机遇。2020 年是"十三五"规划收官之年，河南以稳增长、促转型、统筹推进疫情防控和经济社会发展为主要任务，把制造业高质量发展作为主攻方向，急需在加快产业转型升级中蓄势赋能。纵观近年来河南省所拥有的多个国家级战略平台[154-155]，其中河南自贸试验区持续深化改革创新，多维度搭建开放平台，改革红利加速释放，发展动能全面增强，形成高水平开放、高质量发展的良好态势，与其他战略平台融合，争创制度性开放新高地，为河南实施制造业高质量发展行动、全面加快产业转型升级做出了重大贡献。但是，产业转型升级任务依然艰巨，产业技术升级与结构升级面临困难和挑战，新冠疫情防控又对推进产业升级进程造成一定的干扰，风险隐患不容忽视。如何进一步加快河南制造业高质量发展，培育壮大一批新一代信息技术、新能源、高端装备、新型材料等战略性新兴产业，加快推进产业数字化、网络化、智能化、绿色化转型升级，成为当前河南经济社会发展的主要任务。

5.2 全球产业链冲击背景下的中国产业数字化转型升级

面对新冠肺炎疫情对全球经济带来的巨大破坏和持续冲击[156]，经济全球化正遭遇前所未有的考验，加上中美贸易摩擦以来美国实施的对华高科技产业"脱钩"计划，对中国持续推动的产业转型升级有一定的抑制作用。全球产链遭受严重破坏,迫使全球经济进入大萧条的可能性增加,也对中国经济社会发展和国家安全造成影响。当前,美国等国家对中国实行的产业切割、脱钩,其实质是在全球产业链中对中国可能对其造成威胁的高科技产业或高端制造业进行精准打击,迫使中国无法按原计划实现产业转型升级,无法挑战美国在高科技领域的霸主地位;但是在当今经济高度全球化、信息化和一体化的情形下[157],制造业大国之间在产业发展上相互依存、高度依赖,美国等国家推行的产业脱钩在失去中国庞大市场的同时,会对自身的产业经济带来巨大的损失;再者,产业、资本具有趋利性,政府脱钩或干预只是短时、局部有效,但终究无法对抗全球分工及利益驱动下的产业移动,所谓产业脱钩终究抵不过资本市场的利益驱使。因此,针对全球产业链遭受的重创,我国应当继续致力构建相对独立且完整的产业链,主动参与全球产业链重塑,有针对性地制定产业政策,支持以华为、中兴为代表的高科技企业和高端制造业,在全球竞争市场中有步骤、有计划地推动产业从中低端向高端的转型升级。

5.2.1 中国产业转型升级的独特性

从劳动密集型产业向资金密集型产业过渡,资金密集型产业再向技术密集型产业发展是世界各国普遍经历的产业转型升级路径[158]。在这一过程中,对于整个国民经济来说,往往会经历第一产业比重持续下降、第二产业比重先升后降,以及第三产业比重持续提升的一般规律。[159]从主导产业的角度来看,会经历从轻工业到重化工业,再到高新技术产业或高端制造业,然后再发展到后工业化时期以服务业为主导的产业发展历程。具体到制造业领域,随着一国经济水平的不断提高,体现出低技术制造业份额逐步下降、中等技术制造业长期持久平稳、高技术制造业份额明显上升的普遍趋势[160]。虽然我国也经历了相似的产业经济发展过程与产业升级规律,但却显现出一些有别于其他国家产业升级的独特性,一是新技术、高附加值产业有限且需求空间增长缓慢,我国的超大规模市场经济难以与此匹配,为保障高新技术制造业的平稳发展,规避或减少与欧美国家发生恶性竞争,应当在一个相当长的时期规划高新技术制造业的发展,避免资金、研发投入等短期内过度集中于高端制造业。二是庞大的人口规模且劳动力基数大,导致对低技术劳动密集型产业难以采取有效的支持措施,不能确保此类产业维持传统的竞争优势,出现大量低技术劳动密集型产业向其他发展中国家转移的状况。这一状况应当辩证来看,一方面,低技术劳动密集型产业对外转移会加速我国的产业转型升级,也是改善我国产业结构的必然趋势;另一方面,长期以来我国的产业发展是不平衡不充分的,中西部地区尤其是三、四线城市或乡镇依然对劳动密集型产业较为依赖,此类产业对促进当地劳动力就业、推动地方经济发展发挥了巨大的作用,劳动密集型产业庞大的规模效应不容小觑,在偏远地区,该类产业的社会效益和经济效益并没有降低,但是与其他发展中国家相比,我国的劳动密集型产业面临较为严峻的竞争态势,其核心竞争力有下降的趋势。因此,在产业整体向中高端转型升级的同时,应当在局部区域维持对传统劳动密集型产业的支持力度,以维持传统劳动密集型产业的竞争力,不放弃传统产业并助推其稳步转型升级。此外,在实施乡村振兴战略[161]的过程中,持续加大了对农村集体经济的扶持力度,也要求重视对传统劳动密集型产业的转型升级。

5.2.2 中国产业数字化转型升级的机遇与挑战

1. 新工业革命为中国产业升级带来的机遇

随着大数据、云计算、人工智能、物联网及区块链等新技术的迅速崛起[162],以持续收集数据、处理数据、采取行动及接收反馈循环为步骤的智能认知模式成为所有新技术的基础,成体系且互有联系的技术创新促进新一轮科技革命和产业变革,即"第四次工业革命"或"新工业革命"[163]。新工业革命以人、机器和资源间的职能互联为特征,最鲜明的价值体现在制造业领域,主要是制造业的数字化、智能化、平台化和服务化,为我国产业转型提升提供了重大机遇和充分空间。首先,制造业的数字化和智能化发展能够解决劳动密集型产业中劳动力成本持续上升、劳动力短缺的问题,智能机器人的大规模使用取代大量人工,这也是历次工业革命的一般规律[164],同时为劳动者创造了不同于以往的工作机会,使数字智能技术渗透到全产业链的产品研发、设计、生产、营销及服务等环节,既保障所生产产品的优质、高效、低能耗,又使生产成本、劳动力成本大幅度降低,这也是在整个产业升级的过程中不能放弃传统劳动密集型产业的原因,此类产业在中西部地区仍然能够持续发挥巨大的经济效应。其次,制造业的数字化、智能化带来智能制造技术在劳动密集型产业中的逐步推广,使沿海省份率先完成劳动密集型产业向资本密集型产业的转型升级,目前该趋势正逐步向中西部省份蔓延。最后,制造业的平台化、服务化扩大了工业互联网平台的覆盖面,能够在新工业革命的驱使下协助中小企业发展壮大,尤其是提高其智能制造能力和运营效率。制造业企业也能够进一步优化生产组织形式,在全产业链中创新运营管理方式和商业发展模式,加快迈向中高端产业的转型升级,也为传统密集型产业今后的发展创造了广阔的空间。

2020年,我国完成了全面建成小康社会的目标,同时是"十三五"规划的收官之年,完成了第一个百年奋斗目标,并进入第二个百年建设阶段[165]。对照第二个百年建设目标并参照历次工业革命的历史进程,中国作为新工业革命大浪潮中的追赶者，为防止美国在新工业革命相关领域中对我国进行封锁和压制，稳步提升产业技术水平和整体劳动生产率，我国应当致力引领新工业革命。按照购买力平价计算，我国东部人均GDP最高的七个省份（北京、上海、天津、江苏、浙江、福建和广东）已经达到美国人均GDP的54.5%；前五大创新城市（深圳、北京、上海、广州和杭州）的人均GDP已经达到美国的72.9%[166]；此外，我国当前已建成门类齐全的现代工业体系，具有较好的产业发展基础和技术水平，拥有较为强劲的人力资本，庞大的市场经济规模保障在争夺技术标准设定上具有显著的竞争力，这些都说明我国已经具备引领新工业革命的资本和实力。基于以上分析，在进入第二个百年建设期，应当充分利用国际、国内两个市场，向与我国保持密切贸易往来的国家分享技术创新成果，深化市场经济开放度，同时协调各方力量、各种资源，发挥多层级产业政策模式的独特优势，适时完善产业政策，着力培养一批高端制造业企业，在稳步推进产业转型升级的全过程全力支持并致力引领新工业革命。

新工业革命的技术革新浪潮促使新技术对旧技术持续且广泛地替代，使劳动密集型产业、资本密集型产业与技术密集型产业之间的界限越发模糊，难以按照传统的产业划分方式进行明显切割，同时带来生产方式的深刻变革，其中最为关注的是新一代多种类型信息技术的商业化应用，其应用价值体现在智能工厂、无人驾驶、远程医疗及智慧金融等领域。由于中国的超大市场规模优势，新技术从研发到商业化应用将更为迅速且成本逐渐降低，加快了传统产业向高技术制造业的转型升级步伐，并从整体上增强中国经济的核心竞争力。

2. 中国产业数字化转型的机遇与挑战

新工业革命持续推动新技术的研发及其全面、大规模的商业化应用，平台经济、分享经济等新模式、新业态层出不穷，使我国GDP中数字经济的比重上升较为迅速，产业升级中也逐渐出现了数字化转型的份额。数字经济的蓬勃发展为高技术产业的发展带来重大机遇，所形成的新模式、新业态为迈向中高端制造业的结构升级带来新的驱动力，产业数字化转型应当成为后续我国产业转型升级的重要方向。

新一代信息技术的商业化应用逐步走向深入，"数据"成为决定产业发展层级的决定性要素，由于新技术的研发和商业化应用较为迅速和高效，各个环节数据要素的循环迭代使数据生成、传输、处理及分析等的成本大幅度降低。截至目前，我国消费和服务领域的数字化转型成效显著[167]，特别是从2020年年初到现在的新冠肺炎疫情防控阻击战，数字化商业应用在疫情防控、各行业及企业复工复产方面发挥了巨大的支撑作用[168]，使我国较为迅速地控制住疫情并防止其进一步扩散。应当推动数字化转型从消费、服务业领域延伸和过渡到制造业领域,这也是我国产业转型升级阶段性目标的明确要求;同时,要加快高技术产业或高端制造业的数字化、智能化,对新一代信息技术的研发设计及其性能提出了更高的要求,即高新技术产业的数字化转型与新技术的革新是相互促进、彼此支撑的。

当前,数字经济的发展水平为推动制造业领域的数字化转型带来重大机遇,应当以加快5G技术、工业互联网及人工智能等新型基础设施建设[169]为抓手,基于新技术的大规模应用,发展新一代信息网络,拓展5G应用领域,这些都为新时期高新技术产业的转型升级提供技术支撑。此外,国务院已经出台关于完善要素市场化配置体制机制的意见[170],进一步规范了数据要素的采集、交易以及共享,数据要素的禀赋优势逐渐突显,为产业的数字化转型、数字经济的稳步增长奠定基础。可以预计,在编制"十四五"规划对会对加快数字要素市场发展、推进数据要素禀赋优势、持续带动产业数字化转型做出详细部署。

与此同时,在推动产业数字化转型的过程中也面临着较为严峻的挑战。一方面,近两年来,美国对华实行强硬的脱钩政策,侵犯、攻击中国的核心利益,中国的高新技术产业受到打压,与高端芯片、集成电路及光刻机等相关联的产业受到明显冲击,而这些方面恰恰是我国技术相对较为薄弱的领域;另一方面,我国在自主研发层面与国际领先水平存在一定的差距,如与工业互联网相关的工业软件和工业App研发较为薄弱,多年来一直依赖于国外进口,付出了较为昂贵的产品费和专利使用费。因此,下一步应当依托市场经济的超大规模优势,通过自主研发体制机制的改革创新,制定中长期提升自主研发水平的实施方案,发挥我国集中优势资源科技攻关的制度优势,稳步提高自主研发技术创新水平,并通过技术应用及其优化迭代,突破产业数字化转型的瓶颈制约。

5.3 河南产业转型升级面临的困境

新一轮科技革命和产业变革正在全国范围内积极孕育,给产业技术升级、结构升级创造历史机遇,同样在河南奋力推进经济高质量发展,着力推动产业转型升级创造良好的外在条件,河南正处于工业化中期向工业化后期快速推进和经济新旧动能转换的阶段[171],同样处于由工业大省向工业强省迈进的关键时期,必须抓住难得的战略、政策和市场机遇,依靠产业、技术创新走新时代转型发展之路。产业转型升级成为河南加快经济转型高质量发展、谱写中原更加出彩绚丽篇章的重要驱动力。以下结合近年来河南产业发展状况,明辨河南产业转型升级的困境。

5.3.1 迈向中高新技术产业的转型升级与维持传统密集型产业的竞争优势难以协调

2019年，河南省GDP首次突破5万亿元大关，着力扩需求、稳增长，经济结构继续优化，仍具备较大的发展潜力。在进入经济发展新常态以来，稳健的产业结构升级使经济保持高效增长，是推动河南经济高质量发展的关键。河南在推动产业结构调整时，将产业升级的重心放到制造业领域，实施制造业智能、绿色、技术三大改造，这固然能够在短期内加快高新技术制造业的发展，但是却没有对低技术劳动密集型产业采取有效的支持措施。由于河南很多地级市仍然处于工业化、城镇化的快速发展阶段，经济体量较大，难以采用惯常的产业结构升级模式将低技术产业转移出去，导致无法维持传统产业的核心竞争力。传统产业比重偏高，高新技术产业增加值占规模以上工业比重严重不足，高质量发展动能不足，创新能力有待提升。

迈向中高端产业的转型升级与维持传统产业竞争优势之间难以协调，将导致两方面的后果。一方面，专注于高新技术产业的发展使各种优势资源集中于中高端制造业，但却面临需求空间增长有限、缓慢的困境；另一方面，由于低技术劳动密集型产业或传统制造业获取有效支持不够，使长期保持的竞争优势荡然无存，运营效率下降，产能严重过剩，劳动力成本上升，相关行业无法维持已有的工作岗位，容易引发严重的失业潮，导致大量劳动力流失。

5.3.2 少部分"僵尸企业"在化解过剩产能推动市场出清时难以退出，阻碍了河南产业转型升级

近年来，河南推动转型发展攻坚，着力破解经济发展中长期存在的增长方式粗放、产业层次偏低、质量效益不高等深层次结构性矛盾和问题，施行"一去三改"，着力提高经济发展活力，将那些长期不盈利、行业产能过剩、资产负债率很高却又不断借债存活的企业即"僵尸企业"逐渐清退出市场[172]。原计划到2020年要基本完成有效化解煤炭、钢铁、电解铝等行业产能过剩的目标，但却有一些"僵尸企业"在市场出清中造成较大的阻碍。河南省委、省政府原本决定到2020年达到累计关停火电机组400万千瓦以上的目标，但难以退出的"僵尸企业"往往也来自钢铁、煤炭、火电等行业，加上新冠肺炎疫情造成的影响，导致在长达两至三个月的时间跨度内企业无法复工复产，迫使河南不少地市或城镇劳动力暂时失业，使2020年"僵尸企业"彻底出清的目标未能实现。事实上，中小民营企业在"僵尸企业"中的比重更高，它们在融资约束的情况下采取互联互保的方式，企业之间较高的关联性导致经营困境大肆扩散，导致更多的企业难以盈利。

如何看待产业转型升级过程中少部分"僵尸企业"难以退出的问题,并稳妥有序地推动该类企业市场出清,是化解产能过剩、实现提质增效的关键。首先,提质增效要靠生产率的提升,取决于高技术、高效益产业能否持续不断地涌现,以及"僵尸企业"能否按计划有序退出。其次,河南少部分"僵尸企业"难以顺利实现市场出清,主要是因为这些企业在相关地级市承担了政策性负担,在稳定地方劳动力就业、承担社会保障、拉动地方经济增长方面做出了应有的贡献,因此,地方政府才源源不断地给予这些"僵尸企业"补贴,以维持其继续生存。最后,河南部分地级市在"十一五"规划或"十二五"规划期间的经济增长方式较为粗放,经济发展战略短视,所制定的产业政策同质化严重,导致开办了大量不符合该地区比较优势的企业,虽然相关产业在短期内保持了较快增长,但却造成重复投资,透支了资源环境,极易转化为"僵尸企业",导致资源错配。难以退出的原因还包括不公平的竞争环境,使部分企业经营成本上升,企业亏损严重。基于以上分析,少部分"僵尸企业"难以退出既有政策性负担的原因,又有长期以来部分地区产业发展战略规划的问题,导致"僵尸企业"经营陷入困境,低端无效过剩产能影响到新兴产业的发展,阻碍了河南的产业转型升级,需要在接下来做好对部分难以退出市场"僵尸企业"的治理,基本实现市场出清。

5.3.3 缺乏通过承接产业转移延伸产业链条的有效措施,协同推进产业技术升级和结构升级的政策支撑不够

产业升级主要有两个维度:技术升级和结构升级,其中,前者主要包括产品品质、生产效率及生产过程绿色化的提升;后者主要指三次产业的升级和制造业内部的升级[173]。近年来,河南主要从供给结构、生态约束及市场竞争等维度推动产业技术升级,但由于产业链不完整,产业结构升级取得的成效略显不足,河南的工业与服务业还没有进入互动发展的良好状态,在转型发展攻坚、推动河南经济高质量发展中没有很好地协调产业技术升级和结构升级的关系,在产业发展层次和产业转型升级成效上与沿海经济强省差距明显。

随着中部地区崛起战略的深入推进,以及黄河流域生态保护和高质量发展战略上升为国家战略,郑州和洛阳作为引领河南全省发展的"双引擎",确定了"双核心"的发展战略,有利于区域协调、均衡发展和中原城市群整体竞争力的提升。要积极推动郑州建设国家中心城市、洛阳建设中原城市群副中心城市,两个城市就必须"错位发展、协调联动",就必须提升城市的集聚辐射能力,从而带动周边地市形成产业链条,加快产业转型升级。在这一背景下,为深化、延伸产业链,要积极承接沿海省份的产业转移,从而强化制造业与第三

产业的相互促进、深度融合，激发生产性服务业、生活性服务业等产业及其配套产业的发展需求。以打造完整成熟的产业链条为目标，强化企业的纵向流动性，逐步提升相关产业的发展水平，以实现产业转型升级，但是目前缺乏延伸产业链条的有效措施。事实上，要达成延伸产业链条的目标还缺乏针对招商的价格、手段、方法等方面的有效措施，也缺乏与承接产业转型升级相配套的制度环境和融资条件。此外，通过深化、延伸产业链条，协同推进产业技术升级和结构升级的政策支撑也不够，产业向中高端迈进的成效还有所欠缺。

5.3.4 科技成果转化率低，产业提质增效、转型发展所需要的高层次人力资本较为欠缺，导致科技创新能力提升缓慢

要坚持不懈推动高质量发展，主要是因为依靠要素投入实现经济规模的快速扩大已经难以适应当前经济的发展形势，从而提出"转变经济发展方式，加快产业转型升级，推动经济发展实现量的合理增长和质的稳步提升"[174]的要求，使技术创新逐步成为推动产业转型升级的主要途径。河南科技研发实力较弱、研发投入不够，科研院所和重点研究性院校较为匮乏，也没有与生产制造企业或其他类型企业架起沟通、协作的桥梁，导致河南省科研成果质量在全国排名靠后，科技成果的转化率也非常低，这对于河南制造业高质量发展极为不利。

河南产业转型攻坚最为重视的是以信息技术和高端制造为代表的技术密集型产业的发展，这也是我国制造业向中高端迈进的重要评估对象和关注焦点。为加快产业转型发展，除了影响产业转型升级的硬件要素，国际国内高端人才也是产业转型升级的重要因素。由于新工业革命和产业变革所形成的新模式、新业态的商业化应用，新技术和新产品的研发周期持续缩短，其中人力资本在科技创新驱动产业转型发展中起到了决定性的作用；而河南拥有的高水平科研人才或高科技人才等高端人才的绝对数量明显偏少，是后续加快产业转型升级的一个明显短板，直接影响到科技创新能力的提升，特别是对于以人力资本为主要投入的短周期技术研发领域，河南省相对于沿海地区还有较大追赶空间。河南已有的中高端制造业对高层次人才具备一定的吸引力，为他们施展才华提供了广阔的舞台，但是河南部分地区的综合发展水平却让他们望而却步，人才和区域经济发展目标匹配度不高。更进一步，要贯彻新发展理念，把创新摆在事关发展全局的核心位置，以创新引领高质量发展，各领域创新的源泉则来自高端人才的智力贡献。下一步，急需优化河南的人才培养体系、创新集聚高端人才的有效措施，适时设置人才特区，形成人力资本集聚效应，打造适应河南产业发展特色和产业升级需求的人才高地。

5.4 依托自贸试验区及其联动叠加效应助推河南产业转型升级的策略

当前是全面建成小康社会和"十三五"规划收官的重要时间节点，河南经济正从高速发展阶段迈向高质量发展阶段，处于工业化快速推进和经济新旧动能转换、产业转型升级的关键时期，推动河南制造业高质量发展离不开产业转型升级的稳步推进。一方面在新一轮科技革命和产业变革深入渗透到经济社会发展的各个环节，中国继续深化改革开放砥砺奋进，致力于引领新工业革命的时代大背景下，为紧扣"六稳六保"工作大局，急需探索河南产业转型升级的有效策略，从而促进经济平稳增长、推进制造业高质量发展。另一方面，三年多以来，承载着为全面深化改革和扩大开放探索新途径、积累新经验的河南自贸试验区，已基本建成联通内外的枢纽经济、便利进口的开放口岸体系，积累了上下联动的制度创新成果，物流交通枢纽建设深入推进，内陆口岸特色鲜明，在第三批自贸试验区中建设成效显著。当前，河南自贸试验区正加紧与促进中部地区崛起战略、黄河流域生态保护和高质量发展战略等其他国家级战略的协同联动，持续深化改革创新，争创制度性开放高地。河南自贸试验区已有的建设成效和当前持续推动的制度创新[175]，以及聚焦先进制造业、现代服务业等重点产业，推进建设创新型产业集聚区，创新产业监管和产业支持政策等后续规划，都为下一阶段河南产业转型升级奠定了坚实的基础，河南自贸试验区的后续建设与河南全省的产业转型升级相互促进、协同联动，为谱写中原更加出彩的新篇章不断增辉添彩。以下依托河南自贸试验区及其与河南拥有的其他国家级战略平台的联动叠加效应，提出助推河南产业转型升级的具体策略。

5.4.1 加快建设创新型产业集聚区，打造主导产业优势明显的产业集群，为高科技企业及产业升级创造空间

参照河南自贸试验区三个片区的发展定位以及后续建设行动计划，在贸易、物流、金融、文化及制造业等新经济产业领域，突破制约产业集聚区发展的体制机制障碍，加快建设创新型产业集聚区，发挥行业龙头企业带动作用，促进重大产业项目签约落地，促进先进制造、信息安全、前沿技术等类型产业在河南自贸试验区内集聚，做强主导产业，让河南自贸试验区成为区域经济的增长点和转型升级的突破口。例如，洛阳片区的先进制造业集聚区，其装备制造业具有比较优势，下一步应当聚集高端要素，做强高端产业，逐步形成以中国一拖等龙头企业为主导、门类齐全的配套产业，尤其是与推动高端制造技术应用相关的研发机构，应当以信息技术革新为基础，加速科技成果转移转化，对照

国内先进、国际一流的产业集聚区，形成新型研发机构对产业集聚区的强力支撑。

建设产业集聚区的实质是强化产业集聚的"磁场引力"，最大的价值在于构建公平的市场竞争环境和真正竞争性的市场主体，这样，在河南全省首批180个产业集聚区内构成以研发、生产、检测及物流等一系列环节构成的产业链条，并且形成高端要素集聚、公平竞争的良好态势，推进河南西部（洛阳—平顶山）产业转型升级示范区建设，构筑起"一带、两核、九点"的产业空间总体布局，有机串联区域性产业集聚区，打造要素合理流动、空间布局有序、族群相对集中、区域特色鲜明且具备竞争优势的产业集群和产业园区。其次，随着龙头企业引领下主导产业的做大做强，要加快产业链相关配套科技型企业的集聚发展。为了给高技术产业发展腾出更多施展空间，推进现有资源的有效整合，创造更多经济效益，自然需要面对园区内低效能的"僵尸企业"，可采取资产租赁或合作、资产置换、破产重组及企业混改等方式实现对园区内"僵尸企业"的市场出清，从而将长期错配的资源配置到更高效的产业领域，并将相关治理策略纳入新的产业政策规划，亦可以将调整后的产业政策推广到河南自贸试验区以外的区域。再次，产业集聚区内发展高质量的高技术产业比引进相关产业要难得多，要针对产业集聚区自身发展特色，围绕主导产业，以构建完整成熟的产业链为目标，瞄准产业链招商，强化对引进产业的政策扶持；同时，把招商引资和招才引智有机结合，从而引进并高质量发展一大批科技项目和相关产业，并通过高端人才的持续集聚，提高产业集聚实力和可持续发展能力，为河南自贸试验区内高科技企业发展及产业转型升级提供充足空间。

5.4.2 依托河南自贸试验区产业数字化转型，培育壮大数字经济产业新能级，为更大范围的产业转型升级提供有力支撑

2020年5月，河南省发展改革委印发《2020年河南省数字经济发展工作方案》，为河南数字经济发展绘出了"路线图"，提出河南将重点推进新型智慧城市建设、鲲鹏产业生态体系培育及数字产业化发展等9项重点工作，以降低疫情影响，助推数字经济高速发展。截至目前，河南数字经济发展水平与沿海发达省份差距明显，数字经济规模占GDP的比重偏低，尚未形成与GDP规模相匹配的数字经济总量。考虑到我国产业数字化转型面临的机遇和挑战，数字经济成为推动制造业升级、培育新兴产业集群、推动河南经济高质量发展的重要引擎，促使产业数字化转型成为河南产业升级的重要方向和发展目标，也是产业迈向中高端的必然要求。分享经济、平台经济及跨境电商交易等新经济模式层出不穷，为产业发展带来无限的生机和活力。

下一步，要充分发挥河南自贸试验区、郑洛新国家自主创新示范区、产业转型升级示范区及第一批获批的产业集聚区等多区联动叠加优势，以物联网、5G技术、工业互联网平台及大数据分析等新一代信息技术的商业化应用，将产业数字化模式渗透到河南劳动密集型产业、资本密集型产业和技术密集型产业，培育壮大数字经济产业发展，系统推进产业数字化转型。此外，细化分解河南数字经济发展工作方案中的重点任务，明确对产业数字化发展领域的精准招商，坚持培育与引进协调并举，既培育一批数字经济发展优良的本土企业，又招商引入一批在国内外引领数字经济发展的行业龙头和标志性项目，形成本土企业和引进企业优势互补、协调联动的发展态势，攻克核心技术难关，推动形成数字经济发展新动能。针对河南发展较为滞后的鲲鹏产业、服务业数字化等，在产业政策、资金使用及人才引进等领域给予一定的政策倾斜，支持这些数字经济先进产业打造创新平台，优先将园区内的产业数字化转型成果辐射推广到区外更大范围，为扩大全省数字经济规模、带动全省各行业产业转型升级提供有力支撑，以数字经济发展新高度助推河南经济高质量发展。

5.4.3 坚持传统密集型产业的转型升级和新兴产业的培育壮大协调并举，稳步推动河南制造业高质量发展

由于没有协调好迈向中高新技术产业的转型升级与维持传统密集型产业的竞争优势之间的关系，导致河南各地市推进建设了一批事后被证明不适应当地产业基础和发展特色的产业项目，在产业转型升级中走了弯路，而且挤占了长期以来具备竞争优势的传统密集型产业的发展空间，导致经济新旧动能转换成效欠佳、顾此失彼。应当意识到失去比较优势的传统产业不能等同于落后产业，该类产业对河南部分地级市经济带动作用依然显著，是地方经济不可或缺的重要组成部分。因此，河南在迈向高新技术产业转型升级的同时，必须高度重视劳动密集型产业的转型发展，充分发挥产业数字化转型中出现的新模式、新业态，要科学施策，避免行动激进，使劳动密集型产业从结构升级过渡到品质提升、技术创新层面，努力实现劳动密集型产业的自动化、智能化，使制造系统提升生产效能，在产业升级过程中维持传统的竞争优势，解决劳动力成本过快上升的问题，针对部分传统岗位消亡导致的大量失业，要协调处理好劳动力在创新型岗位上的就业问题。

加快培育新兴产业是推动制造业高质量发展的重要内容，更是顺应技术进步和产业变革趋势的必然选择。河南省已经确定要重点培育10个新兴产业，河南自贸试验区各片区已经成为培育新兴产业的沃土，推动新兴产业发展成为引领经济新常态、培育发展新动能的重要举措，坚持传统产业改造升级和新兴产

业培育壮大"双轮驱动",推动产业的核心竞争力和质量效益不断提升。截至目前,已经吸引了大量的国内外投资且成效明显,其中郑州片区战略性新兴产业特色优势明显,技术创新能力强;开封片区构建集聚发展、跨界深度融合、高端引领突破的新型产业集群发展体系;洛阳片区加快培育电子信息、新能源、生物医药三大新兴产业,在先进装备制造、钛钼钨金属材料及硅光伏等领域打造形成优势突出、特色鲜明的"4+3"重点产业集群,打造高质量新兴增长极。

新兴产业作为河南自贸试验区加快制造业转型的重要抓手,各地级市应当深入调研、考察论证适应该地区发展的新兴产业,加强与已有传统产业的优势互补、协同联动,在积极培育经济发展新动能的同时,改造提升传统产业动能。以一批新型产业重大项目签约为契机,通过重点项目加快落地,营造新兴产业发展的良好氛围。坚持传统产业改造升级和新兴产业培育壮大并举,基于新一代信息技术已经从技术变革拓展到产品研发、生产制造、产业融合、社会日常生活及沟通交往等各个维度的实际状况,扶持新兴产业集聚向新兴产业集群转变。通过传统产业、主导产业与新兴产业融合协同发展,在产业调整过程中,推动新兴产业发展成为河南地方经济的支柱产业,做大做强县域优势产业,理顺产业链中各产业之间的纽带关系,以加快制造业体制转型,稳步推动制造业高质量发展。

5.4.4 持续扩大河南自贸试验区等国家级战略平台的联动叠加效应,充分发挥区域辐射带动能力,在全省范围内强化对新技术的适应性,加速科技成果转移,提升成果转化率

近年来,国家赋予河南一批重大战略、规划、平台、载体和国家产业转型示范区等国家级改革试点任务,要统筹推进河南自贸试验区、郑洛新国家自主创新示范区、郑州航空港经济综合实验区、郑州跨境电子商务综合试验区及国家大数据(河南)综合试验区的"五区"联动,以及空中、陆上、网上、海上等丝绸之路的"四路"协同,把河南自贸试验区的制度创新成果与其他平台的科研成果、技术创新或体制机制改革等相互渗透,实现要素整合、资源共享、效应协同,释放聚合裂变效益,提升全省经济外向度,形成推进产业升级的协同力、高质量发展的加速度。持续放大这些国家级战略平台的融合叠加联动效应,打造一流营商环境,吸引更多企业落地投资,推动河南全方位、高水平开放发展。河南要实现打造内陆开放新高地的战略目标,应当在经济发展进入新常态后,逐步将经济增长模式以要素投入实现经济规模快速扩大,转变为以各领域技术创新推动产业转型升级的经济增长路径。抢抓"五区"联动、"四路"协同叠加机遇,针对重点产业领域,加快实施一批"九大工程"重大项目,以郑州、洛阳"双引擎"驱动河南区域经济协调发展向更高水平、更高质量迈进，带动整个河南的经济社会发展；发挥中心城市的辐射带动作用，通过大都市区建设推动产业转型升级，其中郑州辐射带动开封、新乡、焦作、许昌等地级市，推进大都市区产业带互动耦合发展；洛阳以"一中心六组团"辐射豫西北、联动晋东南，借助洛阳的重工业雄厚基础与科技研发实力，助推辐射区域范围内装备制造业、铸造业等产业升级发展。

各地市在辐射带动下，要发挥各自优势，实现区域协调联动发展；此外，要强化各地市对新技术的适应性，以更加强烈的意愿拥抱新技术，加快新技术对旧技术的更新换代，在各地市营造产业技术创新的良好氛围，让河南以更加开放的姿态成为拥抱技术革新的新高地，从而为全省范围内加快产业转型升级提供创新驱动力。研判各行业产业转型升级所处阶段，适时调整或更新产业政策，统筹作为中心城市的郑州、洛阳与河南其他地市的分工，避免重复投资，保持发展动能；经调研考察交流，并与企业、行业协会协商，精细化制定助推产业转型升级的政策措施，要避免短视，确保所制定政策最大范围地惠及各领域企业。

为提升科技成果转化率，产学研协同创新，首先，急需借助国家级战略平台的叠加联动，以河南产业发展特色和优势为导向，与江浙等科技强省的重点科研院所合作共建新型研发机构，同时要为新型研发机构找准目标定位、明确运行机制，在组织、机制上为新型研发机构做好配套服务，以持久的耐力和坚持不懈的积累，努力寻求创新性突破。其次，吸引更多科技含量高、与本省优势特色产业关联度高的项目在河南自贸试验区各片区落地生根，举办科技成果系列对接活动，建立科技型企业与科研院所、重点高校及新型研发机构等科研单位的常态化科创交流机制，致力突破高端制造业发展制约瓶颈与产业发展核心关键技术难题。再次，需要协调科技成果转化与高端人才引进之间的关系，通过新型研发机构为高端人才提供施展空间，通过提升高新技术产业发展层级，以产业核心竞争力吸引高端人才汇聚；抓住转型期的历史机遇，推出"河洛英才计划"等区域性高端人才发展计划，造就一批领军型人才扎根河南、长久服务河南，中心城市关于教育、科技、文化、医疗、交通等体现城市核心竞争力的指标也应当迎头赶上，如此方能破解高端人才"易引进、难留住"的困境。

5.4.5 综合运用并全面发挥专项资金、产业基金等多渠道资金的功效，助推产业链和创新链融合，大力推进制造业、文化旅游产业的产业结构升级

要改造提升河南传统产业、淘汰落后产能、加强共性技术研发、突破实体

经济发展瓶颈,需要综合运用并全面发挥专项资金、银行信贷和产业基金等多渠道资金的功效,支持中小微企业和民营企业转型发展。例如,在河南自贸试验区范围内,针对政府与中原豫资投资控股集团有限公司合作发起的制造业高质量发展基金,鼓励制造业龙头企业与制造业高质量发展基金签订投资项目合作协议,以推动制造业高质量发展为重点,兼顾对战略性新兴产业和现代服务业的投资,将会为探索可复制可推广的先进制造业投入新机制创造环境条件。要全面发挥多渠道来源资金的功效,一是以制造业的大规模投资,促使产业链上、下游企业展开深度合作,依托发展基金全力推进云计算、AI技术及5G技术率先在河南自贸试验区内落地,培育一批新信息技术项目,并以新型技术设施建设驱动制造业、文化旅游产业的结构升级。二是通过修正产业政策以及多渠道来源资金的大力支持,扩大制造业招商引资,深化、延伸产业链条以及助力产业链和创新链的融合,要围绕产业链部署创新链、围绕创新链布局产业链。三是通过河南自贸试验区各片区承接产业转移,推进传统制造业企业绿色化、智能化升级改造,推动新旧动能转换,持续优化调整产业结构;制定企业智能化改造、绿色化改造和技术改造的激励措施,鼓励和引导传统产业相关企业深挖潜力,增强产业转型升级的主动性,从而在已有制造业、服务业技术升级的基础上,协同推进产业的技术升级和结构升级。四是遵循制造业发展基金"政府引领、市场运作"的原则,聚焦各地区重点产业,明确产业发展重点方向,逐步调整优化产业布局,并从制造业高质量发展基金中划拨出科创基金,促进科技与金融结合,加快重大新型研发机构的建设步伐。

5.5 本章小结

河南自贸试验区自挂牌建设以来,对河南省的对外贸易、对内开放均发挥了重要作用,持续探索的制度创新和高质量发展要求下的产业转型升级是河南自贸试验区建设成效的集中体现。本章从国家产业数字化转型面临的机遇和挑战出发,探索以河南自贸试验区为抓手,充分发挥河南自贸试验区与黄河流域生态保护和高质量发展、中原城市群建设、大都市圈建设、洛阳"副中心城市"建设等国家级,以及省级战略规划的联动叠加效用,提出依托河南自贸试验区助推河南产业转型升级的具体策略,推动河南自贸试验区结合自身战略定位和特色产业开放进行制度创新,对今后三至五年河南制度创新方位、优势产业转型升级具有指导意义。

第6章 "十四五"时期面向新发展阶段的河南自贸试验区高质量发展建议

6.1 引言

"十三五"时期，河南自贸试验区建设总体方案的160项改革试点任务基本完成，入驻企业突破9万家，对"一带一路"沿线国家进出口额从2015年的694.5亿元增至2020年的1 562.7亿元，年均增长17.6%，占比从15.1%提升至23.5%。2020年1—11月，实际利用外资7.5亿美元，同比增长89.3%，郑州、开封、洛阳三个片区新注册企业数分别是成立前的3倍、32倍、3.5倍。[176-177] 自创区、自贸试验区等"五区联动"能级提升，河南自贸试验区制度创新走在全国前列，充分发挥了深化改革"试验田"、改革开放"桥头堡"的引领示范作用。

随着国家关于国民经济发展的"十四五"规划建议的出台[178]，河南省及各具体行业、领域也在加紧编制其"十四五"发展规划细则，具体到河南自贸试验区在新发展阶段的发展趋向、高质量发展诉求，也应当积极对接国家、河南省以及地级市的"十四五"发展规划，谋划河南自贸试验区各片区在迈向新发展阶段的建设重点、创新发展目标、深化改革趋向等。要继续服务构建双循环新发展格局，不断提升河南自贸试验区建设水平，打造内陆开放新高地，推动河南高水平参与国际竞争与合作；重点在突出制度体系创新、提升政府效能等领域开展创新，在更大范围内复制推广创新成果，激发市场主体积极性和经济活力，带动地方经济发展；推动各片区形成特色优势并持续发展壮大，聚焦产业发展，加快先进制造业培育和服务业创新发展，推动新业态、新模式开花结果，强化部门协同，狠抓改革落实。

以郑州片区为例，该片区近4年来不断强化制度创新引领，营商环境持续优化，多种类型交织的开放平台的带动效应逐步显现，制度创新和产业发展等工作取得显著成效[179]。坚持高标准谋划,为片区创新发展提供制度支撑;以物流、金融为重点规划领域,着力打造制度创新高地,制度创新成果和成功复制推广的案例在河南自贸试验区三个片区内居于前列;各片区为企业提供便利的服务类项目并持续扩大范围,审批所需要的各个环节持续削减,强力打造高质量、高标准营商环境;精准招商,高端制造、汽车制造及数字经济等主导产业对整体产业发展的支撑作用越发明显,促使建设产业高质量发展高地的步伐加快。毫无疑问,郑州片区作为河南自贸试验区的引领者和排头兵,在"十四五"规划期的新发展阶段,将进一步扩大试验范围,提升开放能级,着力打造高端产业集聚、营商环境优越、辐射效应明显的自贸试验区新标杆。此外,洛阳片区市场主体突破三万家,是挂牌成立前的3.5倍,已累计形成创新案例165项,成功推动洛阳综合保税区获批,实际使用外资、直接利用外资完成情况达到近年来的最高水平,外资、外贸实现跨越式增长[180]。例如,洛阳单晶硅集团麦斯克电子材料有限公司独立研发的8英寸硅抛光片,以16项国家专利达到8寸晶圆技术研究及产业化的世界一流水平,既满足了国内需求,又实现了对同类进口产品的替代,逐步迈向国际市场。对于开封片区,其以"文旅"为特色,"二十二证合一"改革领跑全国[181],行政审批服务国家级标准化试点项目等一系列成果在开封片区加速释放,在跨境电商零售进口试点城市方面迈出坚实步伐。

河南自贸试验区的三个片区以高质量发展为引领,在过去四年的发展建设期严格遵循建设方案,取得一系列重大建设成果,在多种类型制度创新成果推广,新发展格局打造,全力落实战略定位服务国家战略,形成市场化、法制化、国际化营商环境,打造制度创新体系,以及完善政策制度体系和管理体制机制等领域,均取得一系列重要成果。2021年作为"十四五"时期的开局之年,又恰逢中国共产党成立100周年,河南自贸试验区在新阶段、新起点,又将面临新的任务和新的征程,必须坚持新发展理念,发挥河南自贸试验区中原地带特色优势,在"十四五"时期的新发展阶段培育新机遇、锻造新开局,在服务地方经济发展、构建新发展格局和开放强省建设中率先作为,为谱写新时代中原更加出彩的绚丽篇章做出新的更大贡献。

以下针对"十四五"时期面向新发展阶段的河南自贸试验区,分析河南"十四五"规划对河南自贸试验区发展的新要求和建设目标,提出河南自贸试验区在新发展阶段高质量发展的政策建议。

/ 第6章 "十四五"时期面向新发展阶段的河南自贸试验区高质量发展建议 \

6.2 河南"十四五"规划对河南自贸试验区发展的新要求

回顾"十三五"时期河南对内改革、对外开放取得的一系列成绩,明晰河南当前坐标方位,从而明确河南自贸试验区下一步建设规划方向。在"十三五"时期,全省累计进出口 2.78 亿元,居于中部首位;累计对外投资超 100 亿美元,累计实际吸收外资 901 亿美元,实际到位省外资金 4.7 万亿元;河南省内入驻世界 500 强企业达到 189 家,中国 500 强企业达到 172 家;四条"丝路"发展形势良好,投资和贸易便利化持续推进[182]。国家层面提出的加快推进制度型开放,构建与国际通行规则相衔接的制度体系和监管模式,也是河南自贸试验区下一步制度创新、产业转型升级的目标和方向。新发展格局作为"十四五"时期我国经济高质量发展的主基调,对河南提出了形成强大国内市场、提高国内大循环水平的总要求,以及促进内需和外需、进口和出口、招商引资和对外投资协调发展的目标。规划纲要中提到打造能级更优的对外开放平台,对河南自贸试验区来说,就是完善三个片区的功能布局,积极复制推广制度创新成果,让创新成果最大范围地惠及三个片区的各类型企业,同时不失时机将创新成果推广到河南自贸试验区以外的区域,扩大对外开放平台的辐射带动功能。

在河南"十四五"规划和 2035 年远景目标的建议中,提出要融入新发展格局,实现更大作为,多层次开放平台体系要更加健全,使河南自贸试验区制度创新走在全国前列,更高水平开放型经济新体制基本形成,国际化水平显著提升,对创新发展也提出了更高的要求,创新已成为决定区域核心竞争力的关键因素[183]。将"贯彻创新发展理念,激励经济内生动力"列为河南省"十四五"发展规划的重中之重,具体来说,就是强化企业创新主体、推动产业链、创新链深度融合,实现技术群体性突破。在产业发展领域,在未来 5 年内,要推动河南制造向河南创造、河南速度向河南质量、河南产品向河南品牌转变,全面挺起先进制造业"脊梁"[184]。在产业升级领域,河南传统优势产业迭代升级仍然是重点,河南应推进钢铁、铝加工及煤化工等产业绿色、减量、提质发展,将相关联企业进行资源重组,人员及设备集中统一协调安排,以节能减排的高标准要求处理落后产能,要按计划分步骤淘汰一批落后产能,协调推广绿色建筑和装备式建筑的建造实施,依托大数据、人工智能等信息化新兴技术在产业互联网平台发挥多类型资源的高效融合,开展产业园区数字化改造提升等。

从河南"十四五"规划的总体布局出发,在以国内大循环为主体、国内国际双循环相互促进的背景下,站在中部地区崛起、黄河流域生态保护和高质量发展等国家战略融合交汇的高度,总结对河南自贸试验区在"十四五"新发展阶段的新要求。

6.2.1 聚焦数字丝绸之路经济带，着力打造自贸试验区升级版，推动河南自贸试验区实现高质量发展

面向新发展阶段，国家赋予河南的多种战略平台均有新的精细化规划编制，其中不乏重叠和交互，在注重河南自贸试验区范围内产业发展的同时，要协调沟通不同战略平台的功能定位及侧重点，避免同一事务多头领导、低效拓展；聚焦以新兴信息技术为基础的数字丝绸之路经济带，推动河南自贸试验区在"十四五"时期的新发展阶段实现高质量发展。

6.2.2 持续扩大制度创新成果的辐射带动，以各类型资源的高效优化配置推动更深层次改革开放

要更进一步发挥引领作用，带动省内产业升级，协同推进传统产业稳增长和转型升级，同时与新兴产业协同联动发展，取得积极建设成效，增强各类型资源的高效配置。近年来，赋予河南自贸试验区的改革自主权一直在放开，针对性强、实效性强、集成性强的制度创新成果已经发挥了明显的带动作用，与此同时，也需要增加服务业扩大开放综合试点。对制度创新成果更大范围的辐射带动提出了新要求，让河南全省共享制度创新成果，以推动更深层次的改革、更高水平的开放，实现渐进式高质量发展。

6.2.3 结合"十四五"规划战略定位和特色产业开放推动制度创新，寻求与新发展格局相匹配的新兴产业领域的新突破

让改革成为推动河南自贸试验区内各产业高质量发展的强大引擎，推动更多深层次改革事项在河南自贸试验区先行先试，深入开展贸易投资自由化、便利化改革创新，制定出台河南自贸试验区跨境服务贸易负面清单，推动河南自贸试验区结合"十四五"规划的战略定位和特色产业开放进行制度创新。在先进制造业、现代服务业、现代高效农业及数字经济等产业或领域，一方面，河南在新发展阶段需要继续巩固这些领域的发展势头，使河南在这些领域具备较强的竞争优势；另一方面，应以河南自贸试验区为载体，加强与境内外贸易投资主体、周边自贸试验区，以及对河南有投资意向企业家的多领域项目合作，强化先进制造业创新引领，在新能源、新材料、高新技术产业及现代服务业等新兴产业领域寻求新的突破，使与新发展格局相匹配、产出效益好的新兴产业发挥对河南经济社会高质量发展的支撑带动作用。

6.2.4 从对外贸易协定条款和对内多元主体的调整适应，形成提升营商环境的强大合力，努力打造一流营商环境

针对国家对外签订的区域经济伙伴关系协定，河南自贸试验区应对标部分协定的相关条款，主动调整适应，持续扩大或拓展与境外国家或地区的贸易往来。注重省内民营企业发展，在打造一流营商环境的过程中要注重倾听民营企业的发展诉求，特别是针对产业转型升级欲寻求突破的那些具体产业；在构建亲清政商关系中发挥各级领导干部的模范带头作用，增强精细化服务意识；以过往破坏营商环境的典型案例、营商环境存在明显缺陷或跟不上企业发展需求而造成的损害事件和不利影响为启示，以案促治，从各职能部门、不同行业企业代表及河南自贸试验区各片区管委会等多元主体出发，形成一股提升营商环境层级的强大合力，为河南打造一流营商环境奠定基础。

自贸试验区推进我国高水平开放将成为我国构建新发展格局的重要内涵，将自贸试验区作为进一步增强我国经济高质量发展内生动力的重要抓手。预计在"十四五"时期的新发展阶段，河南自贸试验区将进行扩容升级，以增强对地方经济发展的带动作用。此外，郑州片区、开封片区和洛阳片区的差异化特色发展模式应当继续保持，促进各项要素的自由流动和优化配置，以发挥河南自贸试验区对全省经济社会发展的推动作用，同时为构建以国内大循环为主体、国内国际双循环相互促进的新发展格局创造条件。

6.3 "十四五"时期河南自贸试验区高质量发展对策建议

6.3.1 持续发挥多种国家级战略的联动叠加效应，推进河南自贸试验区制度创新

新冠肺炎疫情对全世界社会、经济发展造成重大影响，甚至造成局部地区或领域的大萧条；反观我国能够较为迅速地摆脱新冠肺炎疫情对国内经济的束缚，在复工、复产方面走在世界前列；同时，在以国内大循环为主导，国内国际双循环相互促进的新发展格局指引下，面向后疫情时代各领域发展规划，应当紧盯目标不放松、深化改革不停步、扩大开放不懈怠，在面向"十四五"时期的新发展阶段，全力以赴，做好河南自贸试验区各片区的各项建设工作，顺利完成各项既定建设任务。与河南自贸试验区相关的规划纲要已经为各领域深化改革和持续开放指明了方向，今后各片区管委会需要针对各项规章制度从细节处把控，要在各领域把工作做实做细，让企业切实体会到制度革新为其生产、研发、制造等环节带来的便利性，促使其进一步扩大生产、创新技术并提升综合效益。

除河南自贸试验区以外，河南还将加快郑州航空港经济综合试验区、郑洛新国际自主创新示范区及国家大数据（河南）综合试验区等国家级战略平台建设[185]，多种平台的战略叠加效应在河南突显，且各平台在不同层面存在交叉和融合，牵一发而动全身，某一平台的革新举措会对其他平台造成一定的影响。因此，应当持续发挥多种类型战略平台建设的联动效应，各建设平台在制度层面要建立通畅的协调、协商机制，全面推进各片区或开发区的体制机制改革。

以洛阳片区为例，应当扩大外贸总部、跨境电商及建筑业总部等外向性、高成长性、带动性强的项目入驻，助力已有相关领域优势的企业集团在洛阳打造外贸综合服务平台，以集约化的"互联网+外贸"模式降低洛阳片区内中小企业运营成本，聚焦"六稳""六保""五提"，加快"三区"融合工作仍需要持续发力，提升洛阳片区对洛阳经济发展的贡献率。此外，由于多种国家级战略及省级战略在洛阳叠加，使洛阳片区在全国的知名度、美誉度和影响力持续提升，如2021年新春之际，"唐宫夜宴"等一批文化类节目在全国范围内引起了人们广泛而持久的关注。在2021年及今后的发展期，洛阳片区应以洛阳都市圈建设为主战场、主抓手与主平台，推进自贸区、自创区和综试区"三区"联动协同融合发展，实施科技创新引领、产业发展提质，努力打造成为双向开放先行区、改革创新活力源、高质量发展增长极、洛阳都市圈建设的"排头兵"和"新引擎"。

6.3.2 "双循环"格局下加快建设自贸片区的开放创新联动区，谋划内陆型自贸创新港

在全国"双循环"的发展格局下，河南已决定深化自贸试验区改革创新，加快建设一批自贸试验区范围内的开放创新联动区，推动郑州航空港区等设立河南自贸试验区新片区，谋划申建具有独特优势、区域影响力和国际竞争力的内陆型自贸港。在做好"十三五"阶段总结评估和"十四五"规划编制的基础上，探索"十四五"时期新发展阶段河南自贸试验区改革创新的力量源泉。具体有如下建议。

（1）深化改革，激发新发展活力。河南自贸试验区在制度创新成效和加快推进产业转型升级方面取得重大成果，但建设方案中某些设想并没有达到预期的建设效果，这需要在新发展阶段再次准确把握河南自贸试验区的战略定位，着力推动对内与对外开放、引进与培育、引资与引智引技相结合，论证河南自贸试验区与河南其他国家级战略对接、融合的具体方式，在不至于引起冲突和同步建设不同类型平台的前提下，发挥河南自贸试验区改革开放"排头兵"和"试验田"的作用。

（2）需要继续实施削权减证、流程再造、精准监管及体制创新，坚持系统性、协调性改革，全局性、深层次探索，形成工作联动推进责任链和措施链，充分激发河南自贸试验区内各类型企业的能动性，在精细化细节层面提出可操作性强的创新意见，深入开展制度集成创新并推出更多创新性成果。

（3）推动高水平开放，培育新动能，打造新优势，全面落实2020年自贸试验区负面清单，加大压力测试，扩大市场准入，以高水平开放打造新发展优势。

6.3.3 加快各自贸片区办事效率，精细化、精准化做好全程配套服务保障工作，推进"跨省通办"与"省内通办"

截至2020年年底，在河南自贸试验区范围内开办企业、注册登记等方面的办事效率已经非常之高，智能化、大数据技术的广泛应用能够实现自动收集、验证身份信息，实现自动审批且方便快捷，获得一大批企业的广泛好评。例如，郑州片区"秒批秒领照"服务大力推进"一网通办""全程电子化"政务服务走向深化，服务范围包含科技、信息及供应链管理等37个大类、106个小类，覆盖90%以上常见企业经营项目[186]。在此基础上，也急需以精细化、精准化为理念做好对企业的全程化配套跟进服务，使"一站式快餐"式服务持续发挥服务企业、服务供应链上、下游相关机构的功效，从而高质量提升营商环境；建立反映服务诉求的包含线上与线下的绿色通道，通过企业和管委会各层级管理者的深入沟通、对接，明确企业实际诉求，在各类型企业研发、制造、经营ji宣传等领域为企业提供全程化的配套服务保障。对于那些为河南自贸试验区各领域创新、改革、产业发展等做出重要贡献的企业或个人，要给予表彰、奖励或其他激励措施。

在新发展阶段要实现政务服务"跨省通办"和"省内通办"，不同省份自贸试验区之间以及河南自贸试验区各片区之间要做好政务服务一体化工作，要实现互通互认，为企业跨区域办理注册登记等业务提供便利，进一步降低企业经营成本，提高企业和自贸区管委会的办事效率。河南自贸试验区应该和邻近的陕西自贸试验区、西安国际港务区等建立战略合作关系，以多领域的政务服务深度融合和优势互补互助，深化自贸试验区进一步简政放权、放管结合、优化服务改革，同时以"互联网+政务"便利两地或多地企业、群众跨区域办理业务，为跨区域业务往来或关联业务提供便利化政务服务。河南自贸试验区一方面可与周边自贸片区或高新技术产业开发区在市场准入、文化、税务及信息查询等领域制定精细化办事流程，亦可将跨区域相关事项的办理纳入网络在线平台，实现政务服务线上线下融合、远程帮办代办；另一方面，河南自贸试验区应当与周边自贸试验区建立协调沟通工作机制，对于跨省域或市域的各项政务服务业务事项，及时解决办理相关业务的堵点和难点，确保"跨省通办"和"省内通办"有序高效运行，持续打造国际化、高水平的营商环境。

6.3.4 以河南自贸试验区入选最佳实践案例及周边自贸试验区创新最佳实践案例为标杆，扩大亮点工作辐射范围

2020年9月发布了河南自贸试验区2020年最佳实践案例，其中洛阳片区入选7个，洛阳片区建设呈现出突出产业转型、金融开放和对内改革的"三大亮点"。最佳实践案例是过去一年河南自贸试验区各片区亮点工作的评价推荐，应当在后续发展阶段扩大亮点工作辐射范围，释放自贸片区改革红利，促使最佳实践案例最大范围地惠及自贸试验区范围内的相关联企业。围绕重点领域持续深化"放管服"改革，推出有地域性特色的改革创新案例，特别是新基建领域的创新案例，这些案例对于推动"十四五"时期河南创新转型、高质量发展具有重大作用。在推动新基建与科技创新紧密结合方面挖掘新的案例，将新基建与装备制造业、智能机械制造等实体经济相融合，通过案例复制推广助力传统制造业的智能化转型升级。此外，应充分发挥周边自贸试验区最佳实践案例对河南自贸试验区的借鉴价值，为创新寻求新的突破口。2021年6月推出了16个服务贸易创新发展试点最佳实践案例，其中西安市、西咸新区的5个实践案例（包含航权开放助力打造国际航空枢纽、搭建国际化多元化法律综合服务体系等）对河南自贸试验区具有较强的借鉴价值，各自贸片区管委会应当加紧对这5个最佳实践案例的研讨，将其与河南自贸试验区的具体实际相结合，将包含这5个最佳实践案例在内的服务贸易创新型案例复制推广到河南自贸试验区。

此外，在获批的全国优化营商环境典型案例中，河南的"三十五证合一"改革[187]位列其中，该项案例是在2017年开封片区"二十二证合一"改革的基础上扩充为"三十五证合一"并向全省范围推行实施的，该项案例在"十四五"时期将继续为激发经济高质量发展发挥激励作用。以"三十五证合一""五个一"准入模式为代表的政务服务集成化管理举措将打通数据链接通道，实现线下与线上双渠道融合办理企业各项业务活动的目标，推动构建面向新时代、科学、高效的政务服务管理模式，最大限度地提升河南自贸试验区范围内各类型企业办理各项业务的便利度，这也符合加快推进社会治理体系和治理能力现代化的总体要求。预计在"十四五"时期，河南自贸试验区范围内的企业将实现全程电子化办理各项业务，由此扩大到全省范围内，以简洁、高效为导向，预计企业全程电子化办理各项业务的比例也将达到90%以上。

6.3.5 推行"证照分离"改革全覆盖，以立法支持国内外投资者全面参与河南自贸试验区各领域建设

众所周知，"证照分离"改革试点工作时间跨度较长，尤其是上海浦东的试点工作为全国范围内的"证照分离"改革各事项地推进做出了卓越贡献[188]。在大国博弈的全球视野下看待"证照分离"改革的相关事项，可知企业活力和市场活力是相辅相成的关系，"证照分离"改革主要目的就在于面向国际国内双循环的发展格局，不断激活市场主体发展活力，以简化审批和强化监管，打造"有效市场"与强化"有为政府"并重，按照时间节点有步骤地推进"证照分离"改革。

2020年11月，关于《中国（河南）自由贸易试验区条例（草案）》的说明中指出，将最大限度地支持河南自贸试验区改革发展，以立法为河南自贸试验区高质量发展提供法制保障。该条例（草案）将河南自贸试验区现行成功经验（包含最佳实践案例）和做法以法规的形式确定下来，用立法巩固和深化改革发展成果，进一步增强河南自贸试验区的辐射带动作用，推进河南自贸试验区与河南省经济联动发展。但问题的关键是立法之后的严格执行和实施，尚无法将条例贯彻落实到投资者具体投资行为过程中，发挥立法对投资行为的监督和指导。各片区管委会作为自贸片区的行政管理机关，要进一步夯实管委会的管理职责，推动自贸片区形成精简高效、运行灵活的行政管理体制。支持国内外投资者全面参与河南自贸试验区建设，尤其是保护外国投资者和外商投资企业的合法权益，全面开展"证照分离"改革，对涉外经营许可事项实行清单管理，通过直接取消审批、审批改为备案等方式为企业取得营业执照后的相关经营活动提供便利。

日前，国务院已决定在自贸试验区加大"证照分离"改革全覆盖试点力度，争取2022年底前建立简约高效、公正透明、宽进严管的行业准营规则，大幅提升市场主体办事的便利度和可预期性。具体到河南自贸试验区，应当紧紧围绕"证照分离"的总体要求，大力推动照后减证和简化审批、强化改革系统集成和协同配套、创新和加强事中事后监管、采取有力措施确保改革落地见效。针对河南自贸试验区各片区在"证照分离"改革事项中的认知差异、机构差异及职能差异等各环节和各领域差异性，应根据自身情况，在符合国务院"证照分离"改革总体要求的前提下，发挥好各部门的监管职责，实施全闭环全链条体系建设。若"证照分离"部分环节涉及众多利益主体的利益纠葛，各片区管委会应当组织力量协调不同利益主体开展研讨，在当前"证照分离"的改革目标框架下，对多元利益主体的各种诉求做出妥善、合理的安排。

6.3.6 探索招商引资新方式，稳步发挥外资对河南自贸试验区各片区的带动效应，推动形成有一定规模、错位发展的区域金融开放格局

经历三年多建设期的河南自贸试验区越发需要在招商引资方面加大马力，通过建立重大项目"三个一"推进机制，建立产业链招商图谱，加强跨国公司培育引进，加快项目签约落地。目前，招商引资涵盖的领域非常广泛，涉及先进制造业、总部经济、现代商贸、数字经济、前沿科技、信息技术及生物技术等领域，在"十四五"新发展阶段需要探索针对河南自贸试验区各领域发展状况的招商引资新方式，为稳定外贸基本盘提供技术支撑。例如，郑州片区在疫情期间推行"一网通办""一站通办"，实施"一企一策"，专人负责，及时协调解决企业融资、进口配额，以及外籍人员来郑等实际困难；跨境金融区块链服务平台融资业务在洛阳片区成功落地，能够快速实现融资受理、登记放款及银企对接等活动，这一平台的成功落地明显缓解洛阳片区内企业融资难、融资渠道不畅的难题，对后续深化解决企业融资提供方向指引[189]。此外，仍需要提升外资对河南自贸试验区各片区的带动效应，针对交通物流、装备制造及多类型高新技术产业等，以内外资企业及内外资本的合作融合，推动河南自贸试验区优势产业转型升级，同时，发挥外资对河南自贸试验区内原本不具有明显竞争优势相关产业的提质增效。

针对金融开放创新，这本不是河南自贸试验区建设的重点任务，但在贯彻新发展理念、新发展格局、实现高质量发展的要求下，河南自贸试验区也应当在金融创新方面有所作为，加大金融支持区域协调发展力度，推动形成有一定规模、错位发展的区域金融开放格局；提升金融服务实体经济和区域协调发展的质量和效能，尤其是针对高新技术产业、装备制造业等河南自贸试验区重点打造的企业类型，金融开放对它们在新时期加快转型升级作用明显，能够发挥助推效应；加强区域特色金融改革与创新，让金融开放创新服务各片区的科技创新、绿色发展，以金融支持河南自贸试验区建设[190]，推动全面落实准入前国民待遇加负面清单管理制度，以金融创新服务助推河南实现高水平对外开放。

6.3.7 持续挖掘"强磁"效应，开创与省内都市圈建设协同下的产业升级新空间

河南自贸试验区已经做出重点布局，深度挖掘"强磁"效应，使企业活力不断激发，产业结果不断优化，集群效应加速显现，企业持续发展壮大。经普华永道评估，区内企业在财税优惠、退税效率、施工许可证办理及不动产登记等方面满意度较高，一大批重点及特色项目的落地带动产业向高端化、集群化、国际化发展；科技研发和技术服务类企业、电子信息类企业，以及轴研科技等各具特色类别企业的占比持续提升，使产业结构持续优化；与此同时，形成了特色化的产业集群，具备明显的区域竞争优势；河南自贸试验区内入驻企业的数量和层次也在持续更新，主要体现在产业、利税及员工规模等方面。下一步，仍需要持续挖掘"强磁"效应，使三个自贸片区的重点产业加速演化，发挥辐射带动作用；由于河南省内都市圈建设加速推进，对区域性产业发展创造了良好的外在条件，应以郑州、洛阳都市圈建设辐射带动周边区域产业转型升级，通过河南自贸试验区与都市圈建设的叠加协同，促使产业集群化优势逐步突显，为产业升级创造新的增长空间。

当前正在推进郑州与开封同城化建设、引领中原城市群一体化发展，同时洛阳在持续打造中原城市群副中心城市，郑汴洛三地正斗志昂扬地在中部地区崛起、黄河流域生态保护和高质量发展的要求下持续发力，贯彻新发展理念、融入新发展格局[191]。都市圈发展规划中各项任务的具体落实主要归结到河南自贸试验区三个片区范围内各类型项目的实施和预期建设成效。以洛阳片区为例，2021年将与洛阳都市圈发展规划紧密结合，将主推产业互补协同发展、生态环境共保共治、文化旅游共促共融、基础设施共建共享、公共服务共利共惠等，实现都市圈建设各项任务的精细化落实。在此背景下，河南自贸试验区三个片区更应该在新发展阶段强化"强磁"效应，继续为企业产品研发提供产业集群专项支持，以三地各领域的协调联动提升区域经济整体能级和发展效率，以共生、共享、共赢创造河南自贸试验区范围内的产业转型升级新空间，通过河南自贸试验区内产业的高质量发展带动片区外更广泛区域的产业升级换代，从而提升产业转型升级效率和效益。

6.3.8 以"十四五"时期河南商务目标为指引，明确河南自贸试验区商务领域发展定位

以郑州为例，在"十三五"期间，累计引进境内外资金10 264.6亿元、年均增速达5.7%；外贸进出口总额稳居中部省会城市第一；社会消费品零售总额位居中部省会城市第2位；电子商务领域年均增速达到22.2%，保持中部省会城市第一[192]。郑州商务领域取得的一系列优异成绩是河南"十三五"时期商务发展的总体代表，面向新发展阶段，河南自贸试验区应当继续巩固现有优势，主动对接新发展格局，抢抓多重国家战略在郑汴洛三地的联动叠加优势，强化河南自贸试验区各片区在推动商务发展的主力军作用。河南"十四五"时期的商务目标主要是使现代商贸流通体系更加完善，传统消费加快转型升级，新兴消费比重显著提高，内需潜力充分释放，消费对经济发展的基础性作用进

一步增强;在对外开放方面,2025年基本建成中西部领先、更具竞争力的内陆开放高地,开放强省建设的基础更加坚实;在对外贸易方面,全省货物进出口年均增长4%左右,2025年货物进出口突破8 000亿元,保持中西部前列,位列全国第一方阵;在招商引资方面,全省实际吸收外资年均增长3%以上,实际到位省外资金年均增长3%以上,2025年实际到位省外资金1.2万亿元,在豫世界500强企业200家以上;在对外投资合作方面,全省对外承包工程及劳务合作完成营业额、对外直接投资年均增长3%以上,2025年规模进入全国前10位。

今后,应以优化数字营商环境为切入点,持续对照国际标准,探索建立数字营商环境基础制度和标准规范,以更优越的营商环境加速吸引高端要素集聚,推动营商环境国际化引领区建设再上新台阶。由于河南自贸试验区承担了河南"十四五"时期主要的商务目标,在后疫情时代应当营造更高层次的营商环境,以吸引中高层次领军企业入驻河南自贸试验区,但这需要一个较为漫长的周期,辐射带动供应链上、下游相关中、小企业在高质量营商环境的氛围指引下综合、全面的发展提升。同时,应当明确河南自贸试验区在新发展阶段的商务发展定位,深入发展优势特色产业,加速集聚优质要素资源,使河南自贸试验区成为高质量发展的示范者和引领者。继续赋予各自贸片区更大的改革自主权,以制度创新破除体制机制障碍,推进产业链、供应链开放发展,打造国内、国际双循环的重要枢纽,促成市场相通、产业相融、创新相促、规则相连的良性循环,为构建新发展格局贡献更大力量,做好对河南自贸试验区内各层次企业的商务服务,为提高经营效率提供潜在空间。

2021年5月8日,国务院已同意在河南省开展跨境电子商务零售进口药品试点,这是河南省在跨境电子商务领域发展的新突破,主要以已取得我国境内上市许可的13个非处方药为试点名录;国务院有关部门也会按照职责分工,积极支持跨境电子商务零售进口药品试点工作,加强信息和数据共享,确保通关、质量监管等工作可操作、可落地;该试点是河南自贸试验区新发展阶段推动商务领域发展的重要契机,扩大了河南自贸试验区开展跨境电子商务的业务范围,必将加快推动河南商务领域(尤其是跨境电子商务领域)的高质量发展。

6.3.9 积极保障企业科技研发决策权利和转化收益,完善科技成果转化决策机制,提高转化效率

科技成果转化是企业科技研发成效的重要标志,是企业技术进步、专业转型升级效益的集中体现[193]。在"十四五"时期,要赋予科研人员职务科技成果所有权,推行长期使用权改革试点工程,积极保障一线科研人员的决策权利和转化收益，建立健全科学管理制度，引导合理分配，教育科研人员要恪守科技伦理，探索完善科技成果转化决策机制，提高转化效率。特别针对河南自贸试验区内相关企业的科技研发任务，其决策权利和转化收益尤为重要，自贸试验区管理平台要为其提供科学合理化的管理制度，以科技成果转化决策机制提高科技研发一线人员的积极性，稳步提升转化效率，这对于科技研发的良性发展至关重要。例如，洛阳双瑞特种装备公司、中航光电公司、LYC 轴承有限公司及银隆新能源产业园区等一批创新型企业为洛阳片区打通产业链与创新链、增强高质量发展特色与优势贡献核心力量，让洛阳在建设副中心城市的进程中有了底气。由于科技成果转化成效需要经历一个相当长的时间跨度才能显现出其经济效益、社会效益，不能急于对科技成果做出评价或急于在短期内看到实施政策所发挥的作用。因此，在科技成果转化技术评价方面，要制定更为科学化、合理化的评价体系，对于评价周期要赋予一个相当长的时间跨度，不能急于求成，要以转化成效和转化效率并重，让各类型企业以稳健的姿态逐步完善科技成果转化决策机制。

为提升科技成果转化效率，应建立待转化科技成果与科技服务需求之间的有效链接，以创新链、产业链、资金链、政策链"四链融合"加快科技成果转化效率；应进一步推动科技人才集聚，为人才聚集提供倾斜性政策；开展科技成果转化投资，并以信贷风险补偿等各类型风险补偿保费补贴手段，支持企业融资，促进科技金融深度融合；持续完善创新创业孵化体系，激发中小型外贸企业创新创业活力，营造浓厚创新创业氛围。当前郑汴洛各自已形成国家、省、市三级创新平台载体梯次建设格局，但创新平台建设的数量和质量仍有待于进一步提高，今后应当继续支持在河南自贸试验区范围内汇聚新知识、高端技术性创新人才、各类型资本，带动新型研发机构建设步伐，促进具备传统优势的主导产业、优势行业继续引进一批行业高精尖技术，实现新技术与原有工艺的有机结合，不失时机地将原有技术替换为具备行业领先水准的高端技术，以此达到创新技术工艺的"引进来"与"走出去"，助推河南自贸试验区的高质量发展。

6.3.10 充分发挥大数据技术、人工智能等新兴技术工具对河南自贸试验区建设的技术支撑

大数据科学与技术、人工智能等新兴信息技术[194]助力河南自贸试验区的建设和发展，是一个需要高度重视的问题，由于河南自贸试验区在贸易、投资、金融及财税等环节会产生海量、多源、异构、多维的数据信息，多种信息的交汇融合对数据的适时采集、挖掘、清洗、筛选和计算提出了更高的要求。

因此，应充分利用大数据、人工智能等新兴信息技术，挖掘河南自贸试验区范围内的信息资源价值，并为各类型企业、政府机构的政务服务水平提升提供较为充分的技术资源。一方面，运用大数据技术和工具创新河南自贸试验区的公共服务模式，促进区内与区外各类型设施资源的有效联通，增强公共服务的便利水平，实现区内外公共资源的合理调配与优化；另一方面，运用大数据技术和工具可增强河南自贸试验区的风险研判能力，通过数据挖掘、样本分析，采用机器学习与智能算法，实现对企业运营风险的预测与把握。此外，伴随着人工智能、大数据科学与技术，以及区块链等新时代信息技术的发展和多领域应用，针对河南自贸试验区范围内数字服务贸易政策的改革探索，应加快推进数字产业、数字园区和数字政府建设，这将有利于开拓河南对外贸易格局、提升河南对外贸易的整体竞争力，河南也亟须通过数字服务贸易的发展壮大推动对外服务贸易的高质量发展。

在"十四五"时期，应重视大数据科学与技术、人工智能等新兴信息技术及工具对河南自贸试验区建设的技术支撑，加快推进关键核心技术攻关，打造优势产业核心竞争力，不断壮大创新主体阵列，让创新活力辐射到大型企业、中小型企业及高新技术企业等不同层级企业，显著提升协同创新辐射力；建设河南自贸试验区的大数据信息平台，打破数据屏障，畅通政务服务，为企业创造"一站式""一扇门"的成长环境，强化区内的公共资源配置；规范数据权限，加强对区内企业数据的监管与安全维护，明确不同类型、时间序列数据的使用范围及权限，加强对不同类型企业、不同部门数据的保护力度，强化对数据信息情报监管、隐私保护等环节的保障，创造良好的法治监管环境；优质科技资源也需要新兴信息技术的强力支撑，促进科技资源的充分流动，最大范围地提升资源的辐射带动作用；持续扩大贷款、普惠型科技创新券、各类创业创新投资引导基金对科技成果转化的激励功效；在郑汴洛多重叠加的国家级战略平台的融合发展中，应发挥新兴信息技术的支撑作用，从而形成全域创新空间布局。

6.3.11 转变自贸片区管委会行政职权行使路径，创新自贸片区管理模式

2021年4月2日发布的《中国（河南）自贸试验区条例》，明确了各片区管委会依法行使的行政职权，压实了管委会主责主业的同时，片区具体管理模式还保有灵活性，这是符合河南自贸试验区发展实际的制度设计。面向"十四五"时期的新发展阶段，河南自贸试验区各片区应当积极响应那些具备特色优势企业的诉求，研判自贸区管委会行政职权行使的缺陷，逐步形成新的

行政职权行使路径，梳理出制度创新清单，同时制定出面向新发展阶段的产业政策清单，积极为各自贸片区争取更多的政策试点，为后续新制度或政策的实施做好铺垫。各片区管理模式应避免僵化、教条，以灵活机动的方式始终维持片区管理模式的灵活性，强化河南自贸试验区制度型开放引领作用，使自贸试验区管理效率长期维持在一个较高的水平上，为广泛提升各片区内企业的运作效率提供支持和帮助。

另一方面，近年来在高质量发展、绿色发展的指引下，上到国家、下到省市，对企业的发展质量相比于过去提出了更高的要求，实质上对企业生产、制造、研发及管理机制等提出了更高的要求，促使企业追求包括经济效益、社会效益和环保效益在内的综合效益的协调统一和优化提升，这对企业发展是一个标准较高的考验，也对企业能否在本行业始终维持一个较高的竞争水平提出了更高的要求。与此同时，对河南自贸试验区三个片区管委会的管理职能也提出了更高的定位，要求管委会的行政职权不宜管得过死，在新发展阶段要适当转变管委会的行政职权管理机制，确保深化改革各项具体职责落到实处；管委会的管理范围、管理模式亦应适当调整，为企业综合效益提升做好各项服务型工作，通过建立多渠道的企业与管委会的沟通机制，让各类型企业与管委会互通有无，以管委会管理模式创新助力企业综合效益的提升。

6.4 本章小结

河南自贸试验区是河南打造内陆开放新高地的重要抓手，河南自贸试验区深化改革创新、致力于新型基础设施建设、完善科研人员科技成果转化效率等，成为今后河南自贸试验区建设的重点任务。面向"十四五"时期的新发展阶段，河南自贸试验区要加快提高开放水平，争取扩大开放的主动权、话语权，持续优化市场化、法治化、国际化的营商环境，更好地发挥自贸试验区、自由贸易港的"试验田"作用，主动对标高标准国际经贸规则，重点在负面清单、跨境数据流动及知识产权保护等领域加大压力测试，参与和引领全球经贸规则变革，以上都对"十四五"时期河南自贸试验区建设提出了更高的要求。本章从河南省"十四五"规划建议和2035年远景建设目标出发，在新发展阶段"双循环"发展格局下，以河南自贸试验区提出的新要求和发展导向为基准，从不同角度或领域提出"十四五"时期新发展阶段河南自贸试验区高质量发展的建议，在以人民为中心的发展思想下，河南自贸试验区应当立足新发展阶段、贯彻新发展理念、融入新发展格局，在"十四五"规划的开局之年以优异的建设成效为建党100周年献礼。

第 7 章 结论与展望

7.1 研究结论

本课题主要研究河南自贸试验区制度创新路径及产业转型升级策略。主要结论如下。

（1）总结提炼河南自贸试验区设立三年以来在制度创新方面取得的一系列成效，并寻求新发展阶段制度创新的突破口，进而提出改变生产关系、促进生产力高质量发展、持续推动河南自贸试验区对外开放的制度创新路径，让制度创新服务推动区域产业创新和科技创新。当前及今后一段时期，河南自贸试验区需利用好国家顶层政策制度，进一步发挥多区叠加优势，集聚新动能、坚持高质量发展要求，围绕河南自贸试验区的战略定位，探索如何进一步推动创新的体制机制成为新发展阶段的工作重心，朝着建成多式联运的现代国际物流中心，投资贸易便利、高端产业集聚、交通物流通达、监管高效便捷、辐射带动作用突出的高标准自由贸易区迈进。

（2）针对河南自贸试验区洛阳片区，先进制造、服务贸易、现代物流与数字经济将成为发展的关键词，洛阳片区需要坚持围绕双向开放先行区、改革创新活力源、高质量发展增长极的发展目标，突出洛阳区域特色优势，继续走差异化发展道路，寻求更多、更充分地发展动能，以高端智能制造业和现代服务业为引领，带动全产业链模式发展，努力建成投资贸易便利、高端制造业、服务业产业集聚、交通物流便捷、区域引领带动作用明显的地方高水平自由贸易园区，努力成为新时代洛阳改革开放的新高地。

（3）在全球产业链冲击背景下分析中国产业升级的独特性及产业数字化转型的机遇与挑战，辨析当前河南产业转型升级面临的困境，依托河南自贸试验区提出助推河南产业转型升级的具体策略。应当建设创新型产业集聚区，打造主导产业优势明显的产业集群；依托河南自贸试验区产业数字化转型，培育壮大数字经济产业新能级;坚持传统密集型产业的转型升级和新兴产业的培育、壮大、协调并举,稳步推动河南制造业转型发展高质量发展;以河南自贸试验区等国家级战略平台的联动叠加,充分发挥辐射带动作用,强化对新技术的适用性,以加速科技成果转移并提升成果转化率;全面发挥制造业高质量发展基金的功效,助推产业链和创新链的融合,大力推进制造业、文化旅游产业的结构升级,使产业转型升级成为河南加快经济高质量发展、谱写中原更加出彩绚丽篇章的重要驱动力。

(4)面向"十四五"规划的新发展阶段,河南自贸试验区仍需要提速增效,与河南其他的国家级战略平台共同发挥联动叠加效用,明辨河南自贸试验区在"十四五"时期建设的新要求和发展导向,从多个不同的角度提出河南自贸试验区在新发展阶段高质量发展的具体建议。

7.2 研究展望

展望未来,河南自贸试验区在"十四五"时期将面临更复杂多变的建设环境,黄河流域生态保护与高质量发展战略、自主创新示范区、综合保税区,以及跨境电商综试区等国家级战略在河南交汇,今后需要积极探索多重国家战略之间的冲突博弈,避免多重战略之间在人员使用、资源利用、监管机制与任务分配等方面的冲突分歧,在保障各类型国家战略顺利达到预期建设效果的前提下,最大限度地发挥各种国家级战略的联动叠加效用,特别针对河南自贸试验区的建设目标和任务导向,需要进一步研究以制度创新为引领,带动区域经济发展、产业转型升级的精细化举措,并分阶段对产业转型成效开展效果评估,从而实时调整策略具体内容和实时细则,确保在"十四五"时期的新发展阶段,河南自贸试验区始终成为河南全省社会经济发展的助推器和引擎,引领河南经济在新发展阶段的高质量发展。

关于河南自贸试验区深化改革、制度创新、产业转型等方面,后续研究可关注如下内容。

(1)河南自贸试验区在全国范围内新发展格局中的地位不断突显,郑州片区、洛阳片区、开封片区挂牌成立四周年以来,作为全面深化改革和扩大开放的试验田,整体作用突出,但河南自贸试验区在高质量发展的道路上任重道远,如何从局部着手开展创新,深化"放管服"改革,简政放权、转变职能,寄希望于在更大的范围内复制推广创新成果。这一点在河南自贸试验区深化改革、创新打造新时代制度型开放新高地的若干意见中已经较为明确,但缺乏实施细则和有针对性的规划设计,需要在下一步研究中重点把控。

（2）在河南省"十四五"规划和新颁布的河南自贸试验区条例中，对新发展阶段的制度创新提出了新的要求，近四年来所形成的一批制度创新成果和案例也在河南自贸试验区各片区内持续推广，对河南自贸试验区的制度创新发挥了巨大作用。由于河南自贸试验区自身特色，虽有部分其他自贸试验区制度创新案例在河南自贸试验区复制推广，但实际效果并不令人满意，主要是由于河南在部分产业领域所具备的基础较为薄弱，相比于沿海自贸试验区，具有明显的差异，下一步可探索三个自贸片区针对薄弱环节的调整优化，以河南自贸试验区条例为指导，分领域探究制度创新的具体路径，为加快推动高质量发展助力赋能。

（3）近年来，无论是关于河南自贸试验区建设，还是国家在河南设立的多种省级平台，均对河南的发展发挥了重大的作用，可以确信在"十三五"时期，国家对于河南的优惠政策还在持续发力，这一政策导向已经很明确地延续到"十四五"阶段，这在河南"十四五"规划建议中体现得极为充分，那么如何充分且高效利用好国家、省、市三级赋予河南自贸试验区的政策，在新发展阶段也急需制定好顶层设计和规划方案，更重要的是顶层设计和规划方案在两到三年时空跨度内的具体实施，这是下一步需要重点研究的内容。

（4）"十四五"规划建设提出要完善河南自贸试验区布局，赋予其更大的改革自主权，稳步推进自贸港建设，打造对外开放新高地。应当在新阶段继续做好疫情防控和企业服务工作，组织企业参加经贸交流活动，通过多轮次参会、参展等开拓市场。下一步，如何加快开放平台载体建设、积极开展招商引资，为稳外资稳外贸提供河南经验并做出贡献，如何更充分地利用好其他自贸试验区提出的稳外资经验，发挥其他自贸试验区创新案例和经验对河南自贸试验区的协助支持，也值得在今后详加探讨。

参考文献

[1] 陈琪,刘卫.建立中国(上海)自由贸易试验区动因及其经济效应分析[J].科学发展,2014,4(2):43-50.

[2] 盛雷鸣,彭辉,史建三.中国(上海)自由贸易试验区建立对法律服务业的影响[J].法学,2013,4(11):122-131.

[3] 刘水林.中国(上海)自由贸易试验区的监管法律制度设计[J].法学,2013,4(11):116-121.

[4] 郑少华.中国(上海)自由贸易试验区的司法试验[J].法学,2013,4(12):138-143.

[5] 张伟君.上海自贸试验区知识产权执法:自由贸易与打击侵权的平衡[J].外国经济与管理,2014,36(2):73-80.

[6] 商舒.中国(上海)自由贸易试验区外资准入的负面清单[J].法学,2014,4(1):28-35.

[7] 孙元欣,徐晨,李津津.上海自贸试验区负面清单(2014版)的评估与思考[J].上海经济研究,2014,4(10):81-88,99.

[8] 黄鹏,梅盛军.上海自贸试验区负面清单制定与中美BIT谈判联动性研究[J].国际商务研究,2014,35(3):27-37.

[9] 王新奎.中国(上海)自贸试验区改革的重点:对外商投资准入实施"负面清单"管理[J].上海对外经贸大学学报,2014,21(1):5-11.

[10] 匡增杰,孙浩.上海自贸试验区国际贸易"单一窗口"建设研究[J].经济体制改革,2018,4(5):73-77.

[11] 贺小勇.上海自贸试验区法治深化亟需解决的法律问题[J].东方法学,2017,4(1):132-140.

[12] 沈玉良,彭羽,李墨丝,等.上海自贸试验区运行三周年评估研究[J].科学发展,2017,4(2):50-62.

[13] 贺小勇,许凯.上海自贸试验区立法实践与思考[J].地方立法研究,2019,4(2):25-35.

[14] 夏骥.上海自贸试验区临港新片区引领长三角更高质量一体化发展[J].科学发展,2020,4(3):61-69,106.

[15] 曹啸.上海自贸试验区临港新片区发展跨境金融服务研究[J].科学发展,2021,4(1):42-51.

[16] 纪慰华.试论以上海自贸试验区为契机推动浦东新区政府职能转变[J].经济体制改革,2015,4(1):80-84.

[17] 吴文芳.上海自贸试验区的人员自由流动管理制度[J].法学,2014,4(3):121-127.

[18] 孙浩.上海自贸试验区海关监管服务改革的创新发展探究[J].上海经济研究,2015,4(12):79-86,96.

[19] 张占江.中国(上海)自贸试验区竞争中立制度承诺研究[J].复旦学报(社会科学版),2015,57(1):154-164.

[20] 陈奇星.强化事中事后监管:上海自贸试验区的探索与思考[J].中国行政管理,2015,4(6):25-28.

[21] 杨峰.上海自贸试验区商事登记制度的改革与完善[J].法学,2014,4(3):104-111.

[22] 蒋硕亮,刘凯.上海自贸试验区事中事后监管制度创新:构建"四位一体"大监管格局[J].外国经济与管理,2015,37(8):87-97.

[23] 宋晓燕.中国(上海)自由贸易试验区的外资安全审查机制[J].法学,2014,4(1):20-27.

[24] 朱应平.以功能最适当原则构建和完善中国上海自由贸易试验区制度[J].行政法学研究,2015,4(1):50-57.

[25] 贺小勇.中国(上海)自由贸易试验区金融开放创新的法制保障[J].法学,2013,4(12):114-121.

[26] 李睿.上海自贸试验区互联网金融创新中刑法介入的合理边界[J].外国经济与管理,2016,38(2):101-112.

[27] 李潇,陈刚,贾雁岭.上海自由贸易试验区税收政策分析与效应评估[J].地域研究与开发,2019,38(6):22-28.

[28] 何骏,赵晓雷,郭岚.中国(上海)自由贸易试验区离岸业务税收政策研究[J].外国经济与管理,2014,36(9):73-80.

参考文献

[29] 陈奇星. 上海自贸试验区建设中的政府治理创新：做法、经验与展望[J]. 中国行政管理, 2016, 4（10）: 151–153.

[30] 李鲁, 张学良. 上海自贸试验区制度推广的"梯度对接"战略探讨[J]. 外国经济与管理, 2015, 37（2）: 69–80.

[31] 滕永乐, 沈坤荣. 中国（上海）自由贸易试验区对江苏经济的影响分析[J]. 江苏社会科学, 2014, 4（1）: 261–268.

[32] 宋鹏霖, 李飞, 夏小娟. 对标新加坡提升自贸试验区贸易便利化的路径与思考——以上海自贸试验区为例[J]. 上海对外经贸大学学报, 2018, 25（1）: 59–66.

[33] 王建文, 蔡勇志, 陈新. 福建自贸试验区跨境电子商务发展对策研究[J]. 中共福建省委党校学报, 2015, 4（12）: 44–50.

[34] 林涛, 林珊. 福建自贸试验区贸易便利化措施及其评估[J]. 亚太经济, 2016, 4（6）: 57–62.

[35] 张蕙, 黄茂兴. 福建自贸试验区与21世纪海上丝绸之路核心区的融合发展分析[J]. 福建师范大学学报（哲学社会科学版）, 2015, 4（4）: 1–7.

[36] 林珊, 林发彬. 贸易投资便利化与全球价值链需求的对接——以福建自贸试验区为例[J]. 亚太经济, 2017, 4（5）: 130–136.

[37] 李思敏. 广东自贸试验区金融改革创新若干问题探讨[J]. 南方金融, 2015, 4（05）: 7–13.

[38] 陈波, 张程程. 湖北自贸试验区: 建设内陆型自贸试验区的探索[J]. 国际贸易, 2017, 4（6）: 29–33.

[39] 王晓玲. 辽宁自贸试验区营商环境评价与优化[J]. 东北财经大学学报, 2018, 4（4）: 90–97.

[40] 陈浩. 陕西自贸试验区建设经验和思考[J]. 国际贸易, 2019, 4（2）: 32–39, 61.

[41] 强力. 内陆型自贸试验区与"一带一路"倡议的深度融合——以陕西自贸试验区为例[J]. 国际商务研究, 2018, 39（5）: 17–28.

[42] 王铁山, 裴兵兵. 自贸试验区: 推动陕西经济高质量发展[J]. 国际经济合作, 2019, 402）: 125–133.

[43] 周楠, 于志勇. 天津自贸试验区管理体制: 现状、问题与优化路径[J]. 经济体制改革, 2019, 4（2）: 39–45.

[44] 王淑敏, 何悦涵. 海南自贸试验区国际商事调解机制: 理论分析与制度建构[J]. 海南大学学报（人文社会科学版）, 2018, 36（5）: 26–35.

[45] 沈玉良,彭羽,李墨丝. 国际贸易新规则与我国自贸试验区制度创新的发展方向[J]. 经济体制改革,2016,4(6):33-38.

[46] 丁宏. 新一轮自贸试验区制度创新的趋势与路径研究[J]. 江苏社会科学,2020,4(4):121-127.

[47] 唐擎,吴华. 我国自贸试验区人力资源制度创新的方向与举措[J]. 国际贸易,2019,4(3):43-49.

[48] 王旭阳,肖金成,张燕燕. 我国自贸试验区发展态势、制约因素与未来展望[J]. 改革,2020,4(3):126-139.

[49] 裴长洪. 中国自贸试验区金融改革进展与前瞻[J]. 金融论坛,2015,20(8):3-8.

[50] 吕文洁. 金融服务业负面清单及自贸试验区改革研究[J]. 世界经济研究,2016,4(9):110-117.

[51] 李思敏. 制度型开放与自贸试验区金融高质量发展[J]. 南方金融,2019,4(12):3-7.

[52] 郭晓合,戴萍萍. 基于引力模型的中国金融服务贸易便利化研究——以中国自贸试验区为视角[J]. 国际商务(对外经济贸易大学学报),2017,4(6):55-64.

[53] 任春杨,毛艳华. 新时期中国自贸试验区金融改革创新的对策研究[J]. 现代经济探讨,2019,4(10):1-8.

[54] 尹红,陈利强. 破解中国自贸试验区国际贸易"单一窗口"制度难题研究[J]. 海关与经贸研究,2018,39(5):66-80.

[55] 李思敏. 自由贸易港金融开放创新：海南探索与广东借鉴[J]. 南方金融,2020,4(6):3-10.

[56] 王淑敏,朱晓晗. 建设中国自由贸易港的立法必要性及可行性研究[J]. 中国海商法研究,2018,29(2):78-84.

[57] 赵晓雷. 建设自由贸易港区将进一步提升上海自贸试验区全方位开放水平[J]. 经济学家,2017,4(12):11-12.

[58] 任春杨,张佳睿,毛艳华. 推动自贸试验区升级为自由贸易港的对策研究[J]. 经济纵横,2019,4(3):114-121.

[59] 何悦涵. 中国建设自由贸易港临时仲裁制度问题研究[J]. 上海对外经贸大学学报,2018,25(6):59-71.

[60] 龚柏华. 中国自贸试验区到自由贸易港法治理念的转变[J]. 政法论丛,2019,4(3):109-120.

[61] 陈宗胜,吴志强. 论中国自贸试验区建设的意义、目标及难点[J]. 全球化,

2016, 4（3）：64-79.

[62] 李世杰，赵婷茹. 自贸试验区促进产业结构升级了吗？——基于中国（上海）自贸试验区的实证分析[J]. 中央财经大学学报, 2019, 4（8）：118-128.

[63] 郎丽华，冯雪. 自贸试验区促进了地区经济的平稳增长吗？——基于数据包络分析和双重差分法的验证[J]. 经济问题探索, 2020, 4（4）：131-141.

[64] 孔庆峰. 我国自贸区建设如何对标国际先进经验[J]. 人民论坛·学术前沿, 2020, 4（2）：65-71.

[65] 彭羽，杨作云. 自贸试验区建设带来区域辐射效应了吗——基于长三角、珠三角和京津冀地区的实证研究[J]. 国际贸易问题, 2020, 4（9）：65-80.

[66] 黄启才. 自贸试验区设立促进外商直接投资增加了吗——基于合成控制法的研究[J]. 宏观经济研究, 2018, 4（4）：85-96.

[67] 王珍珍. 中国自贸试验区积极融入"一带一路"建设研究——内涵、基础、实践及路径探讨[J]. 全球化, 2016, 4（8）：80-89.

[68] 王江，吴莉. 中国自贸试验区贸易投资便利化指标体系构建[J]. 统计与决策, 2018, 34（22）：65-67.

[69] 张磊. 以中国实践为基础推动 WTO 改革和投资便利化谈判——基于自贸试验区视角[J]. 国际商务研究, 2020, 41（4）：53-61.

[70] 刘强. 中国与新加坡贸易便利化水平比较及对中国的改进建议[J]. 国际贸易, 2019, 4（12）：27-35.

[71] 刘一鸣，王艺明，刘志红. 自贸试验区的经济增长与外溢效应——基于改进的政策效应评估方法[J]. 山东大学学报（哲学社会科学版）, 2020, 4（5）：118-130.

[72] 刘晓红. 我国自贸试验区负面清单透明度现状、存在问题及对策研究[J]. 科学发展, 2015, 4（6）：46-52.

[73] 戴林莉，康婷. 论我国自贸试验区外商投资准入负面清单的价值与功能[J]. 经济体制改革, 2018, 4（2）：57-62.

[74] 高凛. 自贸试验区负面清单模式下事中事后监管[J]. 国际商务研究, 2017, 38(1)：30-40.

[75] 刘海云. 以自贸试验区建设为契机推动京津冀协同发展——2020 京津冀协同发展参事研讨会综述[J]. 经济与管理, 2020, 34（6）：1-5.

[76] 黄启才. 自由贸易试验区设立对地区经济发展的促进效应——基于合成控制法研究[J]. 福建论坛（人文社会科学版）, 2018, 4（9）：53-62.

[77] 吴昊,张怡.政策环境、政策课题与政策试验方式选择——以中国自由贸易试验区为例[J].中国行政管理,2016,4(10):105-110.

[78] 杜国臣,徐哲潇,尹政平.我国自贸试验区建设的总体态势及未来重点发展方向[J].经济纵横,2020,4(2):73-80.

[79] 张兴祥,王艺明."双循环"格局下的自贸试验区[J].人民论坛,2020,4(27):34-37.

[80] 张鑫,杨兰品.我国自贸试验区协同发展的成效与重点方向[J].经济纵横,2020,4(4):89-95.

[81] 何骏,郭岚.TPP背景下我国自贸试验区离岸贸易税收政策研究[J].江淮论坛,2016,4(4):40-45.

[82] 李建忠.临时仲裁的中国尝试:制度困境与现实路径——以中国自贸试验区为视角[J].法治研究,2020,4(2):31-43.

[83] 郑少华.论自贸试验区在建设国家治理现代化中的特殊意义[J].法制与社会发展,2014,20(5):63-65.

[84] 何骏,张祥建.自贸试验区发展的困境究竟在哪里?——自贸试验区调研总结[J].当代经济管理,2016,38(11):30-34.

[85] 刘敬东,丁广宇.自贸试验区战略司法保障问题研究[J].法律适用,2017,4(17):65-72.

[86] 魏瑾瑞,张雯馨.自由贸易试验区的差异化路径选择——以辽宁自由贸易试验区为例[J].地理科学,2019,39(9):1425-1433.

[87] 王晓玲.自贸试验区视阈下城市群发展动力与机制研究[J].经济学家,2020,4(12):43-51.

[88] 曹翔,张双龙,余升国.自贸试验区的就业效应:虹吸还是辐射[J].当代财经,2020,4(11):3-14.

[89] 邓富华,张永山,姜玉梅,等.自由贸易试验区的多维审视与深化路径[J].国际贸易,2019,4(7):51-59.

[90] 王孝松,卢长庚.中国自由贸易试验区的竞争策略探索——基于上海、广东自贸区的比较分析[J].教学与研究,2017,4(2):42-50.

[91] 毛艳华.自贸试验区是新一轮改革开放的试验田[J].经济学家,2018,4(12):47-56.

[92] 陈萍.自贸试验区引领中国高水平开放的审视与提升路径[J].区域经济评论,2020,4(5):105-113.

[93] 何树全, 吴佳. 贸易自由化对资本要素流动的影响——来自上海自贸试验区的经验证据 [J]. 现代经济探讨, 2020, 4（9）: 46–53.

[94] 刘晔. 中国自由贸易区的制度创新路径分析——以河南自贸区为例 [J]. 管理学刊, 2018, 31（3）: 57–62.

[95] 杜国臣, 徐哲潇, 尹政平. 我国自贸试验区建设的总体态势及未来重点发展方向 [J]. 经济纵横, 2020（2）: 73–80.

[96] 谢谦, 刘洪愧. "一带一路"与自贸试验区融合发展的理论辨析和实践探索 [J]. 学习与探索, 2019（1）: 84–91.

[97] 张绍乐. 河南自贸区建设面临的新形势及对策建议 [J]. 黄河科技大学学报, 2018, 20（2）: 61–71.

[98] 李光辉, 高丹. 自贸试验区: 新时代中国改革开放的新高地 [J]. 东北亚经济研究, 2019, 3（1）: 62–68.

[99] 崔卫杰. 努力把河南自贸试验区郑州片区打造成内陆自由经济区 [J]. 行政科学论坛, 2017（10）: 12–14, 38.

[100] 范霄文, 冯中发. 中国自由贸易试验区发展报告（2018）[A]. 深圳: 深圳大学中国经济特区研究中心, 社会科学文献出版社, 2019, 349–365, 458–459.

[101] 邓富华, 张永山, 姜玉梅, 等. 自由贸易试验区的多维审视与深化路径 [J]. 国际贸易, 2019（7）: 51–59.

[102] 龙云安, 陈卉, 赵舒睿. 自贸试验区与经济功能区协同发展研究 [J]. 区域金融研究, 2019（6）: 68–73.

[103] 建立更加有效的区域协调发展新机制实施方案 [N]. 河南日报, 2019-07-08（006）.

[104] 丁新伟. 让河南开放的比较优势"优中更优"[N]. 河南日报, 2018-12-29（003）.

[105] 曾文革, 夏天佑. 论中国自由贸易试验区复制推广机制的法治化 [J]. 经贸法律评论, 2019（6）: 37–48.

[106] 任启明. 巩固优化营商环境最重要的成果——评《市场准入负面清单（2019年版）》[J]. 中国经贸导刊, 2019（23）: 10–13.

[107] 秦夏. 自贸试验区: 2020年制度型开放"领头羊"[N]. 中国贸易报, 2020-01-14（001）.

[108] 陈伟, 李金秋, 杨早立. 一种基于"垂面"距离和IFE的直觉模糊多属性决策方法 [J]. 运筹与管理, 2017, 26（9）: 7–12, 20.

[109] 马健, 孙秀霞. 基于效用曲线改进的前景理论价值函数 [J]. 信息与控制, 2011,

40（4）：501-506.

[110] L F A M, LIMA M M P P. TODIM: Basics and application to multi-criteria ranking of projects with environmental impacts[J]. Foundations of Computing and Decision Sciences, 1992（16）：113-127.

[111] 王霞, 党耀国. 基于改进的TODIM方法的区间灰数多属性决策模型[J]. 控制与决策, 2016, 31（2）：261-266.

[112] LOURENZUTTI R, KROHLING R A. A study of TODIM in a intuitionistic fuzzy and random environment[J]. Expert Systems with Applications, 2013（40）：6459-6468.

[113] HUANG Y, WEI G. TODIM method for Pythagorean 2-tuple linguistic multiple attribute decision making[J]. Journal of Intelligent and Fuzzy Systems, 2018, 35（1）：901-915.

[114] 刘熠, 秦亚, 刘好斌, 等. 广义q-ROF TODIM方法及应用[J]. 控制与决策, 2020, 35（08）：2021-2028.

[115] LIAMAZARES B. An analysis of the generalized TODIM method[J]. European Journal of Operational Research, 2018, 269（3）：1041-1049.

[116] 滕剑仑, 吴坚, 余高锋, 等. 考虑决策者行为的水环境审计绩效异质信息多指标综合评价[J]. 控制与决策, 2018, 33（10）：1879-1885.

[117] 何大义, 陈小玲, 许加强. 多属性群决策问题中基于最小叉熵的权重集成方法[J]. 控制与决策, 2017, 32（2）：378-384.

[118] ARMSTRONG K. Big Data: A revolution that will transform how we live, work, and think[J]. Mathematics & Computer Education, 2014, 47（10）：181-183.

[119] RANI B, KANT S. An approach toward integration of big data into decision making process[M]. New Paradigm in Decision Science and Management, 2020（6）：207-215.

[120] PINOTSIS D A. Statistical decision theory and multi-scale analyses of human brain data[J]. Journal of neuroscience methods, 2020（346）：108912.

[121] 林晶, 王健. 基于改进直觉模糊熵的混合多属性决策方法研究[J]. 管理现代化, 2014, 34（6）：114-116.

[122] 王世磊, 屈绍建, 马刚. 基于前景理论和模糊理论的在线多属性采购拍卖供应商选择决策[J]. 控制与决策, 2020, 35（11）：2637-2645.

[123] 张浩为, 谢军伟, 葛佳昂, 等. 改进TOPSIS的多时刻融合直觉模糊威胁评估[J]. 控制与决策, 2019, 34（4）：811-815.

[124] 刘中侠, 刘思峰, 蒋诗泉. 基于广义灰数的双向投影灰靶决策模型拓展研究 [J]. 系统工程理论与实践, 2019, 39（3）: 776-782.

[125] VOURDAS A. The choquet integral as an approximation to density matrices with incomplete information[J]. 2020（3）: 545.

[126] 彭勃, 叶春明. 基于不确定纯语言混合调和平均算子的多属性群决策方法 [J]. 中国管理科学, 2015, 23（2）: 131-138.

[127] ZHOU Y, HAO J K, Goffon A. Push: a generalized operator for the maximum vertex weight clique problem[J]. European Journal of Operational Research, 2017, 257（1）: 41-54.

[128] 滕剑仑, 吴坚, 余高锋, 等. 考虑决策者行为的水环境审计绩效异质信息多指标综合评价 [J]. 控制与决策, 2018, 33（10）: 1879-1885.

[129] 余高锋, 费巍, 叶银芳. 基于前景理论的农村电子商务发展水平多维偏好决策方法 [J]. 控制与决策, 2020, 35（9）: 2182-2188.

[130] JIANG C, HAN X, GUAN F J, et al. An uncertain structural optimization method based on nonlinear interval number programming and interval analysis method[J]. Engineering Structures, 2007, 29（11）: 3168-3177.

[131] WU Q, LAW R. The complex fuzzy system forecasting model based on fuzzy SVM with triangular fuzzy number input and output[J]. Expert Systems with Applications, 2011, 38（10）: 12085-12093.

[132] 刘培德. 一种基于前景理论的不确定语言变量风险型多属性决策方法 [J]. 控制与决策, 2011, 26（6）: 893-897.

[133] ZENG X T, LI D F, YU G F. A value and ambiguity-based ranking method of trapezoidal intuitionistic fuzzy numbers and application to decision making[J]. The Scientific World Journal, 2014（1）: 560582.

[134] KUMAR M. D Anatomical Measurement of Presence, Horizontal Distance and Vertical Distance of submandibular fossa[J]. Research Journal of Pharmacy & Technology, 2015, 8（8）: 1096.

[135] CUONG B C. Picture fuzzy sets[J]. Journal of Computer Science and Cybernetics, 2014, 30（4）: 409-420.

[136] WEI G W. Picture fuzzy cross-entropy for multiple attribute decision making problems[J]. Journal of Business Economics & Management, 2016, 17（4）: 491-502.

[137] WEI G W, ALSAADI F E, HAYAT T, et al. Projection models for multiple attribute

[137] decision making with Picture fuzzy information[J]. International Journal of Machine Learning & Cybernetics, 2016, 28（2）：1-7.

[138] THONG N T, Le H S. HIFCF: An effective hybrid model between Picture fuzzy clustering and intuitio-nistic fuzzy recommender systems for medical diagnosis[J]. Expert Systems with Applications, 2015, 47（7）：3682-3701.

[139] LE H S. Generalized Picture distance measure and applications to Picture fuzzy clustering[J]. Applied Soft Computing, 2016, 46（3）：284-295.

[140] GARG H. Some Picture fuzzy aggregation operators and their applications to multi-criteria decision making[J]. Arabian Journal for Science & Engineering, 2017, 42(12)：1-16.

[141] WEI, G W, ALSAADI F E, HAYAT T, et al. Picture 2-tuple linguistic aggregation operators in multiple attribute decision making[J]. Soft Computing, 2016, 33(2)：1-14.

[142] 王春勇. 犹豫模糊集和Picture模糊集理论与应用研究[D]. 长沙：湖南大学，2015.

[143] LIU P, ZHANG X. A novel Picture fuzzy linguistic aggregation operator and its application to group decision making[J]. Cognitive Computation, 2018, 10（2）：242-259.

[144] ASHRAF S, MAHMOOD T, ABDULLAH S, et al. Different approaches to multi-criteria group decision making problems for Picture fuzzy environment[J]. Bulletin of the Brazilian Mathematical Society New, 2018, 27（2）：1-25.

[145] 陶刘芹. Picture模糊聚合算子及其在多属性决策中的应用[D]. 阜新：辽宁工程技术大学，2020.

[146] 施明华，肖庆宪. 直觉模糊幂Heronian平均算子及其在多属性决策中的应用[J]. 系统工程理论与实践，2018, 38（4）：971-982.

[147] DONG M, LI S, ZHANG H. Approaches to group decision making with incomplete information based on power geometric operators and triangular fuzzy AHP[J]. Expert Systems with Applications, 2015, 42（21）：7846-7857.

[148] 王磊，陶刘芹. Picture模糊幂几何Heronian平均算子及其在多属性决策中的应用[J]. 运筹与管理，2020, 29（12）：59-66.

[149] THAO N X. Similarity measures of Picture fuzzy sets based on entropy and their application in MCDM[J]. Pattern Analysis and Applications, 2019, 19（1）：11-20.

[150] 李欣美，林铭炜. 基于Picture模糊软似然函数的计算机网络犯罪证据推理[J].

福建师范大学学报（自然科学版），2020, 36（6）：14-27.

[151] 马永红，周荣喜，李振光. 基于离差最大化的决策者权重的确定方法 [J]. 北京化工大学学报（自然科学版），2007（2）：177-180.

[152] 黄鲁成，刘春文，吴菲菲，等. 一种基于联系向量"垂面"距离的改进 TOPSIS 多属性决策方法 [J]. 系统工程，2019, 37（6）：119-129.

[153] 李贵成. 正确处理黄河流域高质量发展的五个关系 [N]. 河南日报，2020-06-25（005）.

[154] 张占仓. 河南从内陆腹地迈向开放发展前沿 [J]. 河南科学，2017, 35(2):286-293.

[155] 蒋萍. 坚持创新驱动发展战略，致力打造新的增长极 [N]. 洛阳日报，2020-06-16（007）.

[156] 刘卫东. 新冠肺炎疫情对经济全球化的影响分析 [J]. 地理研究，2020, 39（7）：1439-1449.

[157] 金碚. 论经济全球化 3.0 时代——兼论"一带一路"的互通观念 [J]. 中国工业经济，2016（1）：5-20.

[158] 潘爱民，刘友金，向国成. 产业转型升级与产能过剩治理研究——"中国工业经济学会 2014 年年会"学术观点综述 [J]. 中国工业经济，2015（1）：89-94.

[159] 杜朝晖. 经济新常态下我国传统产业转型升级的原则与路径 [J]. 经济纵横，2017（5）：61-68.

[160] 赵昌文，许召元，等. 新工业革命背景下的中国产业升级 [M]. 北京：北京大学出版社，2020.

[161] 叶兴庆. 新时代中国乡村振兴战略论纲 [J]. 改革，2018（1）：65-73.

[162] 蔡跃洲，陈楠. 新技术革命下人工智能与高质量增长、高质量就业 [J]. 数量经济技术经济研究，2019, 36（5）：3-22.

[163] 谢伏瞻. 论新工业革命加速拓展与全球治理变革方向 [J]. 经济研究，2019, 54(7)：4-13.

[164] 张爽. 三次工业革命演进过程中的路径依赖研究 [D]. 长春：吉林财经大学，2017.

[165] 姜佳莹，胡鞍钢，鄢一龙. 确保实现第一个百年奋斗目标——国家"十三五"规划实施评估（2016-2018）[J]. 新疆师范大学学报（哲学社会科学版），2019, 40（4）：25-42.

[166] 刘伟，蔡志洲. 如何看待中国仍然是一个发展中国家？[J]. 管理世界，2018, 34（9）：1-15.

[167] 肖旭,戚聿东.产业数字化转型的价值维度与理论逻辑[J].改革,2019(8):61-70.

[168] 吴静,张凤,孙翊,等.抗疫情助推我国数字化转型:机遇与挑战[J].中国科学院院刊,2020,35(3):306-311.

[169] 郭凯明,潘珊,颜色.新型基础设施投资与产业结构转型升级[J].中国工业经济,2020(3):63-80.

[170] 彭森.完善要素市场化配置体制机制[N].经济日报,2020-04-14(005).

[171] 张长星.推动河南经济高质量发展的对策研究[J].区域经济评论,2019(3):73-83.

[172] 黄少卿,陈彦.中国僵尸企业的分布特征与分类处置[J].中国工业经济,2017(03):24-43.

[173] 段瑞君.技术进步、技术效率与产业结构升级——基于中国285个城市的空间计量检验[J].研究与发展管理,2018,30(06):106-116.

[174] 贺霞.统筹谋划确保"量增质升"[N].经济日报,2020-01-16(011).

[175] 王旭阳,肖金成,张燕燕.我国自贸试验区发展态势、制约因素与未来展望[J].改革,2020(3):126-139.

[176] 丁新科.读懂"制度型开放高地"这个关键词[N].河南日报,2021-04-14(004).

[177] 《中国(河南)自由贸易试验区条例》解读[N].河南日报,2021-04-21(008).

[178] 黄卫平."十四五"规划为中国经济可持续发展奠定基础[N].中国审计报,2021-05-31(005).

[179] 郑州市人民政府办公厅关于印发中国(河南)自由贸易试验区郑州片区三年行动计划(2019—2021年)的通知[J].郑州市人民政府公报,2019(7):17-24.

[180] 李靖.河南自贸区洛阳片区金融创新的实践与探索[J].时代金融,2018(26):111-112.

[181] 童浩麟.打造营商环境建设"开封模式"[N].河南日报,2018-03-31(001).

[182] 关于推进中国(河南)自由贸易试验区深化改革创新打造新时代制度型开放高地的意见[N].河南日报,2021-04-13(006).

[183] 张鑫,杨兰品.沿海、内陆、沿边自贸试验区开放优势特色与协同开放研究[J].经济体制改革,2021(3):59-64.

[184] 郑广建,柴方.新形势下河南自贸试验区制度创新发展研究[J].郑州航空工业管理学院学报,2020,38(5):14-29.

[185] 谷建全,郭建军,刘云,等.统筹推进国家战略规划实施和战略平台建设要处理

好五大关系 [N]. 河南日报, 2017-07-12 (010).

[186] 刘红奇, 刘陆喜, 涂鹤女. 创新服务、集聚优势——郑州市全力打造高质量标杆自贸片区 [J]. 决策探索（上）, 2021（5）: 62-63.

[187] 赵强. "三十证合一", 商事登记改革再发力 [N]. 深圳特区报, 2018-07-13（A02）.

[188] 彭云. "证照分离"改革: 历程、分类与推进思路 [J]. 中国市场监管研究, 2021（2）: 51-58.

[189] 黄颖. 对标国际一流标准探索河南自贸试验区营商环境建设差距及建议 [J]. 商展经济, 2020（8）: 35-38.

[190] 田霖, 李恒良, 张露露, 等. 后疫情时代下河南省自贸试验区的能级提升与金融支持体系研究 [J]. 金融理论与实践, 2021（4）: 20-28.

[191] 安树伟, 张晋晋. 都市圈带动黄河流域高质量发展研究 [J]. 人文杂志, 2021（4）: 22-31.

[192] 郑重. 优化营商环境助力高质量发展 [N]. 郑州日报, 2021-02-24（001）.

[193] 李玉婷. 要把科技成果产生转化应用作为主抓手 [N]. 重庆日报, 2021-05-21（008）.

[194] 刘洪民, 高佳伟, 陈思静. 新兴信息技术背景下的制造业企业平台变革与创新生态系统研究——基于组织边界重构与价值协同的视角 [J]. 科技促进发展, 2021, 17（2）: 276-283.